写给
中国青年的
世界历史

（插图典藏版）

［英］［美］

福西·赫恩肖　文森特·雷诺夫

著

李江艳

译

Outlines Of General History

北方文艺出版社

图书在版编目（CIP）数据

写给中国青年的世界历史 / (美) 文森特·雷诺夫
(V.A.Renouf)，(英) 福西·赫恩肖 (F.J.C.Hearnshaw)
著；李江艳译 . —— 哈尔滨：北方文艺出版社，2019.3

ISBN 978-7-5317-4053-7

Ⅰ . ①写… Ⅱ . ①文… ②福… ③李… Ⅲ . ①世界史
– 青年读物 Ⅳ . ①K109

中国版本图书馆 CIP 数据核字（2019）第 034061 号

写给中国青年的世界历史
XIEGEI ZHONGGUO QINGNIAN DE SHIJIE LISHI

作 者 / [美]文森特·雷诺夫　　[英]福西·赫恩肖
译 者 / 李江艳

责任编辑 / 王　丹　赵　芳　　　　封面设计 / 白砚川

出版发行 / 北方文艺出版社　　　　网　址 / www.bfwy.com
邮 编 / 150080　　　　　　　　　经　销 / 新华书店
地 址 / 哈尔滨市南岗区林兴街3号

印 刷 / 嘉业印刷（天津）有限公司　开 本 / 710×1000　1/16
字 数 / 314 千　　　　　　　　　　印 张 / 19
版 次 / 2019 年 3 月第 1 版　　　　印 次 / 2019 年 3 月第 1 次印刷

书 号 / ISBN 978-7-5317-4053-7　　定 价 / 58.00 元

前言

本书特为满足东方学生所新出现且迅速增长的特殊需求而著。在被引入中国校园的西学中，历史将始终占据重要的地位。只有通过学习通史，尤其是学习西方历史，东方学生才能认识到自己的国家在世界民族之林中所处的位置。走向宪政的新运动更是让学习和研究西方制度的必要性加倍。

虽然一向不乏关于通史的优秀教材，然而却没有一本可以完全满足普通东方学生的需求。通常这些读者都是成熟的年轻人，已经通过了自己国家的语言和文学培训课程，想阅读的绝不仅仅是中学生水准的课本。另一方面，这些读者几乎又都是英语初学者，因此艰涩难懂的语句和夸张的隐喻，希腊神话和《圣经》章节中的典故都是阅读的绊脚石，这些绊脚石有时候甚至对于其本国的教师而言都难以逾越。故而通俗易懂的行文风格会更受读者欢迎，正如西方学生读到简单的拉丁文段落时会感到松了一口气的心情一样。

除了讨论和陈述的方法之外，本书的视角与英美学生课本中代表西方文化的普遍视角大相径庭。古希腊和古罗马历史中纯粹的文化艺术方面对东方读者而言太过陌生，这一部分内容必须适当忽略，对这类主题进行总结性处理效果会更好。正如欧洲读者对日本佛教的宗派不感兴趣一样，亚洲读者对欧洲宗教改革时宗教斗争中所展现出的教义冲突更是毫无兴趣。因此，本书只用了一个简短的章节来讲述新教改革的整个时代。另一方面，虽然本书的篇幅颇为有限，但是那些所有倾向于连接东西方世界的事件都得到了充分展现。本书浓墨重彩地描述了伊斯兰教的历史以及蒙古人和土耳其人的征服之旅，大大超过了其在历史著作中通常所占的篇幅。

既然本书的主要阅读对象是中国学生，或许有人会质疑中国古代历史和制度占据了本书半章的篇幅是否有些多余。但是除了希望本书对非中国的读者也能有所裨益，同时也为了专门满足一部分中国读者的精读需要，故而几经考虑之后还是嵌入了这部分内容。对于这一部分内容，读者会在以下两个方面有所收获：第一，可以了解自己国家的历史在世界历史中所占的比重；第二，可以从一个全局的、客观的角度来研究一些他们所熟悉的史实，一个人在面对自己本国历史的时候很少能保持这种客观。

本书旨在用最通俗易懂的语言来描述世界历史的宏伟轮廓。所谓"西方文明"是一种复杂的历史混合产物，它是当今世界的主导力量，因此不论对亚洲还是欧洲的学生而言，西方文明史都必须在现代通史著作中占据最重要的部分。本书在浓缩西方历史的过程中，不得已会略去一些其他作者认为重要的部分，但是当读者发现有关东方历史的段落和西方大多数历史时期的描述都按比例进行过充分的处理时，必然会判断出被精简的程度。

像本书这样的基础历史读物，通常都是在浩如烟海的史料中选取一小部分展现出来。读者自然有权询问作者在选择史料时所遵循的原则是什么——我在选材时努力遵循以下几个原则：第一，展现连续的历史，换言之就是让读者看到当下是如何从过去衍生而来的；第二，突出那些重大的历史事件和重要制度，这些知识对于对公共改革感兴趣的东方读者而言至关重要；第三，展现真理的崇高理想价值以及自由体制的益处。我承认我的选材也难免会带有个人色彩，但一定也是遵循这三个原则，而且我相信本书绝没有任何宗教和种族偏见。

为了方便初学者阅读，本书中的部分内容特地选用了较小的字体，这些段落可以略过，不阅读也不会破坏内容的连贯性，不过它们仍然是本书的组成部分，读者应该仔细阅读，以便更好地理解全书。

当然，本书的编写基于许多历史学家的权威著作，而不是直接从原始的资料摘取而来的。我所参考的著作颇多，作者的名单太长，在此无法一一列举。我从美国最新出版的《历史学家的世界史》一书中受益良多，该书为 8 开本，由纽约的展望公司出版，共 25 卷。仅靠我自己的藏书和北洋大学规模并不算大的图书馆远远不能满足我编写本书的需求，我经常在这本《历史学家的世界史》书中找到权威的参考资料，甚至一些我所需要的原始史料。在进行本书艰难的史料选择工作时，德国出版的《布洛克豪斯百科全书》中一些非常简明的文章给予了我颇多指导。

我在北洋大学教授了 3 年的历史课程，正是基于这 3 年的经历，才使我觉得自己有资格来编写本书。当然，其中难免有诸多疏漏错误之处，不过本书的创作态度一定是极为谨慎的。本书在出版之前，我曾用它作为教材来教授师范生，这些师范生未来都将成为直隶省公立中学的教师。正是因为这些学校的需求才促使本书得以尽早出版，没有尽早做好出版本书的准备工作，我深感愧悔，而且匆忙中想必也增加了不少错误。

希望本书可以成为广大读者学习历史的兴趣源泉，产生更多的启迪。

最后我要感谢从他们大量资源中慷慨提供地图和插图的那些出版商，这才使得本书的售价低于同等印刷和装订规格的书籍。同时我还要感谢我的同事 Th. T. 李德和 W. A. 西维，感谢他们二位在阅读本书校样时提供的宝贵帮助。

中国，天津，北洋大学，1907 年 12 月 1 日

第二版序言

　　本书的全面修订并未做出任何重要的改动。我收到了来自祖国的朋友和在东方工作的西方教育同人的宝贵批评和建议，借此机会向他们致以衷心的感谢。尤其要感谢我的两位老师，霍普金斯大学 J. M. 文森特教授和哈佛大学的爱德华·钱宁教授，同时还要特别感谢上海圣约翰大学校长 F. L. 霍克斯·波特博士。

1909 年 3 月

雷诺夫

第三版序言（编者序）

自本书的第一版问世，已经过去 15 年了，第二版发行也已经过去了 13 年。在此期间，一方面，我们对一般历史的认识取得了巨大的进步；另一方面，世界各地都发生了非常重要的事件。

因此，本书再版之前，我们认为应该对本书进行彻底的修订，而且这确实也是很有必要的。不幸的是，雷诺夫教授已经离世。因此，对本书部分内容进行修改和补充的任务不得不由其他人来承担，而且这位编辑也为此倾注了巨大的知识和心血。

这位编辑觉得本书的文本几乎不需要进行实质性的改动。除了他重新编写的引言之外，只有在极少数的情况下，尤其是有些表达容易引起误解的地方，他才认为彻底改动原有的某一段内容是恰当的。无论是鉴于最新的信息需要将某些陈述进行修正，还是因为之后发生的事件需要进行补充，他都更倾向于用注释来表达这些必需的部分，这些注释都能在后面的一个附录中找到。这个方法具有双重优势：首先，这样可以使编辑事宜独立于作者的原作；其次，这样不会打乱页码，因此，本书现在的版本能与之前的版本一起使用，而不会造成任何不便。

这位编辑还增加了一个补充章节（第三十八章）来处理 1907 年至 1922 年间所发生的事件。

除此之外，他又增加了一份附录。

总之，他真诚地希望雷诺夫教授所著的这本受欢迎的教科书的新版本可以在今后许多年里继续实现其宝贵的目标，即指引世界上正在从他们祖先所取得的成就中崛起的公民们，并通过相互理解和尊重的纽带把东西方团结在一起。

伦敦大学国王学院

1922 年 12 月 27 日

目录

导论：历史和其他学科的关系 / 001

第一部分　发端与辉煌的时代

第一章　最早的开化之地：埃及 / 007

第二章　两河流域的明珠：巴比伦和亚述 / 012

第三章　宗教之国与商业之国的人民：犹太人和腓尼基人 / 018

第四章　琐罗亚斯德和居鲁士大帝的故乡：波斯 / 022

第五章　神秘的文明世界：东方古国 / 025

第六章　希腊百花园及它的两朵奇葩：斯巴达和雅典 / 036

第七章　希波战争和雅典的辉煌时代 / 045

第八章　希腊城邦的互相毁灭 / 053

第九章　璀璨的希腊文明 / 060

第十章　世界的征服者：亚历山大大帝 / 064

第十一章　从城邦到共和国：罗马初兴 / 068

第十二章　毁灭迦太基：罗马霸权的建立 / 073

第十三章　从共和国到帝国：罗马征服世界 / 078

第十四章　罗马帝国：第一个奥古斯都和最后一个奥古斯都 / 087

第十五章　罗马对文明世界的贡献 / 092

第二部分　没落和蛰伏的时代

第十六章　日耳曼人和他们的杰出领袖查理大帝 / 100

第十七章　星月旗插遍半个世界：伊斯兰教的兴起 / 108

第十八章　封建社会（843 年—1270 年） / 112

第十九章　征服者的时代：蒙古帝国与奥斯曼帝国 / 117

第二十章　欧洲民族国家的兴起 / 122

第三部分　突飞猛进的时代

第一编　发现与启蒙的时代

第二十一章　发现"新世界"：西班牙的崛起 / 133

第二十二章　从神的时代到人的时代：宗教改革 / 137

第二十三章　由信仰引发的战争 / 142

第二十四章　保持距离有好处：英格兰的崛起 / 150

第二十五章　以孩童起，以孩童终：法兰西的巅峰与衰落 / 158

第二十六章　打出来的国家：普鲁士的崛起 / 164

第二十七章　以野蛮征服野蛮：俄罗斯的崛起 / 169

第二十八章　英国总出大事的年代：光荣革命与美国独立 / 173

第二编　政治革命的时代

第二十九章　翻天的革命：法国大革命 / 180

第三十章　让整个欧洲大陆都臣服在自己脚下：拿破仑 / 187

第三十一章　一直在进步：18 世纪以来全世界物质文明和精神文明的发展 / 195

第三十二章　欧洲政治的现代化（一）：法国、西班牙、瑞士、比利时、荷兰以及斯堪的纳维亚诸国 / 204

第三十三章　欧洲政治的现代化（二）：德国和意大利的统一 / 212

第三十四章　左右开弓的俄罗斯 / 218

第三十五章　强者瓜分世界：列强在全球的殖民地 / 228

第三十六章　美洲人的美洲 / 242

第三十七章　远东的转型 / 248

第三十八章　世界的分裂与大战 / 259

第三版附录 / 269

索　引 / 277

导论：历史和其他学科的关系

历史是什么——历史是人类社会发展的有序叙述，它既要记录主要的政治事件，也必须讲述影响国家民族发展进程的许多其他因素。宗教、科学、艺术、文学、教育和商业贸易在每个国家的历史中都非常重要。

历史的界限——历史并没有追溯到早期人类发展的时代。人类在地球上存在了大约 10 万年[①]，而我们最古老的历史信息则只能追溯到 6000 多年前。换言之，历史所能记叙的只是整个人类历程的最后 1/17。然而即便在这最后 1/17 的历史中，还是有很多永远无法填补的历史断层。关于古代历史和中世纪历史，我们所掌握的部分与真正的史实相比，只是沧海一粟。

历史的来源——历史学家的知识来自各种书面文件、铭文以及先人的建筑和坟墓所留下的信息。就近代史而言，数量庞大的各种官方文件、条约、报告、报纸和书籍令人眼花缭乱，历史学的主要难点在于如何从这些海量的素材中挑选重要的部分。一些文件可能记录在不同的纸上、石头上、木头上或者金属上。铭文则可能出现在石头上，坟墓的墙壁上，或者钱币上。倘若没有先人所留下的这些活动记录，那么任何一个国家的历史都无从写起。再次强调，如果之后关于某个时期的记录不多或者不可靠，那么那段时期的历史记录也一定是不完整的。

史前时代——这是一个没有明确记载流传后世的时代，它被称为史前时代。它一直存在于人们的脑海之中，远远要比距离我们较近的所谓信史时代长得多。对信史时代之前人类的研究称为"史前考古学"。史前人类遗留的器皿、武器、被杀死

---

① 这是海克尔所估测的时间，和其他说法一样，并不能证明是绝对准确的。——作者注
据现代的考古发现，人类产生于约 200 万年前的非洲。与作者的关于人类诞生的年代颇有差异。——译者注

的动物骨头以及他们居住的洞穴内的其他遗迹，连同史前人类死后埋在土层里的被现代考古学家挖掘出来的遗骨，都是史前考古学研究的对象。古代野蛮人的较大部落都把他们的村落建立在湖泊附近，这些定居点的遗迹被发现并被仔细地搜索。目前所知的史前人类的知识已经比较充足了，相关的书籍可以建成一座小型的图书馆。

人种——对人种最常见的划分是根据他们的肤色进行划分。因此，人类基本上被划分为三种主要的类型：黑种人、黄种人或蒙古人种（经常被称为"图兰人种"）、白种人或欧洲人种。但是这种划分方法就像其他的划分方法一样，应用的时候总有点问题，因为很容易找到一种人来推翻这种划分。例如有一部分人，虽然他们被认为是蒙古人种，但皮肤却不是黄色的。对人类种族的研究被称为人种学。人种学最难解决的问题就是区分人的种族，并定义出他们的区别点。一般而言，上述的三种主要人种类型自信史时代的最早期就已经出现了，每个种族都保持他们的特性不变，直到现在。

黑种人——该人种的大多数成员被称为黑人，非洲是他们最初的家园。作为一个开化较晚的种族，他们曾经大规模地被更文明、更先进的种族当作奴隶。古埃及遗迹中就有展示俘获黑奴的场景。在美国，如今有 800 万黑人享受着自由公民的生活，然而他们以前都是奴隶或低人一等的黑人，都是当初像牲口一般从非洲运来的黑奴的后裔。

黄种人——黄种人分布在东亚、北亚以及亚洲内陆。其中最重要的一支就是中国人。中国的人口是世界上最多的，而且作为一个国家，它的历史从未中断过。对黄种人的普遍尊重和钦佩，在近代扩展到日本人身上。他们具有非凡的学习能力，在勤奋地学习西方文明的优点后，迅速崛起为东亚第一强国。直到最近，他们还跟其他的黄种人民族一样，有着强烈的保守主义精神——对革新具有深深的敌意。中国和日本在过去几个世纪里一直进步缓慢，主要原因在于他们在地理上与西方的隔绝。这个原因也能解释东西方国家在风俗习惯上的诸多不同。从历史的起点直到现在，东西方两种文明几乎各自独立地发展。

黄种人的第三个分支是分布在亚洲内陆的蒙古人，因其游牧和好战的习性而令人畏惧，他们的残忍征服从中国一直扩展到德国边境。他们只充当了破坏者的角色，并没有建立起自己永久的国家。这一游牧民族的现状和两千年前一样。此外朝鲜人、安南人和缅甸人也属于重要的蒙古人种分支。欧洲的拉普人、芬兰人和巴斯克人代表的则是古图兰人的残余分支，这些人后来为白种人所取代。马扎尔人（匈牙利人）和土耳其人也属于蒙古人种，他们从欧洲原住民手中征服了现在的家园。

白种人——白种人囊括了所有西方文明的国家，他们的确切来源并不明确。在历史上，他们生活在欧洲和地中海地区，他们从那里出发并征服了美洲和大洋洲，逐渐将他们的统治权扩展到世界各地，那里的人们或原始野蛮，或孱弱驽钝，无法对抗这些征服他们的新主人。

根据语言的不同，白种人又可分为三类：含米特人、闪米特人、雅利安人。含米特人中最著名的，就是古埃及人。

闪米特人主要分布在亚洲西南部。巴比伦人和亚述人统治着从波斯湾到地中海的庞大帝国。阿拉伯人拥有阿拉伯半岛干旱的牧场和绿洲，他们建造了自己的家园，在那里过着自由不羁的生活。荒芜的沙漠是天然的保护屏障，将他们与强大的邻国隔开，直到穆罕默德的教化引导他们征服了半个世界。犹太人又称希伯来人，是一个小民族，他们用自己的宗教影响了整个世界。耶稣是犹太人，基督教信仰最重要的基石就是犹太人的伟大宗教经典——《圣经》。伊斯兰教也在犹太教义的基础上建立了一神信仰。腓尼基人在古代就是精于贸易的民族。除了阿拉伯人，所有其他闪米特人的民族历史都在两千年前就终结了。

雅利安人几乎完全吸收了闪米特人所创造的文明，并使之成为所有学术、文化和权利的一部分，这便是所谓的现代西方文明。首先踏上这一伟大的发展之旅的是希腊人。他们的文化在短短几个世纪里便达到了相当的高度，甚至在他们衰落之后在某些领域仍然无人能及。罗马人通过伟大的征服，广泛传播着他们有序的政体以及和平的艺术，将之延伸到了整个地中海区域，延伸到西欧，进入不列颠。后来经过一段时期的动乱和文化衰退，日耳曼人在新的发展进程中成为领袖，现在正在改变着亚洲的古老文明。

日耳曼人的主要成员是德意志人、斯堪的纳维亚人（丹麦人、瑞典人、挪威人）和英格兰人。现在所说的语言，起源于罗马语系（拉丁语）的人一般被称为罗曼语或拉丁语民族。其中最具代表性的是意大利、法国和西班牙。此外，雅利安人在欧洲还有两个重要分支，凯尔特人和斯拉夫人。其中凯尔特人到现在只剩下苏格兰人、爱尔兰人、威尔士人以及法国北部的布列塔尼人。斯拉夫人则主要是俄罗斯人和波兰人。

历史与地理的关系——人类和其他生物一样，都深受其居住环境的影响。种田的农民在外表和性格特征上都会与水手或者游牧的牧民迥然相异。同样，整个国家的人民也会受到他们所居住地区的土壤和气候的影响。这种影响非常之大，以至于即便来自同一个母族的分支分散到不同的国家后，彼此之间的差异会变得非常明显。

因此牢记这一点，对学习研究地理以及试图了解地理条件是如何决定各国历史将大有裨益。另一方面，学习历史的学生同样也要首先掌握基础的自然地理知识。

纪年法——判定年代和确定历史日期的学科被称为纪年法。时间是用年、月、日来划分，根据恒星、太阳、月亮和地球的相对运动而决定。以天文纪年为基础，不同的民族用不同的方法来确定历史事件的时间，本书后面将介绍一些民族和宗教的纪年法。显而易见，欧洲国家现行的纪年法注定会成为世界的主流，因为它随着西方思想的传播而流传各处。它也很实用，学者们可以将世界各国的重要日期换算到同一个通用的体系，它是唯一实现了这一点的体系。

现代西方的历法也称为公历，建立在罗马儒略历的基础上。公元前45年，尤里乌斯·恺撒下令整理制定了罗马儒略历，公元1582年教皇格里高利又对其加以改良，最终形成了现在的公历。耶稣诞生的时间被定为基督纪元，即公元元年。其他所有日期都根据基督纪元即耶稣诞生的这一年来定。在基督纪元之前的日期缩写为B.C.，意思是"基督纪元之前"，或缩写为A.C.，意思是拉丁语的"基督纪元之前"。在此之后的日期缩写为A.D.，是拉丁语的缩写，意思是"主的生年"。

01

第一部分

发端与辉煌的时代

第一章　最早的开化之地：埃及

埃及成为最早开化之地的合理性——回顾埃及地理，我们就会明白，埃及比其他任何大小相同的国家都更适合为农耕人口提供家园。一年一度的尼罗河水的泛滥使土壤更加肥沃，温暖的气候有利于多种农作物的生长。自有史以来，埃及的自然条件没有发生任何变化。不过即便在许多方面得天独厚，但倘若没有当地居民辛勤而充满智慧的劳作，尼罗河流域的土地纵使再肥沃也是不会自己结出果实的。降水的贫乏迫使当地居民引用尼罗河水来灌溉农田。大规模的引水灌溉是一项需要稳定、智慧的劳动力的工作，而这项工作只有在一个有序的政府的帮助之下才能得以实现。这项工作必须维护运河和堤坝，确保某一个区域的农民不会因为草率地引水灌溉而破坏别的地势较低地区的农田。这种劳动和协作的需要，加上自然条件的优势，使得埃及文明在极早的年代就崛起了。

第一王朝——关于埃及历史的具体起源无法考证，但至少可以追溯到公元前5000年前，或7000年前。美尼斯是埃及的第一位法老（埃及国王的称号），是公元前3000年第一王朝的创立者。他将埃及的许多小国家联合在统一的政权之下，并在尼罗河三角洲的尖端地区建立了首都孟斐斯。

在这个最早的时期，除了首都孟斐斯附近建造的狮身人面像之外，没有任何确切的历史记载流传下来。这座巨大的雕像是现存最古老的艺术作品，由坚硬的岩石雕凿而成，是一头长着人面的蹲伏的狮子，象征着太阳神。

金字塔的建造者——没有哪位埃及国王像第四王朝的国王那样留下如此令人惊叹的恢宏遗迹，他们在孟斐斯附近建造了最大的金字塔。第四王朝的第二位法老胡夫建造了大金字塔——那简直就是由砖石砌成的一座山丘，它展现着精确的几何线

图 1　大金字塔与狮身人面像

条，高度达 450 英尺 ①。这些完美的工程杰作说明当时埃及人的知识水平已经达到了相当的高度，而当时整个欧洲尚处于未开化的野蛮统治之下。

第十八和第十九王朝（约公元前 1650 年—公元前 1300 年）——又过去了八个王朝，来自叙利亚的游牧民族侵占了尼罗河三角洲，并逐渐将他们的统治扩大到了整个尼罗河流域。这些外来的统治者被称为希克索斯王朝，亦称牧人王朝。尽管起初是未开化的野蛮人，但是他们很快就学习并吸收了埃及文明。后来埃及本国的阿摩西斯王子领导起义，终于驱逐了侵略者，推翻了近 500 年的希克索斯王朝的霸权统治，然后建立了第十八王朝。第十八王朝和第十九王朝标志着埃及的鼎盛时期，埃及法老统治着从撒哈拉沙漠到幼发拉底河的辽阔疆域。第十九王朝诸多杰出的国

----

① 1 英尺 ≈ 0.3048 米。450 英尺约为 137 米。——译者注

王中最声名显赫的是塞提一世和拉美西斯二世。塞提一世开始修建连接红海和尼罗河的运河，这项工程对埃及的贸易和海上力量至关重要，正如巴拿马运河之于美国的重要性一样。这条运河由拉美西斯二世完成。在距离苏伊士运河不远的地方，该运河的痕迹至今仍然清晰可见。在拉美西斯二世长达 67 年的辉煌统治中，他大部分时间都致力于征伐四方和辉煌的公共工程建设上。许多巨大的人物雕像和一些至今仍然保存完好的大庙的遗迹，以及墙壁上的壁画和铭文始终彰显着这位拉美西斯大帝伟大的力量。

　　第二十六王朝——这是最后一个值得关注的埃及王朝，由普萨美提克一世（公元前 663 年）创建。他赶走了亚述人，这些亚述人曾把埃及变成他们治下的一个省。普萨美提克一世是第一个鼓励外国人在埃及定居的法老，于是一群希腊人便来到尼罗河三角洲地区定居，希腊的学生们从埃及祭司那里学习了知识，埃及的文明便通过这种方式传播到了其他的地中海国家。普萨美提克一世的儿子尼科二世延续了父亲的政策，然而他英明的统治只在较短的一段时间里继续加强着国力。埃及人已经到达了他们发展的极限，最后几位伟大法老依然开明的政策已经无法继续推动埃及的发展。新的充满活力的民族开始崛起，逐渐替代了古老的埃及。首先是巴比伦人，然后是波斯人，都将埃及作为一个附属省。亚历山大大帝也曾将埃及纳入希腊人至高无上的统治之下。到了公元 1 世纪，罗马人又将属于法老的领土收并到了他们的帝国版图之中。自那以后，再也没有一位埃及本国的统治者统治过埃及。

　　宗教、习俗和艺术——埃及人非常虔诚，宗教支配着整个国家的生活，上至法老，下至乞丐，莫不如此。在埃及有 1/3 的土地都属于神圣的寺庙财产。埃及的普通房屋是用泥土建成的，而寺庙则是由石头建成的。

　　上埃及的卡纳克神庙位于古都底比斯附近，它一向被认为是古代最大和最好的宗教建筑。时至今日，神庙中那一列列巨大的石柱依旧令到访的游客们震撼不已。

　　埃及每个地区都有当地的神祇，不过也有一些神祇受到整个埃及的崇拜。这其中主要的有太阳神"拉"，还有主宰尼罗河的奥西里斯神，他的妻子伊希斯和他们的儿子荷鲁斯也广受崇拜。埃及人和其他很多民族一样，觉得有必要为他们那些代表着自然力量或某些神秘能力（如太阳、月亮、繁殖、健康）的神祇塑造一些可见的形象，所以他们塑造了很多神祇的雕像，大多为人身兽首的形象。他们一向认为神祇就存在于这些真正的动物中，由此产生了各种动物崇拜的奇特习俗，猫、狗和鳄鱼都被认为是神圣的。据说奥西里斯的神灵寄身在一头叫作阿匹斯的公牛身上，公牛阿匹斯在属于它自己的精美庙宇中受到祭拜，当它死的时候，奥西里斯的灵魂便会转化到一头正好在当时出生的小公牛犊之上。

灵魂的轮回、复活、尸体防腐和墓葬——所有的埃及人都坚信人的灵魂会在肉体死亡之后，因为在世时行善或者作恶的行为而受到奖赏或者惩罚。好的灵魂可以成为奥西里斯的朋友，而坏的灵魂则不得不在动物的身体中游荡。一个人所犯的罪过越大，灵魂就必须要转化为越低等的动物（比如猪、秃鹫等），等经历过千万年的惩罚之后，灵魂方可再次转化为人。

经过极其漫长的时间后，所有的灵魂都会再次回到他们的肉身。这在宗教教义中被称为复活，后世许多宗教也都有复活这一概念。为了使灵魂在复活之时能够找到当初的身体，埃及人会用药物对死者的尸身进行处理，这个处理过程叫作防腐，经过防腐处理的尸体就是木乃伊。现在人们已经发现了数千具木乃伊。在开罗的博物馆中还可以看到塞提一世和拉美西斯二世的木乃伊。光阴荏苒，这些昔日的君王已经逝去了 3000 多年，但是他们的面容依然保存得非常完好。

埃及人相信那些逝去的灵魂终有一日要回到他们尸体所栖息的坟墓中，为了取悦这些灵魂，埃及人投入大量的人力来修建陵墓。尼罗河以西那些满是岩石的小山丘下，尤其是古都底比斯附近，有着数不清的深入地下的陵墓。墓壁上一般都有图画和铭文来描述已故者的生平。现代的学者正是通过这些图画才得以了解古埃及人的风俗习惯。那些金字塔也是建造者的坟墓。

玻璃、纸张——4000 年前埃及人就掌握了制作玻璃的技术，他们擅长仿造宝石，而欧洲人直到近代才掌握这种技术。埃及人最主要的书写材料是由生长在尼罗河边的一种草加工而成，希腊人曾给它起过两个名字，一个是"papyrus"纸莎草纸（因此英文中的纸一词为"paper"），一个是"byblos"比布鲁斯①（因此英文中的圣经一词可为"bible"）。纸莎草纸非常昂贵，因此许多诸如木片、皮革，或陶瓷碎片，这些更便宜的材料也被用来书写埃及文字。

埃及文字——埃及文字和中国的汉字一样都是由象形文字发展而来，也就是用一些简单的图画来表达事物名称。埃及人和中国人一样对他们的文字非常自豪，这一点他们当之无愧，他们的文字确实非常美。在碑文或铭文中他们依旧使用古老的象形文字。后来出现在公文和商业中简略的书写方式因为更易于书写，效率也更高，于是逐渐取代了象形文字。

---

① "byblos"即比布鲁斯，是腓尼基的一座古城，以出产纸莎草而闻名。——译者注

艺术和科学——埃及人非常喜欢绘画和雕塑。得益于埃及干燥的气候，许多艺术作品至今都能保存完好，尤其是陵墓中的画作，很多作品看起来完美如新，如同艺术家们刚刚创作完成一般。埃及人的保守在他们的艺术中体现得淋漓尽致，他们的艺术水平在那些金字塔国王时期就已经达到了近乎完美的境界，然而在接下来的两千年中几乎没有任何发展。埃及人的科学造诣被普遍高估了，他们强烈的宗教习惯和迷信阻碍了探索精神的发展，而探索精神正是现代科学之母。他们墨守成规，宁愿保留那些无用的惯例也不愿意探寻更好的方式，因为这些惯例都是他们的祖宗传下来的。因此他们的医学、算术、天文学和其他学科分支都停留在那些被忘却年代的最初水平。在古埃及，解剖人体被认为是可怕的罪行，所以古埃及的医生从来不具备正确的解剖学知识，他们只会依照传统的方法来治疗疾病，倘若治疗失败，就会使用巫术仪式继续治疗。在天文学上，他们区分了恒星和行星，划分了星座，也大致确定了一年的长度。但是他们的历法是混乱的，也没有正确的纪年法，正因为此，在埃及历史上无法找到确切的日期。

女性的地位——在法律面前，埃及的女性享有和他们丈夫一样平等的权利。她们能够以自己的名义拥有财产，并享有独立处置财产的权利。第五王朝的一位王子在一本道德劝诫录中曾说道："倘若你是一个明智的人，那么请在有生之年好好照顾你的家庭，爱你的妻子，尊敬她，关心她的身体，满足她所有的愿望，因为她是上天的恩赐，这份恩赐是其主人的荣耀。"在古代没有哪个国家的女性能拥有这样的地位，而且女性对平等权利的要求直到近现代的西方先进国家中才再次完全觉醒。

埃及在历史上的地位——埃及和巴比伦分享着作为西方文明奠基者的荣耀。很难精确地说出当今世界具体有哪些律法和习俗是从古埃及人那里沿袭而来的，不过可以肯定的是，腓尼基人和希腊人都通过和他们的交往学到了大量的知识。希腊人长久以来都把埃及祭司作为学问最深的大师来敬仰。埃及人无法保持与希腊和罗马充满朝气的力量齐头并进并不可耻，但故步自封且日渐沉沦，最终衰落到成为进步国家的附庸却是值得诟病的。一个民族如同个人一样，都具备一定的天资禀赋，也有其不可超越的极限。如果这个民族好好利用他们的天赋，从而为整个人类的共同发展带来一些帮助，那么他们必然就是全人类的恩人。在那些曾经促进世界进步的伟大民族之中，埃及人称得上首屈一指。

第二章　两河流域的明珠：巴比伦和亚述

底格里斯河和幼发拉底河流域——这片土地一面是叙利亚和阿拉伯沙漠，一面是亚美尼亚高原和扎格罗斯山脉，中间是一片广阔的河谷，我们称之为两河流域。它和埃及有许多相似之处。首先它们的气候相似，只是两河流域的东部每年都有雨季。土壤同为冲积层，底格里斯河和幼发拉底河每年也会有规律地洪水泛滥，使土地变得更加肥沃。这里的人工灌溉技术也奠定了发展农业的基础。运河和沟渠都得到有效的管理，使得这片土地成为举世无双的丰产沃土。倘若没有这些条件，这片土地就像现在处于土耳其暴政之下的状况一样，是一片不毛的荒漠和荒芜的沼泽。

在古代，两河流域的下游地区被称为巴比伦王国，因伟大的巴比伦城而得名。这一地区也经常被叫作卡尔迪亚王国，因为巴比伦第一王朝的人们被尊称为迦勒底人。位于巴比伦王国上游，底格里斯河和幼发拉底河之间的地区大半都是干燥的草原，这里被称为美索不达米亚，这个称谓同时也适用于整个两河流域。从底格里斯河延伸过丘陵地带，然后深入高山的两河流域上游的国家便是亚述。

三个伟大的君主国——这片土地曾经孕育出三个伟大的君主国，它们并不相同，可以说差异十分明显，但是从很多方面来讲，它们共同组成一段连续的历史。统治者首先在南方建立了漫长的统治，这一时期被称为巴比伦第一王朝或迦勒底王国。然后来自西北方的亚述人成为统治者，直到巴比伦再次夺回霸权。

古巴比伦王国（约公元前 4000 年—公元前 1300 年）——巴比伦王国的历史起源难以考证，有一些并不确切的资料认为可以追溯到公元前 4000 年。在那个遥远的年代，卡尔迪亚王国分为许多独立的城邦。阿卡德城邦的国王萨尔贡一世最先统一了整个王国，并将他的疆土扩展到了地中海地区。大约在公元前 2200 年，汉谟拉比成为整个巴比伦王国的国王，并因其创立的法典而闻名于世。现代考古学家发掘出了一块巨大的石碑，上面雕刻着几乎完整的法典，这便是举世闻名的《汉谟拉比法典》。这部法典是已知最古老的法律方面的文献，对于研究早期的政府制度具有非凡的价值。

几个世纪以后，有一些巴比伦人迁徙到被后人称为亚述的丘陵地带定居下来。在很长一段时间里，他们一直处于南方政权的统治之下，但是亚述人日益独立，直到后来他们成为两河流域的主人。

亚述帝国（公元前 1300 年—公元前 606 年）——亚述人残忍好战，他们的霸权完全建立在军事力量的基础之上。他们的国王都是好战之人，几乎大部分统治时期都是在征服和侵扰其他国家，从米底①到埃及，从红海到地中海，无所不至。亚述帝国的国都是位于底格里斯河畔的尼尼微，这座辉煌壮丽的都城坚不可摧。像其他许多将战争作为主要追求的国家一样，亚述帝国本国原有的文化并不丰富。在宗教信仰方面，阿舒尔是他们自己信仰的主神和战神，但他们的其他信仰和巴比伦人大致相同。他们的文学、艺术和其他的基础知识均借鉴于迦勒底人的模式。

萨尔贡是亚述帝国第一位向埃及法老宣战的国王。埃及法老战败，被迫向亚述帝国纳贡。另外，阿拉伯人，甚至地中海东部一个大岛屿上的塞浦路斯人，也被迫向亚述帝国臣服。当犹太人反抗萨尔贡的统治时，萨尔贡便将他们的家园摧毁过半，还把大部分犹太人当作战俘掳回亚述为奴。

在亚述国王亚述巴尼拔的统治下，亚述帝国的国力达到顶峰。后来作为亚述帝国一个省的埃及在普萨美提克一世领导的斗争下终于重新取得了独立，他建立了埃及的第二十六王朝。不过亚述帝国的军队在埃及的这种局部败退，却有利于加强对其他地区的征服和控制。实际上，当时几乎整个西亚，从伊朗高原到红海和地中海的所有人无不承认亚述国王亚述巴尼拔是他们的最高统治者。

亚述帝国的轰然崩塌——亚述国王残酷的压迫使得帝国统治之下的众多臣民的憎恨与日俱增。亚述帝国各部不断爆发叛乱，帝国的毁灭系于一线之间。没过多久，由亚述国王亚述巴尼拔委任统治巴比伦的迦勒底贵族那波帕拉沙尔，和米底王国国王基亚克萨雷斯达成了以推翻亚述帝国的霸权统治为目标的联盟。亚述帝国最后一个国王萨拉库斯无力对抗他的这些同仇敌忾的敌人，公元前 606 年，经过旷日持久的围城之后，亚述帝国的国都尼尼微终于在敌人暴风骤雨般的进攻下陷落。国王

---

① "Media"即米底，是一个亚洲西部的古伊朗王国。——译者注

萨拉库斯不愿沦为征服者的俘虏，便在宫殿中放火自焚，烧死了自己和家人。尼尼微沦陷之后，整个亚述帝国便土崩瓦解，关于它的记忆很快在人们的脑海中消失得无影无踪。两千多年过去了，尼尼微和其他壮观的城市甚至连遗址所在都被人遗忘了，它们的历史几乎无人知晓。

新巴比伦王国（公元前 606 年—公元前 538 年）——尽管新巴比伦王国只存在了不到一个世纪，然而其强大的国力和令人惊叹的财富仍然给邻国留下了深刻的印象。新巴比伦王国的声望主要是由他们的国王尼布甲尼撒凭一己之力建立起来的，在他将近 60 年的辉煌统治期间，巴比伦再次统一了西亚大部分地区。一支由法老尼科亲自率领的埃及军队在幼发拉底河被彻底击败，叙利亚被占领，犹太国王也被迫承认巴比伦的统治权。法老尼科的继任者说服犹太人和腓尼基人加入他的同盟，重新反抗巴比伦的统治。然而作为埃及的盟国，犹太人的都城耶路撒冷和腓尼基人的都城提尔都在随后同巴比伦的战争中遭受了残酷的浩劫，犹太国王也被杀死。尼布甲尼撒为了避免犹太国王被杀之后犹太人再生叛乱，便将他的大部分臣民都掳往巴比伦。同样，他也征服了腓尼基的城市。尼布甲尼撒也为轻松羞辱了埃及的尊严而感到志得意满。埃及江河日下，国力衰弱，根本无力再次威胁巴比伦王国的和平。虽然尼布甲尼撒不得不年年征战，发动了多次战争，但是令他最欣慰的还是促进了巴比伦的物质繁荣和宗教发展。从他所留下的铭文中可以看出他是一位真正爱民如子的虔诚君主。

图 2   尼布甲尼撒

譬如尼布甲尼撒曾经说道："尊贵的马杜克①啊，您是众神之王，是我伟大的主！是您创造了我，是您赋予我治理众多子民的庄严权力，我热爱您如同热爱我宝贵的生命。请救赎您的巴比伦城……我是巴比伦国王，是深得您心的复兴者，是您所有城邦的修建者，虔诚地为您掌管城邦。"许多沦为废墟已经千百年的寺庙都被尼布甲尼撒重新修复，巴比伦各地的新建筑也无不印证着这位国王的伟大力量和虔诚。他尤其关心都城的建设，除了修建精美的寺庙和宫殿，还环绕着都城修建了规模浩大的防御工程。最外面的城墙里包含着一大片可以耕种的土地，如此一来，纵然都城陷入敌人长时间的围困，也能在很大程度上应对都城人口的粮食问题。后来，巴比伦城变成了古代世界最大的贸易中心，其惊人的财富也带来了奢侈和放纵的风气，这也使得巴比伦城得到了另外一个众所周知的名字——"堕落之城"。

尼布甲尼撒的继任者远远无法与他们伟大的祖先相提并论，他们昏聩无能的统治很快便大失民心，以至于当居鲁士大帝以征服者的身份来到巴比伦时，这里的居民竟然欢欣雀跃地拥戴他为他们的新君主（公元前 538 年）。此后美索不达米亚的历史便并入了更大的波斯帝国的历史之中。

巴比伦遗迹——对巴比伦遗迹的研究又被称为亚述学，是历史学科中最新的分支。除了《旧约全书》中的一些信息和一些希腊历史学家关于巴比伦人并不准确的观点之外，关于他们的历史在 19 世纪中叶以前几乎无从知晓。直到 1842 年，英国学者莱亚德开始搜索美索不达米亚的坟墩，这些坟墩一直被游客们误以为是普通的山丘。他的工作立即得到了丰厚回报，他发掘了这些遗迹，里面满是雕像和铭文，沉睡在这里的这些东西已经被人们遗忘了两千多年。从那时起，欧洲和美国的各级政府和大学都派出了大批学者作为考察团前来考察。他们发掘出了大量古代艺术和文化的瑰宝，重新书写了人类历史上的这一宝贵篇章。

楔形文字——巴比伦的文字体系源于象形文字，然而和埃及人不同，他们很快放弃了这种复杂难懂的文字系统，转向了更实用的形式。这些字母有些是刻在石块或砖块上，不过更常见的是写在较软的黏土片上，然后再烤制成陶片。这些书写的结尾方式都是以一个尖锐的三角形结束，所有字母都是楔形形状。

楔形结构的大小和位置决定其代表的含义。为了节省厚重书写材质的空间，这些字母通常都写得非常细，所以只能用放大镜才能阅读。楔形文字随着巴比伦文化

---

① 马杜克是古巴比伦人的主神，原为巴比伦的太阳神。——译者注

一起传播到了整个西亚。在埃及发现了用楔形文字写给法老的文件，这证明巴比伦的语言是当时的主导语言，如同英语是现在的主导语言一样。波斯人则继续使用楔形文字，直到公元前 4 世纪。

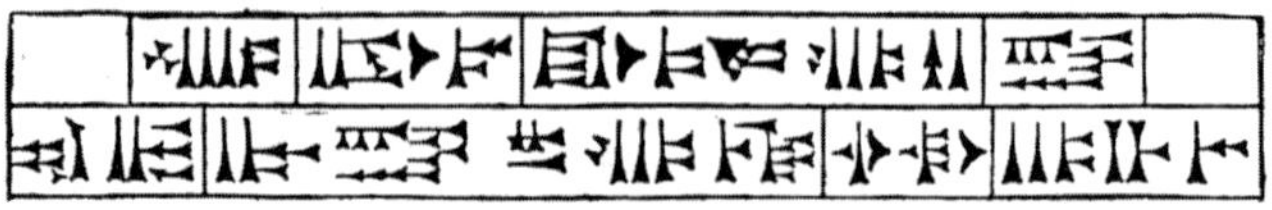

图 3　楔形文字

　　图书馆——在巴比伦人中，阅读和书写的知识已经相当普及了。巴比伦的图书数不胜数，尽管只有一小部分巴比伦古城遗址被探索过，然而到目前为止，已经发现了大约 18 万份文献。许多城市都建立了正规的图书馆，其中最著名的便是莱亚德所发现的尼尼微的皇家图书馆。这座图书馆的书籍都经过有条不紊的编目，人们可以随意阅读。

　　宗教——黏土书上所保存的文献大多是关于宗教的。宗教在美索不达米亚和尼罗河流域一样都扮演着非常重要的角色。尽管各个地区都有当地的神祇和迷信，但主要城市所崇拜的神祇，尤其巴比伦城崇拜的神祇的影响力遍布整个王国。胜利的国王传播着他们自己最注重的宗教崇拜，譬如阿舒尔是亚述帝国都城尼尼微信仰的主神，连名字都和巴比伦城信仰的主神马杜克不一样。这些主神和较次要的神都被认为是非常人性化的。他们正如普通的人类一样，也会出世、生活、恋爱、战斗，甚至也会死亡。他们的神性主要表现为卓越的力量和智慧。当地的神祇除了他们的名字以外，通常也被叫作"贝尔"。譬如贝尔尼普尔便是尼普尔城的主神。后来贝尔又变成另一个神祇的头衔，对他的崇拜集中在巴比伦城。腓尼基的宗教信仰和巴比伦十分相像，他们将神称为"巴力"。故而所有西亚的闪米特人的宗教都接受崇拜巴力的说法，这一点和犹太人的信仰不同。在《旧约全书》中，巴力崇拜变成了一个堕落邪教的卑劣含义。

　　巴比伦法律——除了有关宗教的文献之外，在已经发现的楔形文字材料中占比最多的便是各种不同的法律文献。巴比伦的法律制度相当完备和成熟，并得到了非常认真的遵守。譬如倘若没有双方签章的书面合同，婚姻和商业交易都会被视为无效。直到王国崩塌之前，《汉谟拉比法典》都是巴比伦王国的立法根基。国王宣称这些法律都是他所得到的神谕。

　　以下这几条巴比伦法律的摘录最有助于说明巴比伦当时的社会状况："第 21

条：如果有谁在房子里凿洞，此人将在洞前被处死，并埋在洞前。第 55 条：如果有人开渠引水灌溉，不慎淹没了邻居的田地，需要根据产量补偿给对方等量的粮食。第 195 条：如果有一个儿子打了他的父亲，他的手将被斩断。第 196 条：如果有人弄瞎了一个自由人的眼睛，他自己也将被挖去眼睛。第 200 条：如果有人打落了同等身份人的牙齿，他的牙齿也将被敲落。"

建筑——巴比伦国王、亚述国王和埃及法老一样，都喜欢通过修建宏伟壮观的建筑来展示他们的力量和智慧。他们的建筑重在大小，而不是美观和持久性。主要的建筑材料是晒干的砖块，这种材料很难抵御每年雨季长时间的冲刷。最令人好奇的是塔庙，巨大的方形台阶组成金字塔形，在平原上高耸入云。巴比伦城附近的七星神庙便是由七个这样的塔庙组成，每个塔庙的外面都镶着不同颜色的釉面砖，象征着对某一个星辰的崇拜。最上面也是最小的一个塔庙外面镶着金色的釉面砖，象征着对太阳的崇拜。他们的皇宫非常宽阔，但是结构比较简单，墙壁上装饰着富丽堂皇的壁画。有极其巨大的公牛雕像守卫在皇宫门口，这些雕像都是肋生双翼的人首牛身形象。这些建筑都没能持久地保存下来，现在它们看起来就像是美索不达米亚平原上的土丘。不过保存于地下的那些墙壁、道路、雕像和碑文一直都保持着本来的面目，直到欧洲的学者让它们得以重见天日。

科学——巴比伦人曾尝试对植物学、动物学和地理学方面进行系统的研究，但是与现代的自然科学相比，他们在这些方面的表现非常幼稚。然而在天文学方面他们却非常成功。早在萨尔贡一世时期，那些迦勒底的天文学家已经能够预测到日食。天文学不可能是完全因为研究天文本身而建立发展起来的，巴比伦人笃信占星术这种古老的迷信，认为星星可以决定人的命运，进行天文观测主要是为了通过占星术来算命。

第三章　宗教之国与商业之国的人民：犹太人和腓尼基人

A　犹太人

犹太历史——犹太历史作为最特别也是独一无二的篇章，在整个人类历史中称得上是鹤立鸡群。犹太人原本是微不足道的民族，在人口数量和政治影响力上都无足称述，他们短暂的国家生涯在其北边和南边强大帝国的映衬之下越发显得黯然失色。然而他们却在很大程度上指引了全世界宗教和智慧的发展。埃及和巴比伦对后来西方国家的直接影响相较于犹太人的思想和教育对其产生的影响来说只是萤烛之光。对于一般的法国人、英国人和德国人而言，他们对犹太英雄和先知甚至比对自己国家的伟人更加熟悉。西方的艺术和文学中来自犹太经典的形象和谚语随处可见。也许可以毫不夸张地说，犹太人之于欧洲文明形成的意义同希腊人和罗马人旗鼓相当。当然，学生们得知犹太人既没有什么发明创造也没有什么发现之后，对这一点似乎是难以理解的。犹太人既不是希腊人那样的天才艺术家和哲学家，也不是罗马人那样的伟大战士和法律缔造者，甚至也不是他们的邻居腓尼基人那样精通商道的商人。犹太人在历史上崇高的地位完全归功于他们对宗教理想的纯粹虔诚，对上帝的崇拜。他们的内在发展同他们力求实现和保护一神教这一崇高信仰密切相关，一神教高高在上地普照着当时周边民族所信仰的多神教。他们的宗教热情并没有通过向其他人传教的方式来表达，而是小心翼翼地保持着自己的信条。这种排他性后来被他们神圣的教士耶稣基督推翻。他告诉他的门徒要向全天下的人们宣扬新的教义，于是基督教从西亚传播到了地中海沿岸，直到所有西方的异教信仰都被耶稣基督的追随者推翻。若没有耶稣基督的教导，犹太教必将仅仅作为一个尽管教义崇高但是很狭隘的宗教，只局限于一个很小而且很不幸的民族之中，或者只有专门研究宗教的学者才会对其产生兴趣。

地理位置——犹太人的国家位于叙利亚西部的部分地区，一般被称为巴勒斯坦或"圣地"。不过以前其北部地区被另称为以色列王国，都城是撒玛利亚，其南部地区被另称为犹大王国，都城是耶路撒冷。巴勒斯坦大部分地区气候干旱，只适合放牧。有两座绵延的大山和海岸线平行，黎巴嫩山和东黎巴嫩山，在古代，山上覆盖着名贵的树木。约旦河穿过群山间富饶的土地汇入死海。死海是一个大盐湖，比海平面低 1300 英尺。此处的原始居民是迦南人，而"圣地"通常会被称呼它更古老的名字"迦南"。

早期历史——犹太人的早期历史并不能完全确定，这也引起了西方学者的诸多争议。《圣经》的前两卷《创世纪》和《出埃及记》中的故事被普遍认可为确凿史实。依照其中的说法，犹太民族的始祖是亚伯拉罕，他从卡尔迪亚王国来到了叙利亚。亚伯拉罕的一个后代约瑟夫后来成了埃及王朝的一名高官，他帮助犹太人在埃及定居。这些犹太人后来一直受到埃及法老的压迫，直到先知摩西解救了他们，带领他们去往迦南。经历了许多奇迹，在沙漠中漂泊了 40 年之后，"以色列的子孙"终于真正征服了迦南。这些精彩故事中的所有细节都深深扎根于每一个西方学童的记忆中。但是现代历史批评拒绝接受其中大部分内容，认为那些只是神话传说。至今为止，在埃及和巴比伦的碑铭中也没有同时代的证据能够区分这些神话传说中哪些才是史实。

国史——犹太人征服迦南之后经历了一段内部纷争的时期，直到公元前 11 世纪扫罗将各部落统一为一个王国。不过这种民族团结并没有持续很长时间。扫罗的继任者大卫王一时之间将他的子民的地位抬到了叙利亚最高的位置上，但是到了他的儿子所罗门即位的时候，就已经可以看到王国走向衰败的征兆。所罗门（大约公元前 1000 年）因其建造的辉煌宫殿和过人智慧而闻名于世，直到现在还经常有人说起这句流传久远的谚语："像所罗门一样聪明。"即便在这个时候，犹太王国也是非常小的国家。东边是虎视眈眈的叙利亚部落，而海岸线

图 4　大卫王

则控制在腓尼基人的手中。所罗门辉煌壮丽的皇宫和耶路撒冷著名的圣殿都是由腓尼基的工匠们建造的。到这位智慧过人的国王所罗门死后不久，犹太王国便走向了分裂。互相敌对的政治势力将王国一分为二，从此便分为了以色列王国和犹大王国。亚述的国王萨尔贡于公元前722年摧毁了以色列王国的首都撒玛利亚，大部分犹太人被驱逐出境，国土也被外国殖民者占领。犹大王国尽管一直处于叙利亚和埃及的威胁之下，但是其国家一直得以维持到公元前586年，直到被尼布甲尼撒征服并将其民众掳往巴比伦。从那时起，巴勒斯坦一直是后续的西亚历任统治政权下的附属国或一个省。

犹太人的分布——创建波斯帝国的居鲁士大帝允许流亡的犹太人重返家园，重新修建他们在耶路撒冷的圣殿。公元1世纪和2世纪，在罗马帝国的统治下，犹太人组织起义顽强反抗罗马统治者。罗马人对他们并不太残忍，不过希望他们和其他的罗马臣民一样遵从国家的宗教信仰。但是这个要求遭到了犹太人的拒绝，因为他们的宗教信仰不允许他们信仰除了上帝之外的其他神。这种对宗教执着的热情给他们带来了灭顶之灾，耶路撒冷两次被摧毁，而犹太人也在整个西方世界四处漂泊。他们再也没有拥有属于自己的国家，只好作为外来者在别的国家寄人篱下。在现代，大多数国家都赋予了犹太人充分的公民权。

B　腓尼基人

土地和人民——腓尼基原本是一个叙利亚海岸地带的古老称谓，那里长约200英里①，宽为3—17英里。这个小国处在黎巴嫩山和地中海之间，地理位置得天独厚。这里土地肥沃，不过因为面积十分有限，所以也只能养育少量的人口。这里的海岸线岩石林立，断断续续，为其众多的海湾和岛屿提供了数不清的安全港口。这些得天独厚的地理优势加上这里地处埃及和美索不达米亚之间的中间位置，使得腓尼基成为那些古老文明之间天然的商业贸易中心。

自有史以来，腓尼基人就充分地利用着他们的有利条件。腓尼基是著名的古代贸易国家，工商业是腓尼基人唯一的目标和追求。在其他所有的事情上，他们则满

----

① 1英里≈1.609344千米。——译者注

足于模仿他们的邻居。作为闪米特人，他们使用与巴比伦人类似的语言。他们也接纳了巴比伦的宗教信仰和大部分文化，而非以埃及文化为基础。当犹太人征服巴勒斯坦时，此前被称为迦南人的腓尼基人已经拥有了那片海岸地带。

腓尼基的历史——腓尼基人从来没有形成过独立的国家。每个城市及其毗邻的农田都作为独立的城邦自成一国，最强大的城市有时候会被承认是其他城市的统治者，然而它并不会干涉其他城市的内政。作为统治者的城市起先是西顿，后来是提尔。腓尼基人对历史不感兴趣，没有留下文学作品或其他历史记录。关于腓尼基人所知不多的信息只是来自其他那些和他们有联系国家的记录中的零星记载。《旧约全书》中曾提到提尔国王海勒姆和所罗门结成了联盟，为所罗门派遣腓尼基工匠，并运送材料去修建耶路撒冷的圣殿。腓尼基人不太看重政治独立，只要他们的贸易没有受到伤害，就会对外来统治者非常顺从。因此，在不同的历史时期，埃及、亚述以及巴比伦都有将其作为自己统治之下的附属国的记载。后来他们又陆续处于波斯、希腊和罗马的统治之下。他们的海上力量在亚历山大大帝时代之前几乎被摧毁殆尽了。

腓尼基的贸易——腓尼基商人通过陆路和海路渗透到西方世界各地有利可图的地方。他们的商队去了亚述、阿拉伯和埃及。他们在东方和印度进行贸易，在西方和西班牙、不列颠甚至波罗的海西岸的北欧国家进行贸易。不论他们走到哪里，他们都会在当地的贸易中心建立贸易站。因为腓尼基商人的船只较小，所以在远航的过程中他们需要到许多港口休息和避难。塞浦路斯、黑海海岸、马耳他、西西里岛以及西班牙在公元前 1000 年前都被腓尼基人占领过。但是腓尼基人从未试图征服这些地方，他们都只是为了贸易而定居。他们卷入战争也是为了保护商业。西班牙的白银，不列颠的锡，产自东方的黄金、象牙和香料，还有来自埃及和巴比伦的各种工业品都是他们的主要商品。最有利可图的是奴隶贸易。在早期，许多奴隶都会被海盗绑架或拐走。后来腓尼基的奴隶贩子跟随着亚述和巴比伦的军队，然后用极低的价格买来战俘，再去奴隶市场上高价转手卖出。

腓尼基人作为文明的载体——腓尼基人的伟大历史功绩正在于此。当腓尼基人带着他们的货物以及来自埃及和美索不达米亚的各种艺术品和发明在希腊和意大利这些国家销售的时候，同时他们也不得不向那些买主们传授许多新的知识和观念，其中最具价值的便是传播了字母文字。腓尼基人到底是从埃及还是从巴比伦借鉴了这些字母尚无定论，但是不管怎样，他们将这些字母用于记账，所以也将其教给了希腊人。这些字母只经过了细微的改动便通过希腊人传到了后来的西方国家。

第四章　琐罗亚斯德和居鲁士大帝的故乡：波斯

　　地理位置——波斯人的家园位于伊朗高原。波斯人于史前时代便从亚欧大陆的其他地方迁移而来，他们因为语言相通，便与那里同为雅利安人的一些部落建立了联系。他们征服伊朗的大概时间无法确定。他们作为游牧民族到了那里，当他们突然崛起成为西亚统治者的时候，仍没有养成长期定居民族的习惯。伊朗高原的中心是一片广阔的寸草不生的盐化沙漠，不适合任何生命生存。这片高原四面都是绵延不绝的山脉，其间点缀着一些干燥的草原和肥沃的山谷。那里生活着在西方建立帝国的第一批雅利安人，正是在他们之中，诞生了琐罗亚斯德（琐罗亚斯德教即拜火教的创立者）和居鲁士大帝。

　　琐罗亚斯德——早期的波斯人品格卓越，从琐罗亚斯德教在他们之中的兴起就能证明这一点。这个宗教和哲学体系的建立要归功于生活在大约公元前 1000 年的圣人琐罗亚斯德。他观察到了他眼中所有好和坏的事物之间的鲜明对比，比如鲜花盛开的山谷和寸草不生的沙漠，健康和疾病，美德与罪恶，有序的政府和游牧民族混乱的四处劫掠，等等。通过这些观察，琐罗亚斯德领悟到世界是由善与恶两种力量支配的。代表光明的善良之神便是善神，代表黑暗的邪恶之神便是恶神。恶神创造了所有邪恶的欲望、有毒的动物和天地间的各种破坏力量，并用这些坏的东西和善神所创造的好的东西厮杀。而通过实践美德，通过尽一切可能去促进全人类的福祉来打倒恶神就是每个人的责任。农业是神圣的，因为每一寸从荒野开垦而来的土地都是善神疆域的延伸。琐罗亚斯德教导说，经过长期不懈的斗争，邪恶终将被推翻，善良将主宰整个世界。

　　其实这个体系中的很大一部分思想在琐罗亚斯德之前就已经在波斯人中间传播着，但是他对旧的教义进行了改良和延伸，就如同孔子在先贤的基础上创建了自己的学说一样。波斯人将琐罗亚斯德教奉为自己的宗教，直到 7 世纪中期被伊斯兰教所驱逐。一些琐罗亚斯德教的信徒在伊斯兰教信徒到来之前逃往了印度，在那里，他们将自己的信仰几乎完好无损地保留到现在，这些教徒被称作袄教徒或帕西人。

居鲁士大帝——在亚述帝国后期（公元前600年之前），米底国王西拉克里斯也是伊朗的统治者，波斯人是他们的主要附庸。与巴比伦的结盟以及亚述王国都城尼尼微的覆灭使得米底王国和巴比伦一起掌握了西亚的控制权。此外，只有小亚细亚半岛西部建立了一个独立的吕底亚王国。这时，米底王国在伊朗持续扩张，尼布甲尼撒则夺取了西亚其他地区的统治权，而与此同时，吕底亚王国的权力和财富也迅速增长。吕底亚王国在其国王克罗伊斯的统治下达到顶峰，他是一位拥有盖世财富的国王，甚至直到今天，这位国王的名字仍然是大富豪的

图 5　居鲁士大帝

同义词。他的都城在萨迪斯，是小亚细亚半岛重要的城市。沿小亚细亚半岛爱琴海岸定居的希腊人也是他众多臣服者之一。吕底亚王国被波斯帝国吞并之后，这些希腊人就变成了波斯的臣民，这一事件被证明是对双方都产生了极大影响的重要转折点。

仅仅在亚述帝国崩溃50年之后，米底王国的统治就很快被波斯国王居鲁士推翻。轻松打败米底国王之后，这位伟大的将军很快将周边的国家都纳入了波斯帝国的统治之下。吕底亚王国和巴比伦王国的统治者对居鲁士的这些征服感到恐惧。吕底亚王国和新波斯帝国之间的边界在哈吕斯河，该河流经小亚细亚半岛中部汇入黑海。吕底亚国王克洛伊斯在那场不可避免的战争中首先带领军队在哈吕斯河附近向敌人发起了进攻。但是居鲁士杰出的军事领导才能使波斯人很快就取得了战役的胜利。吕底亚王国被并入波斯帝国，此后，其都城萨迪斯便成了波斯总督的治所。在巴比伦历史的结尾已经提到美索不达米亚也属于居鲁士的统治区域。在东方，他征服的区域包括现在的阿富汗。

居鲁士被称为"大帝"，可谓当之无愧。他的胜利并没有被像亚述人那样的残暴所玷污。他是一位仁慈而公正的统治者。他允许犹太人返回祖国，允许他们在耶路撒冷重建他们的圣殿并在那里进行宗教活动。所有人都认同他是统治过西亚的专制君主中最好的，也是最像慈父一般的君王。

大流士一世——居鲁士大帝之后，波斯帝国又延续了300年，直到公元前330年被亚历山大所征服。在此期间，它孕育出了又一个真正伟大的国王——大流士一世，他在公元前500年左右当了40年国王。大流士一世即位之时，庞大的波斯帝

国并不太平，到处都有动乱发生。大流士一世毫不迟疑地彻底平息了这些动乱。随后他率领一支军队进入了印度，将旁遮普并为波斯帝国的一个省。几年之后，他穿过达达尼尔海峡和多瑙河下游，将势力渗透到现在的俄罗斯南部。那儿居住着游牧民族西徐亚人，他们是凶狠的野蛮人，长久以来，他们残酷的侵略一直都是那些南边国家心头恐怖的阴影。尽管大流士不能迫使这些马背上的野蛮人和自己正面交锋从而击败他们，因为他们总是在大流士一来就逃跑了，但是大流士还是使他们对波斯帝国的强大力量产生了敬畏之心。第二年3月，大流士留下一位将军统治色雷斯，那是一个离希腊北边不远的国家。

波斯政府——大流士最为人所知的是他对波斯政府的组织。在他的时代之前，被征服国家都会保留自己的地方政府，征服者只留下驻军戍守。因此，每当哪个行省的总督认为自己羽翼丰满的时候，就会停止向帝国纳贡，还会宣布独立。故而，叛乱和突然的政变在帝国各处时有发生。只有强大而随时待命的军队才是实现永久统治的唯一保证。大流士通过一些睿智的改革结束了这种混乱状态。

他在每个行省委任了三名高级官员：一名将军；一名主官，也被称为总督；一名外派大臣。这三个人都对国王直接负责，将军节制全行省的军队，但是军饷开销要依赖总督。外派大臣是一种暗中监视的角色，一旦发现他的同僚试图谋反便会立即向国王报告。一旦接到国王的命令，无须审判就可以将他们处死。行省又叫作总督辖地，这种政府形式被称为总督制。

这种体系可谓是向前迈了一大步，不过与现代的政府相比，仍然存在很大的缺陷。体系中没有固定的税收，每位总督每年都以大量的金钱或实物（即马、牛、谷物等）作为岁贡进献给国王。三名高官及其随员的繁重开销也同样来自该行省的民脂民膏。所有的官员都没有俸禄，而是分配了一些地区或城市作为其收入地，从中"压榨"来获得个人的收入。

这种体系在大流士死后又维持了两个半世纪，证明了他的这些改革的价值。然而他的继任者却在穷奢极欲中变得愈发昏聩，越来越怠于政务。国王们被当作"神"一样的存在，除非得到那些被称为"耳目"的官员的允许，其他人甚至都无法接触到国王。最堕落不堪的便是后宫，它赋予了宦官和国王的宠妃们过分的权力，许多国家大事都被一些卑鄙的宫廷阴谋所左右。后来的国王沉湎于宫中的声色犬马，无心国事，最终沦为权臣最喜欢的工具。在大流士之前，这种情况会使帝国迅速土崩瓦解，然而他的政府体系能将帝国非常广阔的疆域都团结在一起，直到很久之后帝国所有的成员都变得腐败堕落。后来亚历山大大帝发现了它的外强中干，对于他的规模并不大的希腊军队而言，庞大的波斯帝国也是不堪一击的。

第五章　神秘的文明世界：东方古国

引言——古代的西方世界聚集在地中海周围，不论非洲，还是欧洲引以为荣的文明，都是在地中海附近被发现的。喜欢与印度进行海上或陆路交流的国家与东方世界建立了联系，这些国家是埃及、腓尼基、美索不达米亚国家和波斯。那些勇敢的商人越过印度洋寻求丝绸、香料、象牙和其他产自东方的物品，同时也带回了关于印度财富的动人传说。然而和后来相比，当时的印度贸易是微不足道的，而且直到公元前 4 世纪，对于大部分地中海民众而言，印度依然是一个传说中的国度。古印度历史的发展和西方历史并无交集。印度是一个与世隔绝的世界，西方和东方的邻国都被巨大的山脉屏障和危险的海域隔离开来。

直到古罗马帝国时期，西方世界对印度以东的国家都是一无所知。那些勇敢的旅行者历经千辛万苦才抵达印度，对他们来说，去往中国更加遥远且凶险的旅程是不可想象的。早在希腊或罗马第一次带回到达中国的消息之前，发源于黄河流域的文明已经在东亚地区扎根了好几个世纪。即便是印度和中国，它们之间也鲜有交流。

因此，在古代，历史的河流是沿着三个完全独立的渠道流动的：地中海、印度和远东。本书将展示这三股历史河流如何逐渐相互接近，以及它们如何在近代一起汇入世界历史的滚滚洪流。

当代世界的统一可以说是地中海和日耳曼民族努力的结果，本书将重点记述他们的历史，而对于当今世界来说，东方民族是不可或缺的重要部分。

1. 印度

印度地理——在此无法详细论述，不过希望对印度的历史建立初步了解的每一个人，都应该温习印度地理。有关印度人的历史，其主要决定性因素如下：

（1）天然屏障喜马拉雅山及其先行者。东北和西北面的山口使得外来侵略者可以攻击这个国家。尤其是从开伯尔山口和阿富汗的其他路线进入旁遮普，大量的雅利安人、突厥人和蒙古人都曾通过这些路线入侵，在不同的时期蹂躏过印度平原。

（2）印度平原西部的印度河及其支流，北部和东部的恒河滋养出这片肥沃的土地。这里一直坐落着美好的城市，这些城市是这里众多农耕人口文明的源泉，滋养了数量庞大的农业人口。

（3）三角形的平原被称为德干高原，包含了半岛南部的大部分地区。得益于高原周围山脉的保护，古代的本地居民没有遭到外敌入侵。

（4）炎热的气候——印度大部分地区属于热带或亚热带气候，炎热的天气往往使这里的居民缺乏活力。来自较凉爽山区的入侵种族在平原温热的环境中也失去了原有的战斗力，因此在几个世纪之后面对新的入侵者时，他们反抗的力量已经相当微弱了。

印度的原始居民——在史前时代，各种深肤色的种族之间为争夺印度的土地一直互相攻伐。其中许多都是生活在森林中靠打猎为生、赤身露体未开化的野蛮人。还有一些在文明方面取得了一些进步，尝试了农耕，修建了有城墙的城市。至今在德干高原和喜马拉雅山脉一些偏远的山谷里仍然能找到这些古老种族的残余后裔。实际上，如此众多的部落在印度这片土地上相遇，将这里称为一个巨大的人种学博物馆再合适不过了。

通过对这些部落语言的研究发现，他们属于三种不同的种族：第一支，沿喜马拉雅山坡分布的藏缅部落；第二支，主要生活在德干高原东北部山区的科拉尔人；第三支，占据德干高原南部的德拉威人。

雅利安人征服印度——在公元前2000年之前的某个时期，来自西北方的白皮肤侵略者进入旁遮普，并逐渐成了整个印度北方的统治者。这些雅利安人都来自同一个故乡，来自那些希腊人、罗马人和日耳曼人的祖先在西亚或者欧洲开始他们征服之旅的某个地方。和他们同宗同源的西方兄弟一样，他们也是大眼睛、高鼻梁。即便到了今天，印度雅利安人尽管经历了千百年烈日的曝晒而导致肤色变深，但是他们身上西方欧洲人种的特征还是远比蒙古人种或者黑人的特征要多。

欧洲和印度共同的语言和宗教起源——在印度人和欧洲人的文学和宗教中可以找到他们具有血缘关系的线索。许多拉丁语和日耳曼语中的常用词汇与印度语中的相应词汇几乎完全相同。作为印度雅利安人古代的文学语言，梵文与欧洲的主要语言非常相似。早期印度人所崇拜的神与希腊人和罗马人所信奉的神差别不大。在印度和地中海地区，原始宗教都是自然崇拜，其中天、海、云、火及其他自然现象都被当作有生命的人格存在来崇拜。梵语中的"deva"一词（英文"the shining one"，意为散发圣光者），意为"一个神"，与拉丁文中的"dues"一词（英文"god"，意为神）和英语中的"Divinity"一词（意为神性）都是同义词。

《吠陀》——我们所知道的关于史前雅利安人的知识都来自一部叫作《吠陀》的关于宗教和传说的诗集。其中最古老的是《梨俱吠陀》，创作于大约公元前1400年，当时雅利安人还在和深色皮肤的印度本地种族作战。除了文学之美以外，《吠陀》还展现了许多关于古印度的语言、宗教、习俗和法律的内容。

四大种姓阶层的兴起——雅利安人征服印度几个世纪之后，种姓制度在印度兴起，并一直延续下来，直到今天，种姓制度还是印度社会的一大特点。那些将所有《吠陀》诗文牢记于心的家族成为世袭的祭司阶层，他们被称为"婆罗门"。那些曾经从事光荣的农耕生产转而成为纯粹军人的家族形成了武士阶层，他们被称为"刹帝利"。自由的雅利安农民形成了第三个阶层，他们被称为"吠舍"。而被统治的非雅利安种族则被迫作为奴隶接受统治阶层的奴役，这个低贱的种姓被称为"首陀罗"。

婆罗门——从吠陀时代直到现代，婆罗门始终作为印度社会才智和精神的领袖站在最上层。他们赋予了印度宝贵的文学、哲学和宗教财富，并从中诞生了影响半个世界的宗教。

婆罗门的智慧在早期就达到了相当高的水平，于是他们不再相信《吠陀》的自然崇拜中的许多神祇。长时间思考使他们确信只有一个神，那就是天地万物的创造者。他们没有把神视为一种人格存在，而是一种天道，或者是原初动因，而这种天道的力量在整个宇宙中无处不在。他们把这种天道叫作"梵天"（Brahma），他们的宗教因此被称作婆罗门教（Brahmanism）。婆罗门教的信徒有极高的道德品行标准。对大多数普通人而言，婆罗门教的教义太难理解，婆罗门教的祭司也没阻止民间流行的多神信仰。

佛陀的一生——在公元前6世纪，很多宗教改革者试图对婆罗门教进行改良，其中最成功的便是佛教的创始人释迦牟尼。佛教和更古老的婆罗门教一起在印度熠熠生辉，共同繁荣了1000多年。尽管大约在1000年前，印度的大部分地方都已经不信佛教，但是佛教仍然是世界上信众最多的宗教。

乔达摩（释迦牟尼的俗姓）是迦毗罗卫国王的独子。他在少年时代就善于思考，在青年时代又成为一位勇敢的武士。30 岁那年，他放弃了显赫的地位和所有的享受，离开了妻子和儿子，去做了一名可怜的乞讨僧人，藏身于荒郊野外的山洞之中。在森林中离群索居的 6 年，他一直试图找到一种可以给全人类带来福祉的教义。像许多虔诚的婆罗门隐士一样，他也试图通过禁食、通过忍受肉体的不适和痛苦来得到宗教上的收获。最后，他终于找到了正确的道路，并开始将新的宗教信仰传于世人。在那之后，他便被称为佛陀，意为"觉者"。直到 80 岁，他都在印度许多地方云游传教。当他作为一位云游的传教者再次走入他父亲的王宫时，身穿着早已褪色的长袍，手中拿着一个讨饭碗。他的妻子成为最早的尼姑之一。据说他于公元前 543 年在一棵无花果树（一说婆娑树）下入灭，至今那里对所有佛教徒而言依然是神圣的地方。

在印度的希腊人（公元前 327 年—公元前 161 年）——公元前 327 年，亚历山大大帝进军印度（参见第十章）。他与印度本地贵族结成联盟，建立了一些城市，留下了希腊驻军。亚历山大大帝的一些继任者继续保持着和印度统治者的联系，不过希腊的影响并不足以在印度留下永久的印记。

2. 中国

中国的地理环境呈现出复杂多样的土质和气候，即便只对其进行最基本的概括描述也会远远超出本书篇幅的限制。中国拥有世界上最好的天然水道，并由运河延伸出非常丰富的贸易通道。南方和北方之间的商品流通很容易，沿海各省和内陆地区之间也是如此。这种优势使中国实际上成了一个可以自给自足的国家，几乎没有进口外国商品的需求。然而中国隔绝于世的主要原因是那些高耸的山脉和广阔的沙漠，它们是中国西部和北部边境线上的天然屏障。中国的海岸线十分漫长，正是现代化舰队最好的攻击目标，但是在葡萄牙人探寻到去往远东的海上路径之前，他们并没有遇到值得畏惧的敌人。

结论：中国的地理条件首先是一个孕育伟大文明国家的摇篮，其次这种地理条件将中国与其他那些遥远的西方文明隔绝开来。

中国人——大约 5000 年前，中国人就聚居在黄河流域的中游地区。至于他们到底是原住民还是来自西北的入侵者，这一点无法确定，但是中国人是原住民的理论很可能才是正确的。依靠武力和他们十分高明的各种怀柔手段，中国将周围那些原本被土著种族占据的领土逐渐全部吞并。和中国人相关的这些土著种族，最终通过异族通婚被同化。征服与被征服种族之间的相似性也解释了为什么在中国这样一个辽阔的帝国中，现在的中国人的外貌看起来竟然会如此惊人地相似。在这方面，中国和印度恰好相反，甚至一些很小的欧洲国家都有比中国更丰富的人种多样性，而中国有 4 亿人口，几乎和整个欧洲的人口差不多。

中国最早的历史是从神话和半神话时代开始的，那是拥有英雄力量和完美品德的统治者的时代，他们为全人类谋求福祉而建立的奇迹般的功绩被广为传颂。从《尚书》中的历史记载中能够找到可靠的历史信息，一直可以追溯到公元前 2300 年。那个时期的中国是封建制国家，领土大约相当于现在中国长江以北的范围。中国当时已经拥有了严谨有序的政府，掌握了农业、丝绸业、采矿业等方面的广博知识，这一切证明当时的中国已经走过了许多个世纪的发展之路。

周王朝（公元前 1046 年—公元前 256 年）的创始人周武王完善了封建制度。武王为谋求人民的福祉做了很多事，这使他至今仍然非常著名。他在自己的领地上创建了学校，为老人建立了医院，这一切都证明武王具有充满仁爱的圣君之风，而且在如此早的历史时期，这种风范是在世界上其他任何地方都找不到的。然而赋予那些大封建领主独立的权力，往往会导致他们对作为天下共主的周天子产生不臣之心。就像中世纪德国后来的皇帝一样，周王朝的统治者渐渐无法控制那些引起动荡的贵族诸侯，最终完全失控，国家陷入了长期的内战。

孔子——由内部暴政所导致的动乱问题往往会催生出试图通过自己的教化来恢复过去太平景象的社会改革者。孔子即孔丘（"Confucius"是孔夫子的音译）就是这样一位改革者。公元前 551 年，他出生于诸侯国鲁国，位于现在的山东省。他说自己 15 岁时开始学习，30 岁时坚定了自己的信念。（《论语》："吾十有五，而志于学。三十而立。"）在 22 岁时，孔子开始了自己的教师生涯。公元前 501 年，鲁国国君鲁定公任命孔子为中都这个地方的行政官——中都宰。到任后不久，他的政令便在整个鲁国推行了三个月。据说鲁国在这个时期，"对不诚实和放荡的行为感到羞耻，而且这种行为逐渐消弭。男人们都忠诚而善良，女人们都守贞而柔顺"。这时邻国齐国的统治者十分嫉妒鲁国的繁荣昌盛，便送去美女和骏马来腐化鲁国国君。孔子的政治主张便被国君抛弃。于是他离开了鲁国，开始周游列国，一众忠实的门徒始终追随着他。在他大约 65 岁的时候，曾这样形容自己："我这个人渴望学习知识，为此废寝忘食。在获得知识的快乐中忘记了自己的悲伤，也没有意识到自己即将步入老年。"（《论语》："其为人也，发愤忘食，乐以忘忧，不知老之将至云尔。"）最后，这位圣人回到自己的故乡鲁国，在研究和编纂文献的工作中度过了最后几年的时光。《春秋》是孔子自己编写的唯一一部经典，这部史书记录了鲁国公元前 722 年至公元前 481 年的历史，很可能就是成书于春秋时期。孔子死于公元前 479 年，被后世尊称为"圣人"。

图 6　孔子

孔子正如自己所说："是一个传达者，而不是创造者。"（《论语》："述而不作，信而好古。"）他力求通过向自己的门徒弘扬古人的智慧和美德来指引他们前进的道路。他的教学纯粹是伦理和实践，仅限于指导人们作为国家和家族中一员的日常言行。他很少谈及神，尽量避免谈论超自然的东西。（《论语》："子不语怪力乱神。"）也因为这个原因，他并不能被称为是一位宗教导师，而只是道德宗师，儒家思想也只是一种道德体系，而不是宗教。

儒家思想的影响——在儒家思想所追求的美德中，礼、对传统的敬仰以及孝道是最重要的部分。这些道德准则塑造了中国社会两千多年的历史。儒家思想作为绝对权威支配着全人类中如此庞大的一部分受众这么长的时期，没有其他任何一个社会改革者能够做到这一点。同时，孔子的影响必须归功于中国国家举世无双的延续时间。纯粹的家庭关系，子女对父母的恭敬孝顺，对统治者的敬畏，这些共同维护了中国的古代政体。另一方面，对改革创新的排斥也阻碍了中国的发展进步，所以直到今天（译者注：即 1907 年左右），中国的社会状况和 1000 年前阿拉伯的旅行者们所描述的情况几乎完全相同。

孔子之后的中国著作——在孔子的众多追随者中享誉最高的是孟子，即孟轲（"Mencius"即孟子的音译），他也是一位道德宗师，生活在公元前 371 年到公元前 289 年间。在所有作为中国教育基础的经典著作中，孟子的著作是仅次于孔子的圣贤经典，排在第二位。

除了来自印度的佛教的影响之外，中国的文学纯粹是本土的产物，是迄今为止所有东方著作中作品最多的。其中地理和历史方面的著作尤其丰富而可靠。中国很早就发明了印刷术，这使得所有穷人都可以买到便宜的书。在中国的著作中最宝贵的财富就是"四书五经"。

五经中居于首位 ① 的是《书经》或《史书》，即《尚书》，是由孔子所搜集和编纂的古代文献组成。《诗经》也是由孔子编纂保存下来的，这本书对了解孔子之前中国社会的风俗习惯有着特殊的价值。接下来是《易经》，它包含着一套奇妙的哲学体系，尽管并没有人能真正理解这本书，但是一直被中国学者推崇备至。再接下来是《礼记》，最后是上文所提到的《春秋》。四书第一为《论语》，内容是孔子的弟子对孔子教学和个人言行中很多细节的详细记录。《论语》中有一条金科玉律："己所不欲，勿施于人。"500 年后，耶稣基督也明确提出了同样的原则："想要他人怎样对待你，就要怎样对待他人。"《论语》后面便是《孟子》，孟子被尊称为"亚圣"，他的努力带来了儒家思想的最后胜利。

统一中国，建立秦帝国的秦始皇（公元前 247 年即位，公元前 221 年统一中国）——此前，周王朝及其封建制度持续了近 9 个世纪。这一时期伟人辈出，其中最卓越的有老子、孔子以及孟子。然而周王朝统治者所处的"中国"长久以来都处于那些尾大不掉的封建诸侯国的包围之中，内部斗争极大地削弱了周王朝的政治力量。只有通过联合统一，这个国家才能达到其最高的发展水平。

将这些封建诸侯国统一为一个国家的重任由声名卓著的秦王朝统治者嬴政（后称"秦始皇"）完成。他既是卓越的政治家，也是天才的军事家，同时知人善任，知道如何利用那些有才能的人来达成自己成为整个中国至高无上的唯一统治者的目的。他意志坚强，会用野蛮残暴的手段来镇压反对他的人。

嬴政希望打破旧有的行政体系，重新建立新的行政体系。他废除了分封制，实行郡县制，将整个帝国分为 36 个郡，每个郡由 3 名直接向他负责的官员统治，分别是郡守、郡尉以及郡监，他们相当于现在省级政府的首脑。这种体系与波斯帝国的大流士所创建的体系非常相似。嬴政不再称王，而是改称"皇帝"（取自"三皇五帝"，意为最神圣的、至高无上的统治者）。

长城——为了抵御匈奴的入侵，秦始皇下令修建长城，这一卓越非凡的建筑的一部分之前已被北方边境的一些国家修建好了，现在被连接成一个连续的防御工事，几乎长达两千英里。长城是世界上最大的建筑，不过它并没能阻止匈奴的持续入侵。

---

① 五经通常的顺序是《诗经》《尚书》《礼记》《周易》《春秋》。——译者注

图 7　长城

焚书——秦始皇遭到保守文人学士的强烈反对，他们主张恢复旧的封建政权，而且不断地引经据典来支持他们的政治主张。为了消除这种过去的声音，秦始皇下令将所有文献典籍尤其是孔子的著作全部焚毁。这一野蛮的命令得到了严格执行，几乎所有文献典籍无一幸免。幸运的是，许多学者将这些文献典籍铭记于心，因此这些书后来得以凭着他们的记忆默写出来。秦始皇理所当然地被后世的中国文人学士所鄙视。不过他毕竟功大于过，所犯的错误并不能抹杀他真正统一中国的伟大功绩。因此作为人类历史上所有帝国的创立者中最伟大的君王之一，秦始皇嬴政当之无愧。

西汉（公元前 202 年—公元 8 年）**和东汉**（25 年—220 年）**王朝**——由于秦始皇的继承者软弱无能，秦帝国很快就陷入了混乱。不过很快，汉王朝的创建者，后来庙号汉高祖的刘邦重新建立了统一的国家。这次统一还取得了开疆拓土的功绩，汉王朝的疆土向西面和南面有广阔的扩张。中国的开荒者接受动员来到西北边境垦田定居，这种方式被证明是比长城更能抵御游牧民族的屏障。

两汉时期是一个社会普遍繁荣和知识分子十分活跃的时期。为缅怀这个辉煌的时代，直到今天，中国人仍旧喜欢称自己为"汉人"。

唐王朝（618 年—907 年）——汉王朝之后的 4 个世纪中，中国饱受内战和外族入侵所带来的痛苦。后来，匈奴人（译者注：实际上为鲜卑人）最终征服了中国北方地区，并建立了他们自己的王国，史称北魏，从公元 386 年延续到 534 年。

而唐王朝开创了中国又一个崭新的繁荣时代。

韦尔斯·威廉姆斯[1]说道："在这287年中，唐王朝统治下的中国或许是世界上文明程度最高的国家；与此同时，正是西方最黑暗的时代。这时的欧洲完全笼罩在中世纪的愚昧无知和腐化堕落之中，而东方造就了最辉煌的时代。他们通过道德仁义影响着周边的国家，使那里的居民了解唐王朝统治下王子犯法与庶民同罪的这种法制管理，并且知道这种好处。"

唐朝的第二个皇帝庙号唐太宗，他伟大的智慧和人格将永远受到后世的景仰。他鼓励学习，推广教育，还使记载历史成为一个非常重要的工作。他亲自到全国各地考察，了解民众的真实情况，制定了更加完善的法律法规。尽管他更喜欢学者般平静的生活，但是他的武勇和军事天才更使他举世闻名。中亚的突厥部落被征服，唐朝的边界再次扩展到波斯边界和里海地区。唐太宗还出兵高丽，由他的继任者完成了征服。印度、波斯和拜占庭帝国的皇帝都派遣使者来到中国朝见唐太宗，表达他们君主的友好之意。

中国和欧洲历史的对比——唐朝历史结束的时候已经到了10世纪，那时正是西方的中世纪时期。对中国而言，1000年前的历史都应该被看作现代史。自从封建制度被推翻，大约2100多年以来，中国都没有经历过能与欧洲在罗马帝国覆灭之后所产生的变化相提并论的深层次变革。现代欧洲和中世纪欧洲的状况迥然不同，二者根本无法相提并论。而19世纪中国和9世纪中国的状况如此相似，几乎找不到太多的不同之处。

中国的政治体制——中国的国家秩序在某种程度上像是一个大家庭。皇帝被视为臣民的父母，对他们拥有绝对的权威，就像许多古老的国家中父亲都执掌着家族的权力。他是法律的制定者，同时也是审判者，也是整个国家的最高精神领袖。正如一个家族的领袖会以整个家族的名义祭告祖先一样，皇帝也会以整个国家的名义每年祭拜上天。这样的政治体制被称为"宗法君主制"。希腊、罗马和犹太以及一些其他的国家最早的政治体制都是宗法君主制，但是没有哪个地方可以像中国这样将这种古老的政治体制保持这么长时间，而且极少发生变化。当然在实践中，中国的皇帝无法亲自管理4亿臣民的事务。早在公元前2000年的中国，皇权之下就形

---

[1] 《中国》（*The Middle Kingdom*）这本西方研究中国的佳作的作者。

成了等级严格的官僚制度来处理政务。这些官员都是皇帝直接或间接任命的，他们的最初任命取决于他们对经典学说的透彻理解，所有这些候选人都是通过定期的科举考试选拔而出。①

人民的自由——虽然中国政府在名义上是专制主义的，但是实际上和大多数东方国家实行的那种专制差异甚大。在纯粹的地方事务中，人民在很大程度上享有自治权。乡村各大家族的族长会推选他们自己的首领。他负责指导所有乡村事务，解决家族之间的纠纷，代表乡村和帝国官员往来。在欧洲，除了英国的乡村外，没有哪个地方拥有如此不受干扰的独立自主权。

中国的家族——中国社会的单位是家族，而不是个体公民，家族是构成国家的基础。父慈子孝、兄爱弟敬和乐于助人的原则密切地控制着家族中所有成员之间的关系。所有人都必须严格服从族长的领导。族长拥有像早期罗马人中父亲所行使的父权一样的权力，作为惩罚，他甚至可以将忤逆的儿子处死。实际上，早期的罗马和现在中国的家族制度最为接近。

中国的国家体制直到今天都几乎保持着原貌，而这主要是通过对这种家族制度的严格保护来实现的。但是这种体制除了一些令人钦佩的特点之外，也有不少非常严重的缺陷。长者的责任中，关于年轻一代的内容基本没有，家族的伦理始终支持过去，而不能帮助年轻一代，而他们才是未来的依靠。一个勤劳的子弟通常必须用自己的收入来供养一群不事生产的亲戚长辈。因此，中国保守主义的势力一直是越来越强大，比任何中世纪和近现代国家都要强大。

中华文明的优越性——中国的文明传到了朝鲜、日本和印支半岛国家。远东在艺术、文学和哲学方面所拥有的一切成就几乎全部都是中国人才华直接或者间接的产物。中国文明在两个方面是其他任何文明都无法比拟的。第一，生活在这种文明之下人口的庞大；第二，其存在时间的漫长。公元前 4 世纪的希腊文明至今只是作为现代西方文明中的多种元素之一而存在，而同一时期的中国文明却从未中断地一直延续到 20 世纪初，始终保持着和开始时几乎毫无变化的面貌。

---

① 最后一章中所提到的改革改变了这种体制。

3. 日本

国家和人民——日本，按照日本人的母语叫作"Nippon"，由一连串大小不一的岛屿所组成。构成日本主要国土的核心大型群岛具备所有发展强大海洋国家所需要的自然优势。日本人航海的足迹遍布东亚和南亚的海岸。海洋的保护使日本免受鞑靼人的侵略，不像它的邻居中国那样对此苦不堪言。长城并不能成为中国有效的屏障，而日本的海洋却轻易地做到了。

日本人属于蒙古人种，他们和高丽人之间的关系似乎比和中国人还要亲密。他们最初来自亚洲大陆，取代了本地的野蛮人，虾夷（即现在的北海道）北部岛屿上现存毛发很长的阿伊努人就是那些本地野蛮人的后裔。日本人因其善于引进和模仿外国的思想和发明而取得了飞快的进步。

日本历史的开端——神武天皇是日本的第一任天皇，据说他于公元前660年征服了日本最大岛屿本州岛的南部地区。至今他还被作为日本皇室的祖先而受到崇拜，日本的纪年法也是从他即位的那一年开始算起。公元前的日本历史大部分都和神话传说混杂在一起。3世纪之后的日本历史更为可靠，在那个时代，日本的神功皇后带领一支远征军亲征高丽，然后朝鲜半岛南部地区成了日本的附庸。

中国文明和佛教的引入——远征高丽开启了日本的新时代。当时高丽完全处在邻国中国的灿烂文明的影响之下，高丽人很快就把中国的各种产业、艺术以及文学传播给了日本人。中国经典成为日本学术中不可或缺的基本部分。在建筑、绘画以及文学方面，日本人用他们自己的方式进行了改良，并将其发展成为真正属于日本的民族艺术和文学。佛教于6世纪中叶由中国引入了日本，并很快在全国传播开来。

第六章　希腊百花园及它的两朵奇葩：斯巴达和雅典

希腊地理及其对历史的影响——希腊的主要领土在巴尔干半岛狭窄的南部地区。尽管面积很小，但是延绵的山脉作为屏障把它分成许多地区。由于大部分山脉都很难跨越，所以各个地区独立发展，结果形成了许多小城邦，但是始终没有形成统一的国家。因为海湾众多，希腊的海岸线犬牙交错，其中有不少深水良港。在西面的伊奥尼亚海和东面的爱琴海中间坐落着数不清的岛屿。爱琴海上星罗棋布的群岛一直连接到小亚细亚半岛的西海岸，这里和希腊本土非常相似，希腊人也在此定居下来。航海和贸易自然而然地在这些得天时地利的人们中间兴盛起来。希腊气候宜人，土壤肥沃，而且风景秀丽。总之，希腊的自然条件得天独厚，正是一个锐意进取民族的理想家园。

以下这些地名非常重要——希腊北部位于安布拉基亚湾到南部的马里湾一线和北面的坎布尼安山脉之间。北边靠近海边的是奥林匹斯山，被认为是希腊众神的家园。通往希腊中部唯一良好的道路是塞莫皮莱山口的通道（即温泉关），这段狭窄的通道位于陡峭的山脉和马里湾之间。希腊中部的范围从科林斯湾一直到科林斯地峡，包括阿提卡地区及其首府雅典。几乎就在希腊中部的正中心坐落着古都德尔斐，希腊人认为这里是地球的中心。再往东是皮奥夏地区，底比斯城就位于那里。科林斯地峡得名于坐落在那里的一个富庶的商业城市。希腊南部通常被称为伯罗奔尼撒，拉科尼亚地区的主导城市斯巴达就在那里。阿提卡和皮奥夏地区海岸的对面是埃维厄岛，在现代地图上被叫作尼格罗蓬特。爱琴海上最著名的岛屿是提洛岛，这是一个神圣的地方（据说是太阳神阿波罗和月神阿尔忒弥斯的诞生地）。在小亚细亚半岛的诸多城市中，以弗所和米利都最为著名。

希腊的开端——希腊人并不是这个以他们名字命名的国家的第一批居民。他们从北方或东北方进入希腊，逐渐占据了小亚细亚半岛的沿岸地区和爱琴海群岛，然后是欧洲大陆。最早的有关希腊社会的描述是在《荷马史诗》中找到的，可以追溯到大约公元前 1000 年以前。虽然那时希腊人仍是一个粗野的民族，不过他们身上也有许多令人愉悦的品质。他们从事农业，蓄养牛羊，对狩猎和战争都乐此不疲。

希腊人那时候已经开始了海上贸易，而与此同时，也开始了海盗劫掠。他们在政治体制上属于君主制，如同父亲监管着整个家族一样，国王控制着整个部族。公共事务由国王和贵族家族的长者共同处理，在王宫或王宫附近开放的场所举行集会，所有的普通公民都可以旁听。贵族的长者们可以提出建议，不过最后还是由国王亲自裁定一切。普通的公民是不允许参加讨论的，不过他们可以通过大声呼喊来表示赞同，通过沉默来表示异议。在战争中，国王是前线总指挥，他必须身先士卒，冲在最前面。他也是最高精神领袖，以全体子民的名义向众神献祭。

图8 荷马

对自由的热爱——希腊人和大多数雅利安人一样热爱个人自由。这一点在最早的时代就显而易见。尽管国王自称是神的后裔，但是他们却并不像埃及法老和巴比伦的专制君主那样认为自己是神圣的。他们的生活方式和普通公民的生活方式差别不大。他们并没有与世隔绝，任何人都可以接近他们，他们甚至会参加普通的农耕生产。他们并没有东方君主那样独断专行的权力，所有的普通公民都认为在国家政府中有他们自己的个人利益，这一点正如上文所说的，他们的确在一些政府事务上具有参与权。在大多数希腊城邦中，普通公民的权利逐渐扩大，而国王的权利则在缩减，直至政府真正被人民或民主政治所统治。在这样的统治下，没有哪一个人能成为主人，而是由人民来管理他们自己的事务。

城邦——一个希腊城邦通常由建有城墙的城市以及环绕在其周围的乡村组成。除非这个城邦直接坐落在海岸上，否则它通常都会有一个单独的海港。古希腊就是由数以百计的这种独立小城邦所组成。每个公民都精心守护着自己的权利，非常爱国。他们的爱国主义是非常本地化的，他们丝毫不关心周边城邦的繁荣幸福；相反，如果有哪个城邦变得非常强大，对邻近城邦的独立构成了威胁，那么这些城邦就会联合起来对付它，并试图通过战争摧毁这个崛起的兄弟城邦，而绝不会甘于被它所主宰。

过度的个人主义——给每一个人提供最大可能的自由的倾向被称为"个人主

义"。正如之前所指出的那样，希腊人在这方面几乎和亚洲人完全相反。在埃及和美索不达米亚专制政府的统治之下，个人在公共事务中没有任何发言权。个人要想坚持自己的意志，反对至高无上的专制君主是绝无可能的。而在大多数希腊城邦中，只要有真才实学，每个公民都可以脱颖而出。个人的才干远比世袭的特权更有价值。但是在某些方面，希腊人的个人主义走得太远了。在任何一个有序的政府下，所有个体都必须为社会的整体利益放弃一些个人权利。倘若所有人都只追求自己的利益，那么整个社会立刻就会陷入混乱。而在希腊，有能力的人将自己的利益凌驾于城邦利益之上的情况时有发生。同样，单一的城邦也永远不会为整个希腊的繁荣富强而放弃自己的野心和对其他城邦的敌意。如果希腊人联合起来，那么他们就会无比强大，足以建立一个领土从西班牙一直延伸到印度的世界帝国。但是他们在过度个人主义的误导下，出于各自城邦的自大傲慢和猜忌，在小规模的战争中互相消耗殆尽。

多利安人和伊奥尼亚人——希腊人分成好几个大的分支，这些分支在语言和风俗习惯上都有所不同。其中最主要的分支就是多利安人和伊奥尼亚人。上文所提到的个人主义在伊奥尼亚人中发展到了最高峰。他们的大多数城邦都实行民主政治。伊奥尼亚人在艺术和学术的很多分支上都达到了近乎完美的地步，他们城邦中生活和工作极大的自由度是取得这些成就的主要原因。伊奥尼亚人最大的城邦就是雅典。相较之下，多利安人则是一支天赋一般的种族：他们学习比较缓慢，更为保守，但对统治者更为尊重。他们普遍更喜欢贵族政府。斯巴达是多利安人的主导城邦。

僭主时代——大多数希腊城邦开始实行君主制。贵族们先成立了顾问委员会，随后逐渐剥夺了国王的权力，将政府完全掌握在自己的手中。他们的这种统治被称为寡头政治或贵族政治。他们的统治理所当然地变得越来越独断专横和具有压迫性。普通公民要承担税收，但政府公职却只能由贵族来担任。在诉讼中，面对代表寡头政治的法官和地方官，穷人不可能得到公正的待遇，而富有的贵族总是诉讼获胜的一方。普通公民自然对这种压迫心存不满，一旦得到有利的时机他们就会奋起反抗，试图推翻统治者。为了达成这一目的，他们经常会得到其他一些野心勃勃的贵族的帮助和领导，最后这些野心勃勃的贵族在人民的帮助下推翻了之前寡头的统治。然后他们不但没有建立民主制度，起义的领导者反而将一切权力都掌握在自己手中，继而成为唯一的统治者。这样的统治者被称为僭主。希腊历史上的所有僭主之中，雅典的庇西特拉图和他的儿子是最著名的。下面会简要地讲述他们的故事。没有几个僭主的统治能维持超过三代。最后这些僭主的结局大都是被那些不堪忍受的人民杀死或者流放。

希腊的殖民统治——上文中所描述的政权更迭通常都伴随着激烈的党派斗争。战败的党派领袖不甘心屈服于新的统治或者被流放，然而不管是哪种情况，他们都必须找到一个新的殖民地作为立足之所。因此党派斗争的结果是，建立了许多殖民地。另外，也有其他原因导致同样的结果，其中最为突出的是希腊人口过多和他们的冒险精神。殖民者把他们的宗教和习俗带到他们的新家，因此希腊文明被传播到整个地中海和黑海的大部分沿海地区。从意大利南部，直到那不勒斯海湾，都有希腊殖民地。塔林敦（即保存至今被称为塔兰托的城市），曾经是希腊在意大利最富有的城市。西西里岛上的殖民地锡拉库扎也赢得了巨大的声誉和权力。希腊人定居的足迹往西最远到达了马西利亚，即现在的法国城市马赛。在北方的殖民地中，拜占庭是最值得关注的。这座城市的名字被罗马皇帝君士但丁一世改为君士坦丁堡。希腊人的殖民统治在政治上都独立于他们的母邦。然而他们在整个西方世界的大部分地区都形成了希腊文化中心，这在当时就是众所周知的。所有这些说希腊语的国家和城邦，都被叫作"Hellas"，即希腊。因此希腊并不是一个单一连续的国家，而是像现代的大英帝国一样四处开枝散叶。

斯巴达的早期历史及社会制度——上文中曾提到的多利安人的主导者正是斯巴达人。大约在公元前 1100 年左右，他们从北方进入了伯罗奔尼撒半岛，并逐渐征服了半岛南部地区。到公元前 6 世纪，他们成为伯罗奔尼撒半岛所有城邦的主导，其军事力量在所有希腊城邦中被公认为是最强的。

图 9　斯巴达战舞

三个等级——以斯巴达为首府的地区叫作拉科尼亚，那里的居民也被称为拉科尼亚人（即古斯巴达人）。他们被分为三个等级，斯巴达公民、珀里俄基人和希洛人（即农奴）。第一等级是当初多利安征服者的后裔，他们数量不多，是珀里俄基人的1/4，只有最低阶层希洛人数量的1/12。只有斯巴达人被视为公民，他们拥有最好的土地，不过并不从事农业生产，他们的土地由下等阶层希洛人来耕作。他们的生活就像是军营里的士兵：他们除了为国出征，就是时刻从事军事训练，为战争做准备。珀里俄基人可以自由耕种土地，但必须要缴纳赋税，并为斯巴达人服兵役。而希洛人作为农奴归城邦所有，被分配在斯巴达人家族中服务。

斯巴达的体制和法律要归功于来库古。斯巴达的体制中，有两位国王作为将军、大祭司和法官。然而他们的权力非常有限，当时斯巴达的政府形式实际上是一种共和政体，其中贵族阶级手中掌握着大部分权力。设有一个由28名60岁以上的终身制成员组成的长老会。所有公共事务在被提出并召开公众集会，然后做出最终决定之前，都会由长老会事先商讨。所有30岁以上的斯巴达人都可以参加公众集会，但是他们并不能直接参与商讨事务，只能通过叫喊和沉默来表达他们的观点。

斯巴达的教育和习俗都只为一个目的服务：培育出一个强壮勇敢的战士。婴儿出生后不久，就会被带到长老会进行体检。体弱的婴儿将会被从母亲的怀中夺走并杀死。到了7岁，男孩们就要进入公立的训练学校，在那里进行各种军事和体育方面的训练。然而他们的思想教育却是完全被忽视的。学校会教授音乐，因为斯巴达人理所当然地认为音乐可以提升士兵的勇气。为了使孩子们习惯痛苦和磨难，他们经常被毫无缘由地殴打，被迫只穿很少的衣服睡在很硬的床上。他们的食物也很不好，而且几乎吃不饱，老师希望孩子们设法去偷取食物，因为在战争中，士兵们经常不得不去寻找隐藏的食物。但是如果哪个孩子偷食物的时候被抓到了，将会招致毒打，因为这说明他笨手笨脚。斯巴达人一生到老都处在严厉的军事纪律的管束之下。斯巴达的男人们不能和家人们住在一起，而要聚在一起，像军营中一样同吃同住。对于女孩的教育，旨在培养强壮健康的母亲。她们也必须进行体育锻炼，而且还要参加大众舞蹈和跑步的比赛。不过已婚的女人可以享有很大程度的自由，并可以对公共事务产生一些影响。

斯巴达体制的结果——既然来库古的目的是建立一个士兵国家，那么在同类型的体制中，他的这种体制堪称是最杰出的。几个世纪以来，斯巴达人的确是整个希腊最优秀也是最令人畏惧的战士。但除此之外，斯巴达式的训练也就乏善可陈了。在希腊人所取得的那些价值非凡的伟大进步以及他们为后来整个世界留下的宝贵财富中，可以归功于斯巴达人的几乎没有。当雅典上升到一个至今仍为后人所景仰的文明高度时，斯巴达仍然还停留在一个用稻草和泥土堆砌的大城镇，其居民还只是半野蛮人的层次。而对于希腊的其他城邦来说，斯巴达人强大的军事力量远远是弊大于利的。同时，这对他们自己来说也没什么好处，因为他们的一生都是在军营的严苛束缚中度过的。斯巴达体制没有带来任何有价值的成果，这种体制的失败，证明人必须理性地培养自己的思想，而不是通过蛮力来追求卓越。

雅典的早期历史及社会制度——早期的雅典政府和上文所提到荷马时代的政府一样，他们城邦的内部历史先是展现了王权的逐渐削弱，然后是贵族政治的逐渐崛起，转而又被迫接受普通自由公民参政的要求。人民的权力就这样一步步增强，直到最后他们将整个政府真正地掌握在了自己的手中。得益于几位希腊历史学家的著作，这一发展过程才得以足够清晰地被展现出来。对于学习政治体制的学生而言，雅典的政治发展比其历史的其他部分具有更重要的指导意义。因此，这里将其作为重点加以特别强调。

从君主制到贵族政治——雅典最后一个世袭的国王是科德鲁斯，他在公元前1089年至公元前1068年曾短暂在位。传说科德鲁斯在同斯巴达人的作战中英勇牺牲，以自己的生命拯救了他的国家。因为再没有哪个国王可以比得上科德鲁斯的仁慈，所以雅典人希望不要再有国王即位，因此科德鲁斯的儿子被冠以"执政官"的称号，也就是统治者。3个世纪以来，雅典终身制的执政官都是从科德鲁斯的家族中挑选出来的。之后，他们的任期被限制为10年，再之后执政官开始被允许从其他贵族家族中挑选。在这些变化中，执政官的权力一直在稳步减少，而贵族的权力则在加强。最后，在公元前682年，古老君主制的最后痕迹也消失了。雅典开始每年从贵族中选择9位执政官，其中一个保留"国王执政官"的称号，但他的职责只相当于一个大祭司。同时也会有首席执政官，接下来的纪年便以他的名字命名。还有一个军事执政官。其他6名则是法官。为防止有哪个执政官有过分的权力，他们时常受到被称为亚略巴古（雅典卫城西北部的一座小山）的最高法院的密切注意。亚略巴古每年会推选新的执政官，即将卸任的法官则会成为亚略巴古的成员。

人民的不满：基伦暴动——贵族以自私的方式掌管着政府，根本无视绝大多数公民的利益。因为没有公布于众的法律，法官们徇私舞弊，根据自己的私人关系来判决案件，而不是从公平正义的角度出发。由于苛刻的债务法规定债权人可以要求将债务人及其家属当作商品出售以保护自己的债务权益，普通民众对此怨声载道。兵役艰苦繁重，庄稼收成不好，这使许多穷人负债累累，然而这些明明只是因为他们的不幸，而不是过错。但是贵族却仍旧维持这种恶法，并威胁要把大部分债务人变为奴隶。有一个名叫基伦的贵族，他野心勃勃，试图利用民怨来推翻当时的贵族统治。基伦的岳父是邻近城邦的僭主，他从岳父那里得到了一些士兵，并靠他们占领了雅典卫城。基伦赢得了普通民众的支持，他或许已经取得了成功。然而他并不想取悦民众，他的目的只是为自己个人争取权力。所以当执政官们率军在雅典卫城将基伦包围起来时，没有一个民众向他伸出援助之手，基伦只好仓皇逃命。尽管基伦的手下曾被承诺从犯不究，留他们活命，但是最后还是被全部处决了。这件事大约发生在公元前 630 年。

德拉古法典（公元前 621 年）——这种背信弃义和阴谋家的行为使得政府名誉扫地，也削弱了贵族的地位。于是他们被迫接受民众的一些改革要求，用书面形式公之于众的法律终止了独断专行的任意判决。拟定法典的任务由执政官德拉古来执行。然而他的法典却并没有改善民众的状况，苛刻的债务法依然保持不变，许多其他法律也非常严苛。以至于后来的雅典人说起该法典时会说那是用鲜血，而不是用墨水书写而成的。从那时起，人们将严刑峻法称为"德拉古写的"。

梭伦——贫富之间的矛盾日益尖锐，人民的怨恨日益危险，血腥的革命一触即发。为了避免这种危险，贵族们便要求他们中间最有智慧的人来彻底改革各种法律和城邦的宪法。解决这次危机的正确人选是梭伦，从那时起，梭伦就被认为是新雅典城邦的缔造者，并被视为希腊最伟大的圣贤之一。关于梭伦个人的信息并不多，我们只知道他出身贵族，作为勇士和诗人闻名于世。他的爱国精神赢得了各方的信任。

废除苛刻的债务法——梭伦首先关心的是通过免除未偿清的债务来减轻下层民众所背负的不公平的负担，此外，他禁止债权人继续将债务人当作奴隶出售来偿还债务。

宪法改革（公元前 594 年）——梭伦把土地作为政治权利的基础。他根据人们谷物、油或酒的收入，将阿提卡的人口分为四个阶层：第一阶层的人每年的庄稼收成必须不少于 500 蒲式耳①；第二阶层是 300 蒲式耳；第三阶层是 200 蒲式耳；少于 200 蒲式耳的便被归为第四阶层，叫作希特斯。

只有第一阶层，同时又属于贵族阶级的人才有资格担任执政官。前三个阶层中的任何人都可以担任一些次要的官职。法官则由公民大会选举产生，所有的公民每

---

① 蒲式耳是一种英制谷物计量单位，当然在希腊的测量中有不同的叫法。1 蒲式耳≈36.368735 升。

人一票，包括希特斯都有投票权。尽管这个公民大会不能直接立法，但是可以投票通过新的法律。公民大会只能决定由 400 人元老院事先准备好的事务。400 人元老院的成员每年从前三个阶层之中推选出。梭伦保留了亚略巴古来对政府进行全面的监督。亚略巴古密切关注法官的行为，并对公民的道德进行监督。贵族们对梭伦所修改的宪法都十分满意，因为他们手上仍然掌握着执政官和亚略巴古的权力，另一方面，最低的阶层也不必再害怕被压迫，因为每个公民都可以在公民大会中投票。为了保护普通人免遭不公正的审判，梭伦也设立了一个新的法庭，是叫作希黎亚的民众法庭，每年会从所有阶层中推选公民来担任法官。任何人只要认为执政官对他的案件审判不公正，都可以在这个民众法庭中上诉。

雅典的暴政（公元前 560 年—公元前 511 年）——尽管梭伦尽了最大的努力来使各方满意，然而还是有人不满。贵族们渴望他们从前的那种权利，而下层阶层也希望得到更多的权利。这场争论几乎上升到了内战的地步。梭伦的侄子，一位名叫庇西特拉图的年轻贵族成为民众一方的首领，通过民众的帮助，庇西特拉图获得了政府的控制权，并使自己成为独裁者。贵族们曾两次将他放逐，但他最终还是建立了稳固的政权，并且将政权传给了他的儿子希帕克斯和希庇亚斯。

庇西特拉图并没有废除梭伦的律法，他只是确保所有的高级法官都必须从他的亲戚和朋友中选出来。他的统治温和而公正，给雅典带来了繁荣。他的儿子们也效法他，直到希帕克斯被一个年轻的贵族暗杀身亡，因为他侮辱了这个年轻贵族的姐姐。亲兄弟被暗杀之后，希庇亚斯对自己的生活充满了猜疑和恐惧，他将许多公民判处死刑。他强硬的统治激起了雅典人的愤怒，随后发生了叛乱，希庇亚斯成功地逃到了小亚细亚，投靠了波斯国王，并定居了下来。

克利斯提尼的改革（公元前 509 年）——暴政的到来是再度陷入内乱的信号。贵族派和民主派为了争夺主导权而互相争斗。人民得到了一位才华出众的领袖，克利斯提尼，他原本是一个贵族，却将贵族派驱逐出了城邦。他随后进行了一系列改革，进一步扩大了人民的权力。克利斯提尼对宪法的修订基于梭伦之前的工作。只有第一等级的人可以成为执政官，但是不再需要他们必须是贵族出身了。元老增加到 500 人，每年从阿提卡所划分的 10 个部落中各推举 50 个。克利斯提尼所采取的最激进的措施是赋予阿提卡所有自由公民投票权，包括许多新近沦为奴隶的人。公民大会的成员增加到如此庞大的地步，使这个机构成为政府最强大的组成部分。公民大会又被叫作市民议会，处理所有各种公共事务。公民大会选举地方法官，并在任期结束后对他们进行评判，还控制税收和政府开支，决定战争与和平，并决定和其他城邦缔结条约或结盟。任何公民都可以登上演讲台在大会上发表演讲。因此，雅典的公共演讲水平发展得日臻完美。糟糕的演讲者会招致听众的嘘声，而优秀的演讲者则会产生很大的影响。雅典人很快对他们的言论自由权非常自豪，他们认为这是政治自由最好的礼物。希黎亚，即梭伦所组建的新的民众法庭的权力得到了极大的增强。为了防止有人贿赂法官，在审判前不久要经过一个复杂的选举过程。

放逐——克利斯提尼自己就是庇西特拉图和希庇亚斯所施暴政的见证者，同时也了解到内战的危险。为了确保年轻的民主政府能够对抗这两点危险，他提出了一个奇怪的保护措施，即所谓的"贝壳放逐法"（亦作"陶片放逐法"）。如果有哪位政治家强大到足以威胁宪法的时候，或者如果有两个党派领袖之间的分歧威胁到公众和平的时候，那么这个危险的人就应该被放逐。如果有6000人投票反对一个人，那么这个人就要接受被体面放逐10年的判决。选票是秘密的，写在一片贝壳上面。这种"贝壳放逐法"并不代表耻辱，相反这是一种认可，承认被放逐的人享有最高的政治地位。在被放逐归来之时，一些政治家会立刻获得公共事务中的领袖地位。这种解决党派纷争的方法沿用了将近一个世纪，不过并不是经常被要求使用。

克利斯提尼建立的制度对雅典的成长进步产生了刺激性效果。市民们都为自己的城邦感到骄傲，在自由和正义的影响下，人人都享有进步的同等权利，各种工作和事业蓬勃发展。斯巴达人嫉妒他的竞争对手的这种繁荣，甚至带领大批军队进攻雅典，目的就是要推翻雅典的民主政治。雅典人在比他们强悍的敌人面前似乎不知所措。幸运的是，斯巴达的盟友对这次不仁不义的出兵感到愤怒，最后迫使斯巴达人不战而退。

第七章　希波战争和雅典的辉煌时代

导致希波战争的事件——在波斯历史的那一章中曾讲到大流士一世如何率领远征军进入俄罗斯南部，以及他的一位将军如何将巴尔干半岛的相当一部分地区并入了波斯帝国。征服吕底亚使得居住在小亚细亚半岛沿海城市的希腊人成了波斯的臣民，是否要将希腊也并入自己广阔的领土似乎只取决于波斯国王的一念之间——他的军队迄今已被证明是不可战胜的，同时他的财力几乎是无限的。小小的希腊城邦几乎没有任何有效的方法能够抵抗波斯人的进攻。

在亚洲的希腊人的反抗；马其顿投降——公元前 500 年，小亚细亚半岛的希腊人突然发动起义，试图摆脱波斯统治的枷锁。雅典出手帮助他们的姐妹城邦，他们的联军焚毁了波斯西部总督的治所萨迪斯。大流士一世当即严惩了叛乱者，恢复了小亚细亚半岛的秩序，然后决心报复雅典对他的无礼。他派遣将军马铎尼斯率大军和舰队去征服希腊并摧毁雅典。马铎尼斯接受了马其顿王国的投降——马其顿王国的领土一直延伸到了希腊北部边界。但是，马铎尼斯的深入进军被一场暴风雨所阻，在他试图通过危险的阿索斯山海角时，舰队被暴风雨摧毁。

第二次远征——几年后，在公元前 490 年，大流士一世命令他最优秀的两位将军来执行他曾经发誓要给雅典的惩罚。在被放逐的雅典暴君希庇亚斯的带领下，他们带领庞大的舰队渡过了爱琴海，舰队上共有 10 万多名士兵。征服了几个岛屿后，他们在阿提卡东海岸的马拉松附近登陆。

雅典组织了 10000 人的军队来反击敌人，斯巴达人答应前来援助雅典，结果后来因为宗教仪式的原因而延误了。只有皮奥夏南部小镇普拉蒂亚的公民们证明了他们的勇气以及对雅典的友谊。他们全力投入了 1000 人，共同分担波斯进攻的危险。

马拉松战役（公元前 490 年）——雅典人和普拉蒂亚人占据了可以俯瞰马拉松平原的丘陵地带。在一个多星期的时间里，双方都不愿主动进攻。最终，希腊人得到了一个天赐良机，一部分波斯士兵正在登船，波斯军队一时处在混乱之中。这时，雅典的指挥官米太亚德下令跑步前进。身披重铠的希腊士兵们在波斯军队阵形尚未整理好之前发起了突袭，波斯人招架不住，尸横遍野，逃回到他们的船上，大多数军需物资都被希腊军队缴获。

但波斯将军并没有立即放弃他们的计划，而是试图在防守马拉松的希腊军队回去之前从海上直扑雅典。然而在山上的雅典侦察兵观察到了波斯人的动向，立刻通知了指挥官米太亚德。米太亚德便率领希腊军队急行军赶回雅典，等波斯人到达雅典港口的时候，却发现之前马拉松战役的胜利者已经做好了阻止他们登岸的准备。大流士军队中的所有士兵都无心恋战，他们极不愿意再和勇敢的雅典步兵展开第二次交锋，于是马上灰溜溜地掉转船头撤回了波斯。

马拉松战役在历史上的意义——如果从参战士兵的数量上来衡量，那么马拉松战役只是一个很小的历史事件。但是对雅典人而言，这是关系自己生死存亡、陡然发生的斗争中一次精彩的胜利。波斯人则认为这只是一次小小的失败，他们希望以后可以再弥补回来。后来的一些历史学家认为对整个西方文明而言，马拉松战役可以算作整个世界的决定性战役之一。波斯的胜利将结束雅典的自由，在波斯的专制统治之下，雅典不可能在学术和艺术的这么多领域中取得如此巨大的成就。所以，这次战争倘若失败，将导致希腊文明的发展变得低微，甚至终结，也就会夺去他们存在于后世中的很多最优秀的文明元素。

米太亚德突然名誉扫地——米太亚德在马拉松战役中功不可没，正是他的建议，雅典才获得了此战的胜利。米太亚德立刻成为整个希腊最著名的人物，雅典人称他为有史以来最伟大的英雄，他们对这位国家的救星无比信任。但米太亚德的荣耀却以一种可耻的方式中止了。他要求公民大会准许他带领一支舰队和士兵进行一次大大有利于雅典的秘密远征。得到同意之后，他却带领军队袭击了一个和他有私人恩怨的希腊岛屿城邦。但是这次远征遭到了彻底的失败，米太亚德返回雅典时已身受重伤，他背叛了信任他的雅典人民，最终名誉扫地。他险些在希黎亚被判处死刑。在这之后不久，米太亚德伤重身亡。

雅典海军的扩张——马拉松战役后，大部分雅典人都认为波斯不会再次发动战争。然而有一位政治家却认为大流士一世因为这次失败，必然要对雅典进行可怕的报复。这个人就是地米斯托克利，他是一位睿智的政治家和爱国者，他的天才使他成为同时代中最出类拔萃的人物。他敦促雅典人竭尽全力准备迎接即将到来的战争。最重要的是，他希望雅典人能建立一支强大的海军。他这一政策的关键部分却受到保守派领袖亚里斯泰迪斯的反对。亚里斯泰迪斯和他的支持者都希望保持雅典的陆军实力。这些人都拥有土地，害怕海军的发展会削弱他们的政治影响力，因为海军的成员大都是最底层的希特斯。由于两种政策无法达成和解，于是便决定启动"贝壳放逐法"将其中一方放逐，结果亚里斯泰迪斯遭到放逐，地米斯托克利留下来成为雅典公共事务的唯一领袖。按照他的建议，比雷埃夫斯港被建成了一座固若金汤的要塞，雅典海军很快全面组建起来，并很快发展成为希腊最优秀的海军。

图 10　地米斯托克利

波斯人准备第三次远征希腊——大流士一世准备再发动一次声势浩大的远征来一雪马拉松之耻，并且他打算亲征希腊。但是这一计划因为他的突然去世而中止了。他的儿子薛西斯尽管生性懦弱且懒散，然而却被他的谋士所说服，他的谋士向他承诺这场战役一定会给他带来伟大的荣耀。于是他命令集结一支东方君主有史以来规模最大的军队。士兵们从辽阔帝国的四面八方赶往萨迪斯，黑人、埃及人、印度人以及许多其他种族和部落的加入使这支军队的规模超过了 100 万人。这次集结精彩而有趣，但从"军队"这个词的正确意义上来说，它并不配被称为是一支军队。士兵们讲多种语言，携带各种不同的武器。因此军队各部之间的配合并不默契，秩序非常混乱。而且这样一支庞大军队的给养也是巨大的麻烦。粮草储备沿着计划入侵的路线预先搜集好了。

由 1300 艘船组成的舰队主要由腓尼基人和小亚细亚的希腊城邦提供。腓尼基的建筑师受命搭建跨越达达尼尔海峡的浮桥。薛西斯吸取了马铎尼斯的教训，为了避开危险的海角，他在半岛上海角后面地势最低的地方开挖了运河供舰队通过。

希腊的计划——希腊城邦的自私比波斯的庞大军队更加危险。尽管面临可怕的危险，他们却并没有联合起来保卫国家，甚至有几个城邦公然表示向波斯投降以避免被毁灭的风险。战役开始之前，薛西斯派了一些使者去希腊索要土地和水，这是服从波斯统治的标志。但是雅典人和斯巴达人却将使者全部杀死，将尸体扔入地窖和水井，并说："你们去好好享受土地和水吧。"经过此番侮辱，薛西斯对希腊人绝不可能再有任何恻隐之心。

地米斯托克利在科林斯召开了全希腊代表大会，商讨御敌之策。除了已经归属波斯统治的之外，大多数希腊城邦都派代表出席了这次代表大会，这次讨论清楚地证明了希腊人的民族爱国主义多么薄弱。底比斯出于对雅典的憎恨，竟然选择倒向波斯。在其他的一些城邦中，贵族派都敦促投降，因为他们知道波斯国王会压制所有的民主政府。

斯巴达人和他的大部分伯罗奔尼撒伙伴主张武装抵抗，不过他们也只是出于对自己安全的考虑，而不是为了整个希腊的自由。他们希望在科林斯地峡增加兵力，构建堡垒，在那里抵抗波斯军队，而置整个希腊的北部和中部地区于不顾，把他们的命运交到波斯侵略者手中。雅典人精明地指出这一计划的愚蠢之处，说这样一来科林斯地峡北部的所有希腊城邦都将被迫屈服于波斯军队，而且这些城邦的士兵也只能立刻投降。

塞莫皮莱（即温泉关）战役（公元前480年）——代表们最终达成一致，在经过塞莫皮莱（塞莫皮莱即温泉关，因道路旁边的一些温泉而得名）的地方进行防御。马里海湾和陡峭的山脉之间在这里有一条狭窄的道路，是从北部通往希腊中部仅有的一条好走的通道，由斯巴达国王列奥尼达带领一支6000名全副武装的斯巴达步兵立刻赶去防御这一通道。

列奥尼达很容易就阻止了波斯敌人，薛西斯原本似乎就要在塞莫皮莱结束南下了，结果一个被波斯人用黄金收买的希腊叛徒为他指出了一条翻山的秘密道路。薛西斯立刻派精兵连夜通过秘道，第二天一早，他们的先头部队已经到达通道的后方。列奥尼达立刻命令主力撤退，他自己亲率300名斯巴达勇士死守通道。他们作为斯巴达人的荣誉要求他们在防守的位置坚持命令，直到最后一刻。

列奥尼达及其所率勇士的英雄气概给波斯人留下了深刻的印象。他们从没见到过如此忠于职责和勇敢的行为，他们自己的很多士兵都是在鞭子的抽打下才会投入战斗。薛西斯的部队从此以后便认为希腊军队要强于自己，并开始畏惧他们。斯巴达人的英勇也帮助希腊人赢得了之后的战役。

萨拉米斯战役（公元前480年）——波斯军队在希腊中部没有遇到进一步的抵抗，阿提卡人抛弃了自己的城邦，老人、妇女和孩子被带去了伯罗奔尼撒，战士们则被带到了船上。薛西斯下令彻底摧毁雅典，以报20年前萨迪斯被袭击的一箭之仇。

所有希腊的舰队都集结在离比雷埃夫斯不远的萨拉米斯岛。即便是到了几乎所有希腊人都已经沦为敌人猎物的时刻，来自不同城邦的将军们依旧为他们的计划争吵不休。然而地米斯托克利通过与波斯军队的一场海战拯救了希腊的灭亡。地米斯托克利晚上派遣秘密信使去见薛西斯，告诉他说希腊的舰队第二天就会解散，假如在早上发动突袭就可以一举摧毁整个希腊海军。薛西斯信以为真，采纳了这一建议，他登上雅典附近一座可以俯瞰大海的山丘，端坐于王座之上，他所有的大臣簇拥在他的周围，准备亲眼观看希腊的覆灭。

　　然而他的厚望被历史记录上最惊人的惨败击得粉碎。薛西斯束手无策，在御座之上眼睁睁地看着希腊水手和士兵几乎摧毁了他的半支舰队，剩余的在战场上完全陷入了混乱。

　　尽管波斯舰队剩下的船只仍然比希腊多，但是薛西斯已经失去了勇气，急忙撤回安全的亚洲疆域内。他留下老将马铎尼斯和波斯军队的精锐，来继续完成对希腊的征服。

　　波斯对希腊的第四次远征；普拉蒂亚战役（公元前 479 年）——马铎尼斯第二年春天再次率军向南行进时，斯巴达人又一次只考虑自己的安全，任由雅典再次被波斯军队摧毁。马铎尼斯承诺，如果雅典承认波斯的统治权，他们就帮助雅典成为整个希腊的领导者。如果伯罗奔尼撒人不帮助他们，那么希腊就只好被迫接受这一提议。这种威胁终于战胜了斯巴达人的自私，斯巴达国王帕萨尼亚斯带领大量斯巴达军队援助雅典，在普拉蒂亚战役中击溃了波斯军队，马铎尼斯几乎全军覆灭。遭遇这次惨败之后，波斯军队再也不敢直接进攻希腊。

　　希腊进攻波斯——同年，一支希腊舰队航行到小亚细亚半岛，并在米卡尔海角附近歼灭了一支庞大的波斯舰队。这是希腊人在雅典的带领下对波斯接下来持续 40 年的主动进攻战争中的第一次胜利。后来波斯国王失去了在欧洲的所有领土，并不得不放弃对小亚细亚半岛希腊城邦的统治权。

　　帕萨尼亚斯和地米斯托克利的耻辱——最初攻打波斯时，帕萨尼亚斯担任希腊主帅。他指挥了普拉蒂亚战役，从那之后他就认为自己是世界上最伟大的人，对别人的态度变得越来越傲慢。帕萨尼亚斯在自己愚蠢野心的驱使之下和波斯国王通信，希望通过他的帮助成为整个希腊的独裁者。后来，他的一个信使向斯巴达告发了他，他被当作叛徒判处死刑。帕萨尼亚斯和波斯国王私通信件也引起了人们怀疑雅典人地米斯托克利是否也有叛国的行为。地米斯托克利长期以来都被视为一个不择手段的人，他行贿受贿，为一己私利而滥用自己的政治影响力。但是他作为非凡政治家的才能对雅典确实做出了很大贡献。马铎尼斯被击败之后，斯巴达人想建造环绕城邦的城墙来防御雅典人。斯巴达人的骄傲完全在于他们的军事优势，所以他们担心雅典会变得太过强大。地米斯托克利通过巧妙的谎言欺骗了斯巴达人，城墙的建筑虽得以完工，然而却不能对雅典造成进一步的干扰。幸运的是，对地米斯托克利的指控到达雅典时，他刚刚被"贝壳放逐法"判处放逐而不在雅典。后来，地米斯托克利被判处死刑，不过他逃往了波斯。波斯国王像对待朋友一样接纳了他，并给了三个城市的赋税作为他的收入。

正义的亚里斯泰迪斯——希腊人的政治道德水平普遍很低，帕萨尼亚斯和地米斯托克利正是他们所代表的那种精神的众多支持者中的典型。因此，一位政治家的名字因其诚实和公正而名垂青史是一件令人愉快的事情。

他就是亚里斯泰迪斯，作为地米斯托克利一直以来的对手，他现在是雅典事务的领导者。他公正廉明的名誉是对他的母邦最大的价值。他在各地都获得了民众的信任，因此希腊各个城邦都自然而然地将雅典视为他们的领袖。

提洛同盟——米卡尔战役之后几年，爱琴海周围的大部分城邦组成了同盟，目的是要更有效且更猛烈地打击波斯人。雅典是这个同盟的政治领袖。同盟召开会议的地点和金库都设在神圣的提洛岛，同盟也以该岛的名字命名。较小的城邦每年提供一定的金钱，较大的城邦则要提供船只。众城邦推选亚里斯泰迪斯来决定每个城邦该交纳多少钱或者提供多少船只。

提洛同盟成为一个雅典帝国——过了几年之后，很多同盟中原本应该提供船只的城邦都效仿较小的城邦只交钱，而让雅典来造船。现在雅典人以资金安全为由，将同盟的金库从提洛岛迁到了雅典。他们耗费了大量的钱财在城邦里修建精美的建筑，而不是全力投入对波斯的战争，然后盟友们便抱怨雅典抢劫了他们。许多城邦声称要脱离同盟并不再交纳钱财。于是雅典人派出强大的军队攻击他们，给予严厉的惩罚，并强迫他们提高交纳的金额。如此一来，以前提洛同盟中自由的成员沦为了雅典的附庸。同盟本身也变成了雅典的海上帝国。

希波战争之后的斯巴达——从早期的来库古时代之后，斯巴达的政府变得更加贵族化。除了元老院和两位国王之外，还有 5 个叫作监察官或监督官的官员。这些监察官逐渐增强了自己的权力，直到把控整个政府，最后甚至连国王都不得不屈从于他们。因此，斯巴达体制的发展正好和雅典相反。

监察官一向就不喜欢雅典的民主政治，而他们对雅典的嫉妒也与日俱增。原本斯巴达一直享受着自己作为希腊主导城邦的声誉，然而现在雅典却无可争议地成为希腊的海上霸主，同时还扩张在希腊中部内陆的实力。很多皮奥夏城邦也开始驱逐贵族，建立民主政治，加入了雅典同盟。受到雅典发展的威胁，斯巴达人与底比斯人联手，与雅典人作战。战争超过 10 年之久，最后雅典战败，只好放弃进一步取得对希腊内陆统治权的希望。底比斯重新成为皮奥夏地区的主导力量，并重新在邻近的城邦建立起贵族统治。

伯里克利时代——在雅典历史上，希波战争和伯罗奔尼撒战争之间的时期一般被称为"伯里克利时代"。这一时期，伟大的政治家伯里克利主持着雅典的事务。

图 11 伯里克利

伯里克利来自雅典的一个贵族家庭，很多声名卓著的人物都来自这个家族。他接受了最好的教育，并且不断汲取有益于成为一名政治家的知识和艺术来完善自己。作为一名演说家，他很容易就能在他那个时代中脱颖而出，同时他也是一位将军，一位高瞻远瞩的政治家。凭借他的天赋，他把对雅典城邦的爱、不懈的精力和崇高的职责结合起来。他从未向卑鄙的阴谋低头，也从未试图为自己谋利或者用自己的影响力来打击敌人。在超过一代人的时间里，伯里克利是雅典的无冕之王。然而他从未被选作执政官，他保留着自己部落将军[①]的职位，有时也被推选担任一些次要的职务。他的权力完全取决于他在公民大会中对民众的影响力。雅典人钦佩并且十分尊重他的高贵品质，会听从他的建议，因为他们都认为伯里克利就是他们中间最英明睿智的人。没有任何一个国家能找出比伯里克利更能鼓舞人心的统治者：不通过武力或者世袭的权力，而仅仅通过他永恒不变的伟大人格而成为人们心中的国王。

伯里克利希望尽可能使雅典的民主政治成为完美的政府，他知道一个优秀政府的基础是全体公民能接受良好的教育。因此，除了在公民大会上辩论，在希黎亚上进行法律讨论之外，剧院就是雅典成年人的学校。在那里演出的戏剧主要涉及希腊历史，或道德和宗教方面的问题。戏剧的创作者都是当时最著名的作家。实际上，欧里庇得斯及其他剧作家的作品至今仍是世界文学史上最好的作品之一。对于这些表演，伯里克利给人们提供免费的戏票。为了使穷人也可以参加公共事务，他为他们付钱出席公民大会，为他们支付履行公职所需的费用。伯里克利还公费为公民举行节日庆典，他希望所有公民都有同等的机会享受自己的人生，因为他们共同分担着政府职责，共同承担着战争的危险。

如果一个社会的状况可以根据该社会所产生的伟人数量来衡量的话，那么将伯里克利时代的雅典视为世界历史上文明程度最高的社会是当之无愧的。再没有哪个时代在如此短的时间里，在同一个地方聚集了如此多的天才，堪称前无古人后无来者。在这份长长的光辉名单中有雕塑家菲狄亚斯、历史学家希罗多德和哲学家苏格

① 阿提卡的 10 个部落每年都要各自推选一位将军。

拉底。这些伟人中，有很多人是伯里克利的朋友，也从伯里克利的建议中受益良多。

图 12　欧里庇得斯

图 13　希罗多德

　　伯里克利通过建造昂贵而美丽的公共建筑来证明他的城市的力量和荣耀。雅典卫城到处是雄伟的庙宇，那里建有帕特农神庙——供奉雅典娜女神的神庙，是一座用白色大理石建造而成的庄严雄伟的建筑。在帕特农神庙中，菲狄亚斯用黄金和象牙制作了一个巨大的雅典娜雕像。神庙里的许多地方都被菲狄亚斯和他的学生们用大理石雕像加以装饰。他们的一些作品保留至今，被现代艺术家视为同类作品中最优秀的模范进行学习。伯里克利时代是雅典的黄金时期。然而这个城市的荣耀就像它的辉煌一样短暂。民主政治的弱点在伯里克利在世的时候被他牢牢地控制在手中，然而在他死后，这些弱点便迅速导致民主政治轰然崩塌。从某种程度上来看，正是这位伟大的政治家自己种下了毁灭的种子。为人们提供免费的节日庆典是一个巨大错误，这使他们很快变得懒散而奢侈，开始鄙视体力劳动。判断力不高的普通人很容易受到蛊惑，被坏人引入歧途。从那之后，这种人成了公民大会的大多数。政府变得不稳定，并且进行了一些不计后果的事业，最终导致了其本身的垮台。下面的章节会讲述这是如何发生的。

第八章　希腊城邦的互相毁灭

伯罗奔尼撒战争的起因——雅典和斯巴达之间的政治斗争引发了著名的伯罗奔尼撒战争，从公元前 431 年一直持续到公元前 404 年。这场战争的根本原因上文中已经提到了，希腊人无法超越每个城邦各自的利益进而建立一个国家联盟。对某种政治联盟的需要催生出一种领导体系，这就是希腊人所谓的"霸权"。一些小城邦和某个大城邦结成同盟，并将大城邦视为他们的政治领袖。这样一来，皮奥夏的底比斯、伯罗奔尼撒的斯巴达以及众多岛屿城邦的雅典便拥有了各自地区的霸权。斯巴达和雅典都渴望成为所有希腊城邦的霸主，仅凭这一点，就足以引发战争。雅典的另一个劲敌是科林斯，它曾经是希腊的主要力量。雅典在贸易上的增长很大程度上牺牲了科林斯人的利益，他们认为自己在财富和影响力上的损失正是他们骄傲的竞争对手雅典所导致的。底比斯人一向憎恨雅典人，他们渴望抓住一切可以损害雅典的机会除之而后快。雅典在他们的提洛同盟中也有很多敌人，他们渴望脱离雅典的束缚。

雅典和科林斯之间的争执导致了战争，在这场战争中，科林斯被击败。科林斯人向斯巴达人控诉，而斯巴达人在集会中得到所有伯罗奔尼撒城邦的支持，并宣布向雅典开战。

雅典和斯巴达的力量对比——雅典有坚固城墙的保护，城墙一直延伸到海上，并将比雷埃夫斯的要塞也保护在内，而且雅典的海军在当时是战无不胜的。除了提洛同盟数量众多的从属城邦之外，雅典还有很多强大的盟友。内陆的普拉蒂亚就是它坚定的盟友。此外比舰队和士兵更有价值的是伯里克利的英明领导。

斯巴达方面掌握着伯罗奔尼撒半岛压倒性的陆军力量，雅典军队不敢在陆地上冒险与他们交战。底比斯人是他们极其有价值的盟友，因为他们可以从北方一直威胁着阿提卡。科林斯人的舰队占了整个伯罗奔尼撒舰队的一大部分。总之双方势均力敌，雅典在海上的优势正如斯巴达在陆地的优势。

从伯罗奔尼撒战争到尼西亚斯和平协议（公元前 431 年—公元前 421 年）——在战争的前 5 年，伯罗奔尼撒人每年都会入侵阿提卡地区，蹂躏田野，一路摧毁村庄，直到雅典的城墙下。在伯里克利的建议下，雅典人没有冒险和敌人优秀的陆军决战，而是派出海军在伯罗奔尼撒半岛登陆，摧毁了海岸线附近的所有房屋作为报复。对雅典来说，比斯巴达人的攻击更为可怕的是一场瘟疫，这场瘟疫夺走了雅典大部分人的生命。公元前 429 年，伯里克利也死于瘟疫，失去了他沉着的指挥，等待雅典的将是最残酷的打击。

连续不断的战争使双方的心都变得冷酷无情，致使他们互相进行残忍的报复。斯巴达人长期围城后终于占领了普拉蒂亚，防守者以绝望的勇气殊死搏斗，最后整个城市被夷为平地，所有士兵都被处死。斯巴达的将军一旦俘获敌军的船只，就会将上面所有的船员都扔入大海。雅典人对米蒂利尼的惩罚也同样冷酷无情。米蒂利尼是莱斯博斯岛的领导城邦，背叛了提洛同盟。在克里昂的鼓动下，公民大会投票决定将所有米蒂利尼男人处死，并将女人和孩子变卖为奴。第二天，一些更为谨慎的人劝导公民大会撤销了这一血腥的决议，派遣一艘快船去处死 1000 多人，这些人全是贵族。

经过了 10 年的战争，双方都没有获得任何决定性的优势。公元前 421 年，雅典人尼西亚斯促成了一个 50 年的和平协议。然而双方都没有严格遵守协议，和平维持了不到 3 年，战争再次爆发。

雅典民主的衰落——米蒂利尼事件表明雅典人在失去他们伟大的领袖伯里克利之后，已经变得多么不计后果和浮躁。伯里克利总是能够抑制他们突然爆发的愤怒或鲁莽，并且在沮丧中鼓励他们。没有任何一个继任者具备他这种控制群众所需要的强大人格。他们中的大多数人更倾向于在这样的时刻采取能够取悦民众的措施来获取民众的青睐和支持。与此同时，他们把个人的发展完全凌驾于城邦的福祉之上。对他们而言，下层等级构成公民大会的大多数是一件好事，因为能引导无知民众的是盲目的激情或狂热，而不是冷静的理性。因此民主政治在煽动者的诱导之下堕落成了暴民统治。第一个煽动者是克里昂，正是他提出了对米蒂利尼人的残忍判决。他和其他同类蛊惑人心的政客还颠覆了伯里克利设定的会给雅典带来胜利的谨慎政策。他们鼓励人们从事遥远而危险的事情，而那些事情完全都是投机性的。以尼西亚斯为杰出代表的少数保守派政治家无力纠正这些暴民的愚蠢行为。

亚西比德——尼西亚斯和平协议之后的战争是由亚西比德导致的，他是一个年轻富有的贵族，在雅典人中有着非常大的影响力。亚西比德拥有一切能使普通大众赞叹的品质：他的身体强健迷人，他的头脑聪明过人，充满勇气和热情，有吸引听众的迷人口才。不过他同时也放纵不羁，不尊重传统和权威，野心勃勃，行事没有限度。面对公共危险时不能指望他，因为他本人都不能依靠自己。他性格中的野蛮一面使他经常制造一些骗局，而这些骗局只会在其他任何国家和时代被判有罪的坏学生或疯子身上出现。例如有一天他打赌说，他可以在大街上袭击一位雅典最杰出的公民。实际上他的确袭击了那位绅士，赢得了赌局，但第二天他主动提出被打一顿作为对之前无礼行为的惩罚。很难理解为什么希腊人会信任这样一个性行无定的人。最简单的解释是：他的优点和缺点在不同程度上是全体雅典人的共性。如果亚西比德隔日就改变了他的想法，这对参加公民大会的人们而言似乎并不是什么可怕的错误，因为他们也会同样迅速地改变自己的看法。所有人都可能原谅别人身上那些自己也拥有的错误。一个雅典作家在描述亚西比德和人民的关系时很好地总结道："他们厌恶他，需要他，不能没有他。"

远征西西里岛（公元前 415 年—公元前 413 年）——亚西比德的上位很快就带来了不幸，关于这一点，温和派的政治家曾经警告过雅典人。亚西比德向人们承诺说，他可以征服西西里岛和意大利南部，从而为雅典帝国奠定基础。利用以此获得的力量，雅典便可以轻而易举地粉碎斯巴达，并成为整个希腊的统治者。尼西亚斯试图说服人们，届时雅典所得到的绝不是亚西比德所描述的荣耀，而很可能是耻辱和毁灭，然而他的劝说徒劳无功。年轻政治家亚西比德无忧无虑的热情很快就克服了所有忧心忡忡的疑虑。公民大会投票决定组建一支庞大的舰队和军队发动远征，尼西亚斯、亚西比德和另一位同僚被选为指挥官。

远征甫一开始，就遭遇了不幸，亚西比德被他的敌人指控犯有违反宗教的罪行，被召回雅典接受审判。雅典的将军们本可以立刻转而进攻西西里岛最强大的城市锡拉库扎，但是他们失去了实现这个较小目标的宝贵时机。与此同时，锡拉库扎开始准备强有力的抵抗。当尼西亚斯终于开始发动攻击时，已经无法夺取这座城市了。斯巴达将军古利普斯组织了非常巧妙的防守，以至于尼西亚斯反而面临被击败的危险，不得不向雅典要求增派强大的援军。于是雅典几乎倾全国之兵投入到这场战争，200 艘战船和 4 万名士兵都集结到了锡拉库扎。雅典军队在这场可怕的灾难中全军覆没，没有一艘战船或者一位士兵得以逃脱。经过几次失败的战斗之后，残余的雅典舰队被困在锡拉库扎海港，防守者封闭了海港的出口。希腊军队撤到岛上寻求自保，但是在没有食物和水的情况下，进军敌人的国家，只是一种绝望的手段。许多士兵心生绝望，毫无目标和秩序地游荡，面对他们的追兵毫无抵抗之力。在阿辛阿鲁斯河岸的浅滩上，凄惨的逃亡者被锡拉库扎人砍杀殆尽，尼西亚斯被处死，其余生还者都被俘为奴。

亚西比德叛变——亚西比德回到雅典时，知道他可能会在法庭上被判有罪，尽管他是否真的有罪尚不确定。对雅典人来说，他在中途逃走便已经证明了他的罪行，他们立刻判他死罪。而反过来说，亚西比德则将自己变成了整个雅典城邦的法官，惩罚了雅典对他忘恩负义的背叛。建议斯巴达人派遣古利普斯去锡拉库扎主持防守的正是他。而正是古利普斯的军事才能赢得了这场战争，因此可以认为亚西比德间接地毁灭了雅典的西西里远征军。他还敦促斯巴达人在阿提卡一个叫作狄西里亚的地区设防，如此一来，便可以控制阿提卡平原，并能将雅典永远封锁在内陆地区之外。斯巴达人采纳了他的建议。在接下来的 9 年中，雅典人只有在他们的城墙内才是安全的。因此，伯罗奔尼撒战争的最后一段又被叫作狄西里亚战争。亚西比德还指出与波斯结盟会给斯巴达带来多大的好处。于是斯巴达人同波斯总督提沙费尔尼斯签订了一条可耻的条约，该条约允许波斯重新占领小亚细亚半岛所有的希腊沿海城邦，作为回报，提沙费尔尼斯向斯巴达提供对抗雅典的金钱和船只。

雅典人的英勇斗争；召回亚西比德——雅典人在极度的悲痛中表现出了极大的勇气。通过特殊的税收和连续不休息的工作，他们在一年之内重新组建了一支海军。依靠这支海军，他们多次击败了伯罗奔尼撒和波斯的联军。亚西比德厌倦了斯巴达人的枯燥生活，试图通过给予他的母邦雅典一些显著的帮助，从而让雅典将他召回。他说服波斯总督提沙费尔尼斯抛弃斯巴达人，转而支持雅典。亚西比德为了引诱这位身为吕底亚人的总督改变立场所做出的论证，充分说明了亚西比德对希腊的悲惨状况完全了如指掌。亚西比德说道，通过阻止雅典的彻底失败，可以延长希腊城邦之间的战争，直到所有希腊人都筋疲力尽。这样，波斯就可以自由地掌控整个亚洲海岸。提沙费尔尼斯听从了亚西比德的建议，这使得雅典军队获得了另一个优势。出于感激，雅典人任命亚西比德为将军，他们很快就将伯罗奔尼撒人从爱琴海北部驱逐出去。一时间，亚西比德的所有罪行都被忘记：他重新成为人们的偶像。但是，胜利是短暂的，在接下来的战役中，亚西比德在去和提沙费尔尼斯谈判期间，竟然指派了一个毫无经验的朋友留下来指挥舰队。可想而知，这位临时指挥官遭遇了惨败，结果亚西比德再次被放逐。这回，波斯人是他最后的庇护，因为他既是雅典的逃犯，同时也被斯巴达人恨之入骨。

伯罗奔尼撒战争的结束——雅典人不畏艰险，坚持不懈地斗争到底，最后，在公元前 404 年，他们的舰队被斯巴达指挥官出其不意的突袭所歼灭，所有的俘虏都被杀死，尸体堆积如山。雅典不得不在围城后投降，骄傲的雅典公民被迫在斯巴达人演奏的节日音乐中拆毁自己的城墙。一些同盟城邦要求将雅典夷为平地，斯巴达人拒绝了，他们害怕没有雅典的制约，科林斯或底比斯会变得过于强大。

斯巴达的统治——在整个战争期间，斯巴达人扮演了为希腊自由而反对雅典压迫的捍卫者角色。然而事实证明了，斯巴达人的伪装有多么虚伪。斯巴达监察官派遣斯巴达管理者进驻被征服的所有城市，结果他们的统治专制武断，比雅典人糟糕得多。他们还在雅典建立了寡头政治，被称为"三十僭主统治"。经过一年的暴政，雅典人民发动起义，处死了这些暴君。民主政治被重新建立起来，和克利斯提尼统治时期比较相似。在其他城市，对斯巴达的仇恨很快就到了怨声载道的地步，于是形成了一个驱逐斯巴达人的联盟。底比斯和科林斯的领导者也和他们之前的死敌雅典站在了一起，加入对抗斯巴达统治的战争之中。小亚细亚半岛的波斯总督十分乐意资助这支曾使斯巴达舰队遭遇惨败的盟军。这场战争的主要优势在雅典一方，从城邦到比雷埃夫斯长长的城墙重新用波斯人送来的钱修建起来，这座城市又恢复了昔日的繁华，然而地米斯托克利和伯里克利的辉煌时代已一去不返。

底比斯的霸权（公元前 371 年—公元前 362 年）——公元前 379 年，底比斯和斯巴达之间爆发了一场新的战争。斯巴达无视邻邦的权利，突然派遣强大的驻军进入底比斯，驱逐民主人士，并建立了寡头政治。此后 4 年，底比斯表面上顺从地忍受着这一侮辱，但是有一天晚上，斯巴达的寡头突然被伪装成女人进入他们房间的起义者谋杀。斯巴达驻军被强大的底比斯军队包围，不得不放下武器投降。

公元前 371 年，一支强大的斯巴达军队入侵皮奥夏，在留克特拉被人数只有斯巴达军队一半的底比斯人击败。经过这次胜利，底比斯军队名扬天下，被视为世界上最有战斗技巧的士兵。底比斯人突如其来的好运要完全归功于两个人，伊巴密浓达和佩洛皮达斯。佩洛皮达斯是一位卓越的将军和无畏的战士，正是他亲手杀死了在底比斯的斯巴达寡头集团的头目。他将年轻的爱国者组织起来组建了一支圣军 ①，他们都发誓要为自己的国家献出生命。

伊巴密浓达是希腊人中最优秀的天之骄子。在战场上他是一位杰出的战略家，

---

① 圣军是底比斯最精锐的一支部队，共 300 人，由 150 对同性恋伴侣组成。——译者注

是一位精通如何部署军队、如何利用地形优势的将军。他发明了一种新的战斗阵型，这使他的部队战无不胜。他同时也是一位学识渊博的学者、一位雄辩的演说家和一位英明的政治家。在他的领导之下，底比斯 4 次攻入伯罗奔尼撒，将斯巴达人打得落花流水，并驱逐了他们城邦中的斯巴达人。底比斯的霸权并没有被残酷和傲慢所玷污。伊巴密浓达是唯一一位对其他城邦的荣耀和自己城邦的荣耀一视同仁的政治家。可惜的是，他的事业在希腊历史上出现得太晚，而且太短暂，并不能给希腊带来长久的益处。公元前 362 年，他在战场上被长矛刺中，战死沙场。伊巴密浓达的死也带走了底比斯的辉煌。

马其顿的崛起——就在希腊城邦互相毁灭、连年征战之时，一支新的力量在他们的北边崛起，并很快从他们的纷争中坐收渔翁之利。马其顿人是一个由牧人和农民组成的彪悍民族，他们和希腊密切相关，不过直到腓力国王时期，他们与希腊在历史上都没有什么交集。腓力国王在青年时曾在底比斯作为人质度过了 3 年时光，他从伊巴密浓达身上学到了军事和治国之道。他是一位天生的军人和政治家，他改善了从伊巴密浓达那儿所学到的经验，并创造了一种新的战斗队形，被称为马其顿方阵。这是一种步兵队列，行进时为 16 排，士兵手持长矛，呈现给敌人的是锐不可当的矛尖。直到一个多世纪之后遇到罗马军团之前，马其顿方阵都被证明是所向无敌的。腓力国王通过征服扩宽了马其顿的疆域，并引进希腊教育，开设新的海港以改善人民的福利。

德摩斯梯尼——当腓力国王巩固了他在北方的权力后，自然要将他的统治向南延伸到希腊。一些较小的希腊城邦在与福基斯的战争中向他求助，这正是他求之不得的天赐良机。福基斯人劫掠了德尔斐神庙中的宝藏，这种亵渎的行为理应受到惩罚。腓力国王欣然相助，作为回报，他被推选为德尔斐神庙的守护者。这是一个具有相当政治分量的职位，通过这个职位，腓力国王获得了希腊内部事务的永久发言权。

如果不是因为雅典演说家德摩斯梯尼所组织的抵抗运动，腓力国王便可以轻而易举地掌控整个希腊。德摩斯梯尼是一位杰出的人物，是希腊最后一位伟大的爱国者，一直被年轻人视为最理想的榜样。他并没有什么特别的演讲天赋，但是经过多年孜孜不倦的努力，成为这一领域的佼佼者。他的许多演讲都被保留下来，被西方各国的学者作为最好的演讲模范进行研究。德摩斯梯尼的演讲标志着雅典为保卫它的公民自由抵抗外国压迫者的最后的崇高成就。不幸的是，在这个城市里有许多并不高尚的人被腓力国王的好处所收买。倘若所有的雅典人都有和德摩斯梯尼同样的爱国热情，那么马其顿就不可能赢得希腊的霸权。公元前 338 年，德摩斯梯尼将雅典人和底比斯人联合起来与腓力国王决战。在皮奥夏的喀罗尼亚，马其顿人的方阵碾压了爱国者的队伍，希腊的独立结束了。在这之后，希腊只是作为马其顿帝国的一部分，而它的历史也和它的主人联系在一起。

第九章　璀璨的希腊文明

希腊的成就对后世的价值——希腊真正的价值在它的政治史方面体现的是最少的。尽管从希腊的政府经验中可以学到很多东西，政治家伯里克利、亚里斯泰迪斯和德摩斯梯尼都可以视为公共事务的楷模，然而从总体上来说，希腊的政治是令人厌恶的。希腊人自私，目光狭隘，这对后世来说是一种警示，而并不是榜样。希腊人未能建立起统一的国家在很大程度上取决于他们的性格。和西方其他种族相比，他们缺乏道德。他们没有像基督教那样引人向上的宗教，也没有像孔子主张的那种被普遍接受的行为准则。和帝制中国能延续如此之久相比，希腊人悲惨的历史证明，对一个国家的福祉来说，人民的道德品质的培养是多么不可或缺。

希腊真正的荣耀在于它的智慧和艺术作品。几乎在所有的文学创作形式中，在哲学、建筑和雕塑方面，希腊人都堪称登峰造极。每个西方学生都视希腊为他们的老师，甚至一些最新的科学理论都在 2000 多年前被希腊的圣贤们表述过。他们知道地球是圆的，知道太阳是一个"火球"，知道月球和地球有几分相似。虽然现代的科技远远领先于彼时的希腊，然而在艺术和文学方面，依旧没有人能够达到某些希腊作品的高度。

因为本书的篇幅所限，我不可能给出希腊文化的任何概念，而且这一主题对于东方学生来说也不太重要，因为东方文明的成长完全独立于希腊的影响。不过读者应该记住这一点，那就是，如果没有学会理解希腊文化，那么将永远对西方任何优秀的事物和思想感到陌生。

希腊的宗教——希腊宗教最初起源于自然崇拜。太阳和月亮、云和风、海洋和河流都被设想为人，他们全都站在天上，化身为神。"Zeus"即宙斯，是众神之主和人类之父。"Vulcan"即伏尔甘①，是火神，因此"volcano"一词意为火山。

---

① 这些神的名字用的是拉丁语名称，因为比希腊语的火神"Hephaestus"即赫菲斯托斯（伏尔甘）和战神"Ares"即阿瑞斯（马尔斯）更为人所熟知。希腊和罗马神话中的神尽管不完全相同，但是在很多方面是非常相似的。

"Athena"即雅典娜，是智慧和产业之神，这位女神也是雅典城的特别守护神。"Mars"即马尔斯，是战神，因此"martial"一词意为好战的。光明和预言之神是阿波罗（Apollo），他最重要的神庙矗立在提洛岛，那里正是提洛同盟的总部，另外在德尔斐也有他的神庙。所有这些神和其他神都被认为住在奥林匹斯山上。那里还有成千上万较小的地方神祇，同泉水、河流、山脉等紧密相连。

所有的神在形体上都是完美的男人和女人，希腊人不喜欢任何外表丑陋的东西。例如希腊的战神并不像中国的战神那样被塑造出可怕的特征，而是表现为一个形体强壮、健美的男性形象。同样，人类的性格也被赋予到诸神身上。实际上，希腊人身上的所有美德和罪恶在放大之后便是诸神所具有的性格。

在基督教传入希腊之前，这种宗教一直被普通的民众所信仰。受过教育的希腊人很快就形成了更高级的宗教观念，例如哲学家苏格拉底，他的信仰和现代文明国家中的许多善良的人并没有太大不同。

那些被认为是神会预言未来的地方被称为神谕宣示所。阿波罗在德尔斐的神谕宣示所对整个希腊有着非常大的影响。甚至外国的国王和罗马政府都会派人去那里征求建议。当祭司不知道应该怎样回答时，他们就会给出一个难以理解的模棱两可的答案。例如以前吕底亚王国的国王克罗伊斯想从德尔斐的神谕宣示所得知攻打居鲁士大帝的结果，他得到了一个玄妙深奥的神谕答复，说他将毁灭一个伟大的王国。这个答复被证明是正确的，不过那个被毁灭的王国是克罗伊斯自己的王国。

希腊人的运动会——希腊人非常注重体育锻炼。因为他们非常喜欢运动，故而认为神也一定可以在运动中获得快乐。因此，他们定期举行运动会来纪念众神，其中最著名的是为了纪念宙斯的运动会，每4年在伯罗奔尼撒的奥林匹亚举行一次，这便是奥林匹克运动会。这是一个盛大的国家活动，举办奥运会期间，希腊各地的战争都会暂停。观众和参赛者从希腊各处蜂拥而至，赶往奥林匹亚。奥林匹克运动会的赛事包括赛跑、拳击、摔跤、战车比赛以及其他运动项目。同时也会有创作者朗诵和表演他们的文学和音乐作品。对一个希腊人而言，在奥林匹克运动会上赢得一等奖是至高无上的荣誉。获奖者会得到同胞们的欢呼致敬，还会有一位著名的艺术家为他制作一尊雕像，并竖立在奥林匹亚。

奥林匹克运动会受到极大的尊重，就连表示4年时间的词语都被叫作"Olympiads"（意即每届奥林匹克运动会之间的4年时间）。所有的男孩和年轻人都把体育运动作为他们教育中必不可少的组成部分。耗费在身体训练上的时间并没有白费，这一点从希腊人智力上惊人的发展就可以证明。他们理想中的男子气概就是健全的精神寄于健全的身体之中。①

希腊的社会生活——在最早的时候，希腊妇女享有相当大的自由。《荷马史诗》中就将女性描写成和丈夫平起平坐的备受尊敬的伴侣。而在信史时代，希腊人的行为实际上更接近东方那种隔绝女性的传统。在雅典和其他大多数希腊城邦之中，女性不参与所有的公共事务，从而产生了不良的道德影响。由于妻子们没有机会改善她们的思想，她们也就无法使她们这个群体对丈夫们产生吸引力。与此同时，还存在着一大批妓女，其中有很多是受过高等教育的智慧女性。她们通过巧妙的谈话吸引了男性。这一阶层中最著名的女人名叫阿斯帕西娅，是伯里克利的朋友，她本身也堪称是一位哲学家。阿斯帕西娅确实是一位值得尊敬的女士，她可能被看作是伯里克利的妻子。

希腊的社会组织建立在奴隶制的基础之上。在阿提卡，50万人口中有40万人是奴隶。而在科林斯，自由公民仅占总人口的1/10。雅典的奴隶得到仁慈的对待，他们从事各行各业，包括小商人、银行家和秘书。这也解释了为什么自由公民可以在公共事务上投入那么多的时间。倘若没有奴隶制度，希腊政府就无法生存。这对希腊人来说是非常自然的，但现在则被普遍认为是有害无益和可耻的。少数希腊自由公民的卓越成就正是建立在许多奴隶的压抑和痛苦的基础之上。

除了上述的缺点之外，雅典的社会生活算得上是迄今以来最有趣也是最引人向上的。雅典社会的教育和智慧如此普及，并且达到了非常高的水平，堪称前无古人后无来者。

希腊的哲学和科学——在非常长的希腊哲学家的名单之中，限于篇幅，本书只能提到寥寥几个。从伯里克利时期直到伯罗奔尼撒战争时期，苏格拉底一直在雅典授课。他最喜欢的授课方式就是让年轻人参与谈话，在谈话的过程中向他们展示如何掌控人生的正确方法。苏格拉底最常说的一句话就是"认识你自己"。他的意思是我们应该

图14　苏格拉底

---

① 现代的医学知识和心理学研究表明，希腊人是对的。越来越多的人开始注重体育锻炼。从1896年开始，奥林匹克运动会在所有西方国家中焕发了新生。

了解我们在世界上的位置、我们的性格和我们的责任。深思苏格拉底的这句话，就会发现它存在于人类所有知识的进步之中。苏格拉底认为知识和思想的进步取决于对真理的尊重。他从来不会说假话，即便是开玩笑或者出于礼貌也不会。后来当他蒙受冤屈被判处死刑时，只要他和法官说一句礼貌的谎话就可以挽救自己的生命，然而他宁愿选择死亡也不说谎。他是最令人钦敬的榜样。如果有更多的人像苏格拉底那样只说真话，那么我们的世界将多么美好，我们的生活将多么愉快。像互不信任这种事情就会立刻消失。

柏拉图是苏格拉底的学生。他在很多作品中留下了关于友谊和不朽的美丽篇章。亚里士多德是所有古代哲学家中最博学的一位，他是亚历山大大帝的老师。他现存的著作包括语法学、逻辑学、政治学、政治经济学、博物学和其他一些学科的专著。在亚里士多德之后直到现在，没有人能像他那样对知识领域的研究和了解如此广博。近 2000 年来，在大多数他曾经探讨的课题上，他依旧是无可争议的权威。还有两位希腊数学家从他们的时代开始，越来越被每一代学习几何和物理的学生们所熟悉。其中一位是住在埃及亚历山大港的欧几里得，当时那座城市是世界性的学术中心。他所发展的几何学，直到今日，在教学中几乎都没有发生什么变化。另一位数学家是阿基米德，住在意大利锡拉库扎，生活在公元前 3 世纪。他发现了许多几何原理和力学原理，还发现了通过排水量来测量物体比重的方法。

图 15　阿基米德

第十章　世界的征服者：亚历山大大帝

征服亚洲的计划——公元前 400 年，一支由 1 万名希腊雇佣兵组成的军队向巴比伦附近的幼发拉底河行进，他们是一支波斯叛军。虽然他们的首领战死了，不过他们仍然是一支胜利之师。他们发现没有波斯军队可以抵挡他们，从巴比伦一直行进到黑海，他们一路上都没有遇到任何有力的抵抗。这次远征充分暴露了波斯帝国的外强中干。很多希腊人都认为在一位优秀的将军率领之下，一支训练有素的希腊军队可以轻而易举地征服波斯帝国的一部分。

当腓力国王确立了马其顿对希腊的统治权之后，他开始计划进攻波斯以报复之前波斯人毁灭雅典。但是，正当他要挥军进攻之际，却被人刺杀了（公元前 336 年）。

亚历山大即位——腓力国王的继任者是亚历山大，一个年仅 20 岁的小伙子，在喀罗尼亚战役中他作为将军展示出了高超的战斗技巧和过人的胆识。希腊人认为如此年轻的一个人是没有能力将整个王国团结在一起的，当即发动了叛乱。然而亚历山大的行动证明了他过人的天赋，他以迅雷不及掩耳之势平定了叛乱，而这些叛军甚至都没来得及考虑好他们的计划。作为惩罚，底比斯被彻底摧毁。

征服波斯帝国——公元前 334 年，亚历山大率领 3.5 万名精兵越过达达尼尔海峡，在格拉尼卡斯河遭遇了由小亚细亚半岛的波斯总督率领的一支庞大联军，其中包括了希腊雇佣兵。波斯联军被亚历山大彻底击溃，这场失败使整个小亚细亚半岛对侵略者敞开了大门，亚历山大的军队长驱直入，直至波斯国王大流士三世亲自带领一支庞大的军队前来迎战。最后，在伊苏斯，地中海东北角的一个小平原上，公元前 333 年，亚历山大取得了一场辉煌的胜利。大流士三世惊慌逃走，波斯士兵被屠杀殆尽，余众四散溃逃。波斯王族成员都被胜利者俘虏。

现在亚历山大挥军向南，去征服叙利亚。抵抗了 7 个月之后，叙利亚被攻陷，亚历山大摧毁了那里古老的海港，所有居民不是被杀死就是沦为奴隶，亚历山大以此来警告其他试图抵抗的城市。与此同时，大流士派遣使者向亚历山大求和，态度十分谦恭，他主动提出把自己的女儿嫁给亚历山大，并以半个波斯帝国作为嫁妆。亚历山大的将军帕曼纽惊呼道："如果我是亚历山大，我一定会接受。"大流士回答道："如果我是帕曼纽，我也会接受。"

图 16　亚历山大

埃及人则张开双臂迎接亚历山大的到来，相较波斯人，他们更喜欢马其顿人的统治。在尼罗河入海处，亚历山大建立了以他的名字命名的海港城市——亚历山大港，这里至今仍是他声誉的不朽丰碑。在这之后，他又用了 5 天时间穿过利比亚沙漠，去了众神之主宙斯在锡瓦绿洲的神谕宣示所寻求神谕。祭司称他为宙斯的儿子，并预言他将征服世界。从此以后，亚历山大便坚信自己是神的儿子，并且要求他的臣民像崇拜神一样崇拜他。

征服者从埃及深入到波斯帝国的腹地，大流士又聚集了一支庞大的军队。波斯军队的数量是马其顿军队的 20 倍，他们聚集在古城尼尼微附近的阿贝拉。不过，人数上的优势在亚历山大的军事天才面前毫无意义，加之马其顿士兵都是身经百战的老兵，最后大流士一败涂地，仓皇而逃。阿贝拉的胜利之后，波斯的君主制土崩瓦解。某些波斯总督试图作为独立统治者来反抗亚历山大，不过经过一系列的战役，亚历山大轻而易举地击败了他们。

巴比伦人现在把亚历山大尊为他们的君主，夹道欢迎马其顿士兵入城。从这里出发，亚历山大又穿过扎格罗斯山脉，进入了波斯帝国的本土，一路经过一些艰险的通道，扫平了当地波斯人英勇顽强的抵抗。波斯帝国的首都苏萨城和其他城市都被亚历山大占领。估计有价值超过 3000 万英镑的金、银、宝石等财物被亚历山大据为己有。

征服东部省份和印度——经过几个月的休整之后，亚历山大开始追击大流士，他希望大流士正式放弃王位。在亚历山大将大流士俘虏之前，一个背信弃义的波斯总督谋杀了这位不幸的波斯国王。亚历山大继续行军，穿过了现在的阿富汗，翻过兴都库什山脉，穿过波斯边界向北进入游牧民族西徐亚人的土地（当时俄属土耳其斯坦）。他在那里修建了一座被称为"最远的亚历山大城"的堡垒城市。尽管已经在艰苦的战斗中度过了 6 年，亚历山大的雄心却从未止歇。他带领久经沙场的老兵们越过喜马拉雅山进入了印度，令旁遮普人俯首称臣。当他准备继续向东跨过希法西斯河时，他的部队却抛弃武器，拒绝前行。他们之中没有人像他们这位伟大的指挥官那样不知疲倦，要冒着生命危险继续长途跋涉，他们认为在未知的土地上会有超出他们力量的硬仗要打。既然他的士兵们阻止他继续向东行进，亚历山大便想至少要向其他方向继续扩大疆域。于是他沿着印度河流域向南行进，途中征服了许多好战的部落。亚历山大在身先士卒带领士兵攻打一个要塞时，胸部受了重伤。他在几周后痊愈，又渴望新的探险。他在印度河河口兵分两路，较大的一支军队越过印度洋，穿过波斯湾，开辟了一条从巴比伦到印度的海上新航线。亚历山大自己则带领较小的一支精兵穿过现在巴基斯坦的俾路支省，途中他们经过了世界上最可怕的沙漠，即便是今天的地理学家也对这些地方都所知甚少。在这片荒野中，两个月的时间里亚历山大折损了三分之二的部队。

图 17　大流士在伊苏斯战役中

亚历山大的最后两年——亚历山大现在开始在他所征服的疆域上组建政府，他的计划远远超过了任何前人的想法。他希望通过混合波斯和希腊的元素建立一种新的文明，将东方和西方在他的统治下形成一个巨大的国家。他已经建立了许多城市，并在那些地方安置了希腊和马其顿的老兵。为了加快种族融合，他娶了一位波斯公主，并要求他手下的 1 万名士兵娶亚洲人为妻。他的军事行动全部与开辟新的贸易路线和科学探索相结合。亚里士多德从他这位得意门生那里收到了丰富的植物、矿物和其他学科的研究对象，这些东西分布在地中海和希法西斯河之间的所有国家。

亚历山大之死——所有这些建立新世界的计划和活动都不足以满足亚历山大的雄心。他还打算向西面继续武力扩张，将意大利和北非也纳入他的帝国版图之中。实际上，人们会忍不住回想，若不是公元前 323 年亚历山大在巴比伦英年早逝，他究竟会给历史带来多大的改变。在探索一条从幼发拉底河到波斯湾的航道时，他生病发烧，但是他不仅没有休息，反而忽视疾病，继续工作，这最终导致了他的英年早逝。他的逝去也带走了最勇敢，或许也是世界历史上最伟大的精神。

亚历山大征服的结果——亚历山大将亚洲国家希腊化的计划在一定程度上可以说已经实现了。几个世纪以来，从印度到意大利，统治阶层都说希腊语。东方发展出了很多希腊学术的中心。希腊商人从此之后定期与印度进行贸易往来，并从印度熟悉了中国丝绸。在罗马帝国时期，丝绸在贸易中占据了很大比重，形成了中国和西方的第一个联系。而亚历山大征服希腊的结果，对希腊而言却是不幸的，希腊的大部分人口都从这个国家分散到了东方，希腊沦为马其顿帝国的一个很小的省。亚历山大将雅典作为希腊学术的中心。

亚历山大的继任者——亚历山大死后，马其顿王国很快就陷入了混乱。没有哪一位将军的力量足以使整个帝国再次团结起来，然而他们也不同意将帝国分裂。在帝国崩塌之后所建立起的各个王国中，埃及独立存在的时间最长。亚历山大的一位将军建立了新的托勒密王朝，将都城定在亚历山大港。托勒密王朝对学术、文学和艺术无比倾心，在他们的帮助下，亚历山大港成为后来希腊文明的中心。在被罗马人征服之前，马其顿王国一直都是一个独立的国家。其他几个西亚的王国也很繁荣，直到它们也被罗马帝国吞并。

第十一章　从城邦到共和国：罗马初兴

　　古代意大利的地理——在罗马崛起之前，意大利分为许多独立的地区。波河流域属于高卢人，他们于大约公元前 500 年征服了意大利北部的大部分地区。亚得里亚海和阿尔卑斯山脉之间的土地被威尼西亚人占据，并将此地命名为威尼西亚。意大利中央的西部地区，也就是人们所知的伊特鲁里亚，属于伊特鲁里亚人。他们是一个强大而文明的国家，他们的统治曾一度延伸到意大利南部。罗马人曾经也被伊特鲁里亚国王统治，早期罗马宗教和建筑的许多部分都起源于伊特鲁里亚。台伯河以南是拉丁姆地区，那里的居民叫作拉丁人。罗马人说的拉丁语就是这个地区的语言，他们最初是一个很小的部落。在拉丁姆以东和以南的山区生活着各种各样好战的游牧部落，其中萨姆尼的萨谟奈人是最强大的。意大利南部被称为大希腊，因为那里被希腊人所控制。西西里岛为希腊和迦太基所共有，希腊人占据了东部地区，迦太基人则占据了西海岸的港口。

　　罗马的宗教——罗马人是多神论者，他们有很多严格遵守的宗教仪式。他们的主神是天空之神朱庇特，战神马尔斯也享有很高的荣誉。三月（March）这个词语就是以战神"Mars"（马尔斯的名字）命名的。雅努斯（Janus）是开始和结束的神，因此为了表达对他神圣的崇敬，一年开始的月份被命名为"January"（即英文中的一月）。罗马人也非常崇拜他们的祖先，每个家庭都有供奉祖先的牌匾或祭坛。自然也有祭司，他们被称为"Augurs"（占兆官），通过观察各种预示和天兆来预言未来，揭示神的旨意。人们经常通过观察鸟来寻找预兆，祭司的决定也被叫作"auspices"（即前兆）。这些古老的术语直到现在仍是常见的英语表达。

　　后来罗马人接受了希腊和埃及的宗教，这些外来宗教随着罗马人的民族信仰一起兴旺发达，直到最后被基督教作为异教驱逐出去。

　　关于古罗马历史的传说——当罗马成为世界强国之后，诗人和历史作家们创作了很多关于这个城市的创建和早期命运的故事。据说在公元前 753 年，战神马尔斯的儿子罗慕路斯创建了罗马。在公元前 510 年之前，一共有 7 位国王先后统治过这个城市，最后一个国王被驱逐，建立了共和国。故事还详细描述了这些国王的统治，但所有这些故事都是虚构的。

罗马的开端——罗马创建的真实日期不得而知。这个地方起初是台伯河畔一个很小的拉丁人聚居的城镇，经过缓慢的发展，最终成为拉丁姆最强大的城市。当时的政府属于父权君主制，和《荷马史诗》中描述的状况几乎一模一样。

共和政府——大约在公元前 510 年，国王伊特鲁里亚人塔克文被逐出罗马，共和政体取代了君主政体。每年由公民大会选举两名执政官作为行政长官。公民大会还可以决定法官所提出的法律。由贵族家族首脑组成的元老院只能向执政官提出建议，但不能强迫他们服从。

设置两位执政官的目的是互相监督，在某种程度上和斯巴达有两位国王的意义是一样的。倘若有哪位野心勃勃的执政官试图成为国王或独裁者，他将被另一位执政官阻止。不过这种对政府事务的分权也有其弊端，由于两位执行官会出现政见不同的情况，公共事务经常被耽搁。而这种耽搁在战争期间是非常危险的，尤其是在面对有实力的敌人威胁之时。因此罗马人又设立了独裁官的职务，这个职务被赋予绝对的权力。在面临公共危险时，执政官便会任命一位独裁官，在危险结束之前由他来行使独裁，不过时间不允许超过 6 个月。

早期的罗马阶层——共和政体建立最初的几个世纪，罗马人分为贵族和平民两个阶级。贵族阶级，类似于梭伦改革之前的雅典贵族，他们占据着所有的公职，平民则被完全排除在公职之外。平民阶级中大部分都是穷人。罗马陈旧苛刻的债务法和雅典的一样。在战争期间，在国王被驱逐后，许多贫困的平民陷入债务危机，沦为他们债主的奴隶。

平民的分离；为平民任命保民官——最终，穷人们心生绝望，他们从罗马迁徙到一个叫作"圣山"的地方，打算在那里建立一个新的城市（公元前 494 年）。如此一来，贵族们不得不屈服于下层民众的要求，否则罗马会因为劳动力的丧失而面临毁灭。最后，沉重的债务被免除了，推选出了保民官，他们的职责就是保护平民，使他们免受不公正的对待。保民官可以否决任何法律，可以停止任何对平民不公正的处罚。保民官是神圣的，任何试图干涉他们工作的人都有可能被处死。

十二铜表法（公元前 450 年）——保民官利用他们手中的权力在不断的斗争中增加平民的政治权利。但是他们很快就意识到，只要没有成文的法律，就无法从贵族执政官那里获得真正的公正。行政官员经常做出武断的不公平的决定，但是他们并不害怕被追究责任，因为没有人知道什么才是恰当的法律。10多年来，贵族们一直抵抗着保民官制定法律的所有努力。最后官员们被派往希腊去探究梭伦的法律和其他的准则，然后任命了十人委员会来起草法律。经过了两年的辛勤工作，法律终于完成了，被写在12块铜表之上，于公元前450年立于广场（亦即市集）之上。罗马学校里的学生们必须将十二铜表法铭记于心。

为争取平民的政治平等而继续进行的斗争——随着罗马的规模和财富的不断增长，平民的影响力也不断增强。他们中的许多人通过贸易而变得富有，他们对政府事务的兴趣和贵族阶级一样多。于是他们要求和贵族阶级平等分享所有的政治权利。公元前444年，平民终于成功地获得了担任执政官的权利。不过贵族阶级却预先削减了这一职务的重要性，并将其更名为具有执政官权力的军事保民官。与此同时，还设立了一个新的监察官职务，只有贵族才有资格担任这个实权极大的监察官。监察官每5年进行一次审查，他可以委任或罢黜元老院成员，制定政府预算，并监管公共建设。此外他还负责维护公共道德，惩罚公民不道德的行为。

大约半个世纪，平民们都对这些体制改革相当满意，然而过了一段时间，斗争又开始了。贵族们不断削减执政官的权力来保护他们的利益。司法职能被交到必须出身贵族的新的法官手中。之后，在公元前336年，罗马选举出了第一位平民执政官。平民要求完全的平等，要求所有的职务包括监察官都被允许由他们来担任。到公元前300年，这场漫长的政治斗争终于结束了，贵族和平民之间的区别逐渐被人们遗忘。

和伊特鲁里亚人的战争；高卢人洗劫罗马——在上文中提到伊特鲁里亚人曾经是拉丁姆的主人，甚至统治过罗马。罗马人和伊特鲁里亚人的争斗持续了很长时间。这场争斗的转折点是罗马人经过10年的围城之后于公元前396年占领了要塞城市维爱。这一要塞的沦陷打破了伊特鲁里亚人的统治权，罗马人连连攻城略地，最终整个伊特鲁里亚都落入罗马人的统治之下。

攻克维爱6年之后，罗马自身却陷入了被彻底摧毁的险境。高卢人沿着波河南下，开始了他们的劫掠之旅。公元前390年，他们在罗马附近的阿里亚河彻底击败了前来阻止他们前进的罗马军队，罗马士兵四散溃逃。还未等惊慌失措的罗马人组织好防御，蜂拥而至的野蛮人就已经开始洗劫和烧毁这座城市。只有支付1000磅黄金的赎金才能阻止胜利者将整个城市夷为平地。在这场灾难中，官方的记录材料都被烧毁，因此我们永远都无法完整地了解罗马的早期历史。

罗马有利的地理位置——高卢人离开之后，可怜的人们在面对重建被毁家园的任务时备感沮丧。他们建议迁往维爱，在那里建立一个新的罗马。如果他们的建议得以实施，他们的后代将永远不可能统治世界。地理优势是罗马得以快速发展的重要因素。第一，这个城市可以自由地向各个方向扩展，以满足不断增长人口的空间需要。第二，台伯河直接和大海相通，那里已经诞生了商业海港奥斯蒂亚。第三个优势是罗马位于意大利半岛的中心位置。罗马经常会处于四面受敌的威胁之下，这种情况曾经反复发生，但是罗马始终拥有内线的优势。罗马的军队可以从中心据点向四面八方发起进攻，这样便可以防止敌人合兵一处。第四个可以征服整个意大利的优势在于，整个半岛结构的统一，相比希腊被山脉分成孤立隔绝的各个地区，意大利则是一个紧密的国家。

罗马征服的原因——罗马人经常被说成是一个征服的民族，其实他们的历史很容易被误解。维爱的胜利者们起初并没有打算吞并整个伊特鲁里亚，伊特鲁里亚的征服者们也并没有刻意要征服整个意大利。几乎罗马人的所有战争都是必要的，要么是直接为了自卫，要么是为了避免未来一定会发生的攻击而先发制人。罗马的历史记载中没有哪一场战争是像亚历山大大帝那样无缘无故主动发起的。罗马在西方世界中崛起，是因为其军队和法律要比那些试图粉碎它的竞争对手更加优秀。

罗马人的性格——对自由的热爱正是希腊人与东方民族之间极为显著的区别，在罗马人心中，对自由的热爱同样也是坚定不移的。不过自由在罗马人身上同时加上了服从、纪律和对统治者的敬畏这些特质。罗马人身上并没有毁掉雅典人的那种轻浮。和中国人一样，罗马人也特别强调孝顺，严格遵守礼仪，维护古老的传统。现代中国的许多习俗对西方人来说是完全陌生的，而这些对于早期罗马共和国的罗马人而言则非常自然。上文曾说过，祖先崇拜是普遍存在的。父亲在整个家族中享有绝对的权威，他甚至可以将忤逆的儿子处死。罗马人一直渴望一切事务，不论是公务还是私事都应该按照恰当的方式完成，并且完全遵照法律。罗马最优秀的美德是一种高尚的责任感，尤其在公共事务方面。罗马历史上有许多关于自我牺牲的故事。

对于一个军事国家而言，上面所有这些品质中最重要的价值是显而易见的。对每一个自尊自重的罗马人而言，个人的勇敢都是理所当然的。"Virtue"这个词现在英文中的词意是美好的品质、美德，但是这个词最初的意思是勇敢。因此，可以说勇敢是罗马人的天性。

在和他人的交往中，罗马人是真诚可靠的。然而对他们所看不起的那些外国人，他们却是欺骗和恶意的态度。对被征服的其他民族，他们也倾向于残酷和不公正地对待。

罗马的军事体系——每个罗马公民都是国家军队里的一名士兵。在早期，罗马公民自己准备军事装备，在战争中自己供应所需的一切。在艰难的维爱围城战中，士兵们后来从国库中得到了报酬，之后，这一做法被作为惯例固定下来。罗马军队的单位是著名的罗马军团，罗马将军经常会改变和改良军团。在最好的情况下，军团由 6000 多名士兵组成，其中大部分是步兵，辅以骑兵、炮兵和工兵。士兵们都要经过严格的训练，包括跑步和游泳。在敌人国土上所进行的战役中，罗马军团每晚都会建立一个设防的营地。

现在我们已经了解了支持罗马人征服世界的自然原因，以及什么样的特质使罗马人尤其适合完成将整个西方世界团结在同一个政府统治之下的伟业，接下来我们将继续简要讲述罗马军团所取得的胜利。

征服意大利——阿里亚河战役之后，又经过漫长的 125 年，罗马人终于成为整个意大利的主人。整个征服的过程几乎就是无休止的战争。罗马军队也遭遇了几次失败，任命了独裁官来维护罗马共和国的安全。罗马人最坚定的敌人是萨莫奈人，他们在勇敢和军事技巧方面几乎和罗马人并驾齐驱，不过他们缺乏罗马从元老院中所获得的那些英明的政治指引。萨莫奈人的领袖几乎联合了整个意大利，包括希腊人、伊特鲁里亚人以及高卢人来共同对抗罗马人，终究无济于事，罗马人战胜了他们的联合力量，使自己成为整个意大利半岛的统治者。

与皮洛士的战争——富庶的他林敦依旧保持着独立。当他林敦人看到出现在亚得里亚海的罗马战舰威胁到他们的贸易时，他们刻意挑起了和罗马的战争，并请伊庇鲁斯国王皮洛士来帮助他们。皮洛士是亚历山大大帝的表弟，他希望在西方建立一个可以和亚历山大大帝缔造的东方大帝国相匹敌的国家，以此来证明自己的军事天才。公元前 280 年，他在赫拉克勒亚战役中击败了罗马人。罗马军团开始时一直保持着阵型，但皮洛士的战象使他们陷入了混乱，后被敌人的方阵冲锋所击破。但皮洛士认识到罗马军团比他的希腊士兵还要优秀。他说："如果我有这样的士兵，我可以征服整个世界。"第二年，他又赢得了另一场胜利，不过他也付出了极其惨痛的代价，感到得不偿失。公元前 275 年，皮洛士在贝内文托遭遇惨败。他终于心灰意冷，渡过亚得里亚海回到了自己的王国，任由罗马人征服整个意大利。

图 18　皮洛士

第十二章　毁灭迦太基：罗马霸权的建立

迦太基——腓尼基人在非洲海岸地区所建立的事业中，离西西里岛最近的是他们于公元前9世纪建立的迦太基殖民地。5个世纪后，当东方的腓尼基势力已经衰落，迦太基成了地中海的商业中心，其财富和海上力量方面都胜于罗马。迦太基海军控制着从西西里岛到直布罗陀海峡的海域。西西里岛西部、撒丁岛、科西嘉岛以及西班牙海岸地区都被迦太基的士兵和商人所占据。他们在非洲的领土沿着海岸一直延伸，包括现在的突尼斯、阿尔及利亚以及摩洛哥的大部分地区。

布匿①**战争的起因**——罗马和迦太基是两个相互竞争的强国，双方都在扩张，都需要增强对地中海的控制。只要迦太基人的船只在海上航行，罗马人对自己的海岸线就没有安全感。同时，罗马商人只有得到他们这个非洲竞争对手的许可，才能扩大他们的对外贸易。两国在种族、宗教、语言等方面的差异，自然又加深了彼此之间的不满和敌意。

第一次布匿战争（公元前264年—公元前241年）——公元前264年，罗马人以帮助盟友反对锡拉库扎国王为由占领了墨西拿城。由于墨西拿驻扎着迦太基的守军，因此，罗马人的进攻相当于战争的信号。起初，战斗仅限于西西里岛。罗马军团取得了多次对迦太基雇佣军的胜利，但是如果没有舰队，就无法获得任何决定性的优势。罗马人已经意识到他们需要一支强大的海军，于是他们立刻在短短几个月的时间里组建了一支拥有120艘战舰的舰队，展示了他们强大的能力。他们在每艘舰船上都安装了一座可移动的桥，作战时可以把这座桥投到敌人的船上，由此便将两艘船锁在一起，那么船上的战斗则变成了陆战，迦太基的水手们便会失去在航海

---

① Punic 这个词可能是"Phoenician"即腓尼基人的一种缩写，意思和迦太基人（Carthaginian）一样。

技术上的优势。公元前 260 年，新组建的罗马舰队在西西里岛北岸的米拉海角将敌人击退。迦太基人被罗马人的这种新战术打败了。

罗马人现在期望结束战争。执政官雷古鲁斯几乎摧毁了一整支试图阻止他在非洲登陆的迦太基舰队，他的军队在迦太基如入无人之境。惊恐的迦太基市民都准备求和。但是雷古鲁斯提出了太多侮辱性的条款，迦太基人不得不为保卫国家而奋起抗争。最后雷古鲁斯和他的大部分士兵都成了俘虏。这次迦太基人胜利之后，两国之间的战争又延续了 14 年之久，而他们的命运则截然不同。罗马人在暴风雨中失去了 4 支庞大的舰队，据记载在其中一次灾难中就有 10 万人被淹死。此后 6 年，罗马人都不敢进行海战，因为他们认为自己惹怒了海神。

这次战争的最后阶段，伟大的迦太基将军哈米卡尔·巴卡担任西西里岛军队的统帅，罗马人派来攻打他的军队每次都被他稳健地击退了。最后罗马一些富有的爱国者们个人出资组建了一支新的舰队。罗马人依靠这支舰队于公元前 241 年在海上取得了对迦太基的决定性胜利。现在，终于缔结了和平条约，迦太基人放弃了西西里岛，并支付了一大笔战争赔款。西西里岛成为罗马共和国的第一个行省。

第一次和第二次布匿战争之间的事件——罗马和迦太基都知道公元前 241 年所签订的条约只能带来暂时的和平，双方都在增强自己的力量，为第二次战争做准备。迦太基人在雇佣军的叛乱中陷入了命悬一线的危险境地。当似乎已经失去一切，就连迦太基城也陷入叛军的重重包围时，哈米卡尔·巴卡突然将叛乱镇压，然后重新在所有迦太基的领土上建立了统治权威，还通过征服西班牙大部分地区弥补了失去西西里岛的损失。他还在西班牙训练了一支精锐的军队，并通过银矿的收入充盈了国库。

因为培育了 4 位杰出的将军，巴卡家族在历史上受人瞩目。哈米卡尔的 3 个儿子都像他们的父亲一样出类拔萃。他的大儿子汉尼拔，可以称得上是世界上最伟大的统帅之一，他于公元前 211 年接管了西班牙军队。

当迦太基人因为雇佣军叛乱而束手无策的时候，罗马人乘机从迦太基人手中夺取了撒丁岛和科西嘉岛。罗马通过这种专横而可耻的手段取得了对西部沿海地区无可争议的控制权。与此同时，罗马还镇压了亚得里亚海那一边的一些海盗部落，他们之前被认为是那些海上岛屿的领主。通过对高卢人有条不紊地征服，罗马的北方边境一直延伸到了阿尔卑斯山，高卢人的国家现在变成了罗马共和国的山南高卢①

---

① "Cisalpine"是一个复合词，意为阿尔卑斯山的这一边。

行省。因此在第二次布匿战争开始之时，罗马的势力在四面八方都得到了扩展。

第二次布匿战争（公元前218年—公元前201年）——汉尼拔小时候就向他的父亲发誓说，将终生致力于向罗马复仇。他履行了这一誓言，并证明他是罗马不得不面对的最可怕的对手。

图19　汉尼拔的象军穿过阿尔卑斯山

公元前218年，他率领一支精兵越过比利牛斯山和阿尔卑斯山，进入波河流域。这条道路十分艰险，罗马人几乎从未考虑过有这种可能。这次战役的成就被誉为世界军事史上最精彩的壮举之一。罗马人猝不及防，大吃一惊，两名执政官急忙调集所有的军事力量匆匆向北迎敌，结果都被迦太基统帅击败。胜利者在冬天组织高卢人发动叛乱，让自己的军队加入了6万名盟军。次年春天，汉尼拔又出奇兵，通过一次非凡的行军越过了罗马的防守部队，直取都城罗马。公元前217年，当执政官火烧火燎地南下追赶汉尼拔时，他却在特拉西门努斯湖布下了伏兵，这一战，罗马军队几乎被屠戮殆尽。罗马人惊恐万分，毁坏了台伯河上的桥梁，以防敌军突袭攻城。然而汉尼拔却绕过了罗马城，意图煽动意大利南部的部落发动叛乱。费边·马克西姆斯被任命为罗马独裁官。他的战术是通过频繁的进攻来骚扰汉尼拔，同时避免与他陷入决战，这种战术后来被称为"费边主义"，人们称费边为"拖延者费边"。罗马人很快就失去了耐心，要求采取更积极的策略。公元前216年的罗马执政官执行了这一愿望，他们在意大利东南部的坎尼与汉尼拔展开了一场决战。汉尼拔的军事天才在坎尼取得了惊人战果，没有任何一位指挥官能与之相提并论。他以少胜多，几乎杀死了8万名罗马士兵，并俘虏了其余大部分。萨莫奈人和富饶的卡普亚城也倒戈加入了汉尼拔一方。

国家危难之际，元老院展现出了惊人的勇气和冷静。罗马人无论老幼，甚至连奴隶都被征召加入了新的军团。相反，汉尼拔那边却没有得到迦太基政府应有的支持，也没有足够的新兵和补给。罗马指挥官逐渐步步为营地将汉尼拔击退。公元前211年，罗马重新夺回了卡普亚并残酷惩罚了那里的居民。这时，汉尼拔的弟弟哈斯德鲁巴从西班牙带来了一支新的军队，他在罗马东北部的梅陶罗河遭遇了一支更强大的罗马军队，因而被彻底击败。罗马人把哈斯德鲁巴的头颅砍下扔进了汉尼拔的营地。伟大的指挥

图20　西庇阿

官汉尼拔继续坚定不移地在意大利南部作战，直到被召回保卫他的祖国。

罗马执政官西庇阿已经入侵非洲并且威胁到迦太基城。弟弟哈斯德鲁巴在梅陶罗河战死之后，汉尼拔已经预见到自己最终无法避免彻底的失败。公元前202年，西庇阿在迦太基城附近的扎马取得了决定性胜利，从而结束了这次战争。为了和平，迦太基不得不放弃西班牙和所有地中海岛屿。此外，迦太基每年还要支付沉重的岁贡，海军必须向罗马投降，不经罗马允许不得发动任何战争。

征服马其顿和小亚细亚——在第二次布匿战争中，马其顿国王曾派遣一些军队去帮助汉尼拔。因为这个原因和一些其他的冒犯，罗马元老院对马其顿宣战。马其顿很快就被迫承认了罗马的统治权。与汉尼拔的友谊，对叙利亚的安条克大帝来说也是致命的。汉尼拔被迫逃离迦太基时，安条克大帝曾接纳过他。同时安条克大帝也开始将他的领土扩展到欧洲，于是便侵入了罗马的附属国马其顿王国。很快，就有一支罗马军队将他驱逐出希腊，并一路追杀到小亚细亚，最后于公元前190年，在马格尼西亚战役中将

图21　安条克大帝

他击败。小亚细亚的大部分土地都授给了帕加马的国王欧迈尼斯，他是元老院的朋友和盟友，如此一来，也避免了管理如此遥远的一个行省可能带来的麻烦。汉尼拔为避免自己落入罗马人之手，最终服毒自尽。

在罗马的统治下，希腊成了马其顿的一部分。当希腊人向他们的新主人抗议不公正的待遇时，被罗马执政官穆米乌斯血腥镇压。公元前 146 年，希腊最富有的城市科林斯被夷为平地。

第三次布匿战争（公元前 149 年—公元前 146 年）——公元前 146 年是值得关注的一年，不仅因为这一年罗马给予了希腊自由最后一击，还因为这一年标志着罗马的统治在非洲的建立。3 年前，迦太基人不堪非洲邻国国王的侮辱和劫掠而发动了战争。尽管迦太基人的战争属于自卫性质，但是罗马元老院立刻指责他们违反了公元前 201 年所缔结的条约，并派出两支军队前来讨伐他们。迦太基人深感实力不足，不敢对抗，他们谦卑地求和，愿意答应任何条件。在罗马执政官的命令下，他们交出了所有武器和战船。但当他们放弃了所有的防御手段时，罗马执政官却命令他们放弃迦太基城，在离海岸 10 英里的地方新建一个定居点。接到这一命令之后，迦太基人的懦弱顺从转化成了绝望的勇气。所有的迦太基人不分年龄、性别和阶级，甘愿为保卫他们的城市而牺牲自己的生命。女人们剪断长发，将头发编成弓弦。他们在内海港组建起一支新的海军，罗马人的进攻被击退。后来罗马军队围城两年都没能攻陷这座城市。公元前 146 年，执政官（小）西庇阿担任统帅，他以极大的兵力和高超的作战技巧发起围攻，最终攻陷了这座城市。然后用一场持续了 17 天的大火将这个罗马人恨之入骨的对手变成了一片废墟。

行省机构——除了西西里岛、撒丁岛、科西嘉岛以及阿尔卑斯山以南的山南高卢，罗马现在拥有的行省还有西班牙、非洲、马其顿以及希腊。这些行省的人民属于被征服的人，没有政治权利。通过特殊批准，许多城市保留了地方自治的特权，但是他们不能代表罗马的行省机构。行省机构的最高长官由一位地方总督或地方执政官出任，他们的任期通常为一年。他们在任期内享有无限的权力，但是这些权力很快就被滥用在对那些行省人民的各种巧取豪夺上。行省的税收由元老院承包给出价最高的人去征收，这些人通常是富有的贵族。承包者便指派被叫作收税员的代理人向行省的人民收税。很快，这些收税员就成为行省中比任何阶级都更加令人感到可怕和憎恨的人。通过上述这些人，通过战争的掠夺，数不清的财富从被征服的国家涌入了罗马。

第十三章　从共和国到帝国：罗马征服世界

引言：布匿战争之后罗马的政治和社会状况——罗马的共和体制是为一个小的城邦政府而设定的，当地中海的大部分国家都归属罗马统治时，罗马原有的政府被证明完全无法胜任统治这样一个辽阔国家。对外战争最早的政治结果是，元老院几乎完全控制了罗马政府。公民大会无法理解外交政策上的那些棘手问题，也乐意于将其留给由经验丰富的政治家和将军们组成的元老院去解决。如此一来，政府便落入了富有的贵族阶级手中，这些贵族很快就将所有的政府公职都垄断在他们自己的小圈子中。尽管旧的共和体制没有改变，依旧召开公民大会，依旧共同商定法律，但是人民已经失去了以前的那种爱国主义，他们对国家的福祉不再真正感兴趣，他们把选票投给那些用粮食和免费戏剧表演作为礼物来取悦他们的人。

罗马人的腐败堕落是战争和征服的结果。在汉尼拔战争（即第二次布匿战争）期间，意大利的农民阶级被完全摧毁。在第二次布匿战争之后不久，战争所取得的诸多胜利让那些富有的罗马人得到了数不清的奴隶。例如在西西里岛，奴隶劳动力非常廉价，庄园的奴隶主宁可让奴隶们带病劳作至死，也不愿让他们得到治疗和恢复，因为买一个新奴隶的花费比给一个旧的奴隶提供人道待遇要低廉得多。这种廉价的奴隶劳动力，使西西里岛和非洲的奴隶主为罗马市场提供的粮食价格，远远低于意大利本土保有田地种植粮食的成本。因此农民被迫把土地卖给有钱的贵族，然后去罗马寻求一些别的谋生手段。罗马城中满是蜂拥而至的穷人。他们之中的大多数人除了接受政府援助的粮食和贵族们私人的捐赠，没有别的安身立命的办法，而贵族们则非常乐意通过这种方式购买他们竞选某个公职所需的选票。

元老院阶层的奢侈和对财富的贪婪与日俱增。行省被认为是罗马统治者聚敛钱财的战利品仓库。有一个普遍的说法，当3年的行省总督，可以使一个人财运亨通。用第一年搜刮来的民脂民膏去填补为谋求这个职位行贿所欠下的债务，第二年的搜刮足以腐化收买那些审查弊政的法官，而第三年的搜刮就可以使这个人变成大富翁了。

总之，人们被分成两个差别很大的阶级，少数富人和大多数穷人。富人把控着政府为自己谋利，而可怜的穷苦民众只能用他们手中的选票作为谋求食物和娱乐的主要工具。民众的苦难导致罗马爆发了革命，而元老院的贪婪也毁掉了各个行省。

格拉古兄弟的改革——公元前133年到公元前123年期间，提比略·格拉古和盖约·格拉古兄弟二人成功地实施了一些临时性的改革。作为保民官，他们强制执行禁止任何人持有过多公共土地的法律，并将这些土地分给了穷苦的人们，他们还把许多贫困的人安置在各个行省的殖民地以解决他们的生计问题。由于格拉古兄弟的措施威胁到了元老院的政治利益，遭到他们强烈的反对，最终引发了内战。格拉古兄弟二人都在这场为人民利益而战的内战中献出了自己的生命。

马略和苏拉的内战——格拉古兄弟的改革只是短暂地缓解了已经堕落腐化的罗马国家的各种罪恶。元老院越来越多地涉入国内和各个行省行贿受贿及勒索的无耻行为。只关注自己利益的元老院成员和政府官员们的自私削弱了政府作为一个整体的力量。而另一方面，能力出众的个人所产生的影响力上升到了一个在早期共和国从未有过的高度。

这些领导人的主要工具是军队。罗马公民在奢侈和懒惰的影响下失去了他们勇猛的尚武精神，他们更

图22　苏拉

愿意将艰难的国外战役转嫁给罗马共和国所有行省的雇佣兵身上。而这些雇佣兵对罗马的福祉毫不关心，只是作为个人依附于那些飞黄腾达和受人欢迎的将军们。这些雇佣兵随时准备跟随他们的将军反对其在意大利的政敌，就像在非洲镇压叛乱的部落一样。上述这种情况完全是逐步发展起来的。直到公元前88年到公元前82年间马略和苏拉的内战，他们还是完全摇摆不定。

马略是一个短工的儿子，在军队中逐级升迁，最后成为一名主将。他的军事成就使他成为士兵的偶像，并得到普通民众的真诚拥护，他们一直都把马略当成自己人。在公元前102年和公元前101年，他赢得了对辛布里人和条顿人的阿克韦-塞克斯提亚战役以及维尔塞莱战役的胜利。这些野蛮的日耳曼人曾经打败了好几支罗马军队，他们带来的威胁几乎使罗马城不得不迁往意大利北部。马略彻底战胜了这些敌人，并赢得了"国家救星"的称号。回到罗马之后，他第六次被选为执政官，

并与民众派结盟，开始着眼于成为罗马的唯一统治者。然而因为他的残酷和毫无治国之才，最终失败了。

苏拉是马略的劲敌，属于贵族派。作为马略的得力助手以及单独在小亚细亚所建立的功绩使得苏拉声名鹊起。苏拉和马略一样，都志在完全掌控罗马政府。

公元前88年，罗马和小亚细亚北部本都王国的国王米特拉达梯之间爆发了一场战争。苏拉和马略都希望得到军队的指挥权，因为他们都希望借此机会建立自己党派的霸权。苏拉决定带领士兵攻占罗马来结束和马略之间的争斗，然后将民众派的领导人处死。后来马略被放逐，几乎性命不保。之后在苏拉离开罗马东征不到一年的时间里，马略被他的朋友秦纳召回，指挥秦纳所召集的军队。罗马遭遇了第二次腥风血雨，马略的军队在城中肆虐了5天，屠杀了所有还没来得及逃走的贵族派，马略还将这些被屠杀者的财产全部充公。马略和秦纳选举自己担任执政官，但是马略在胜利后不久就去世了。秦纳继续残暴地统治了罗马3年。

公元前83年，苏拉率领4万名能征善战的士兵回到了意大利。经过和反对派一年的斗争，苏拉最终以独裁官的身份进入了罗马城。他对民众派实施了可怕的报复。他的朋友提议的所有民众派的名字都被开列出来，每日挂在广场上公示。这些被点名的受害者都被放逐，财产也被没收。苏拉的惩罚名单甚至从意大利一直延伸到各个行省。他屠杀了上万名政治敌人，直到在血腥中将任何反抗的痕迹都扫除得干干净净。而元老院却认定苏拉所有的行为都是正确且合法的，并任命他为终身独裁官。独裁统治了3年之后，苏拉突然放弃了独裁权力。第二年（公元前78年），他死了。

在谈到马略和苏拉的继任者之前，我们必须提及一些重要的事件。

西西里岛的奴隶战争——奴隶制度从来没有像罗马共和国最后1个世纪那样不公正和无比残忍。上文已经指出了其对意大利自由公民的影响。而奴隶本身的悲惨命运更是不堪描述。从四面八方掳来的战俘极大地增加了这些可怜人的数量。在西西里岛的一些地方，一个庄园里就有2万名奴隶辛苦劳作。监工们采取了最严格的措施来防止叛乱。但是在公元前134年到前132年，奴隶们还是成功地组织了一场叛乱，奴隶起义军击败了4支罗马军队之后才被镇压下来。30年后，又爆发了第二次奴隶战争，使得西西里岛混乱不堪。

角斗士战争——角斗士是专为取悦观众的职业斗士。大量的角斗士聚集在训练学校里，他们在那里为在公众面前上演致命的搏斗做准备。公元前73年，几支角斗士组成的叛军占据了维苏威山的一个要塞，并在周围地区大肆掠夺。不久，其他一些角斗士和逃亡的奴隶也加入了他们的队伍，直至组成了一支庞大的军队。他们和罗马政府军对抗了两年，最终被镇压下去，奴隶们都像牲口一样被宰杀。

图 23　米特拉达梯四世硬币

米特拉达梯战争（公元前 86 年—公元前 64 年）——米特拉达梯对于罗马人来说，是第二个汉尼拔。公元前 88 年，他在整个小亚细亚组织了一场叛乱，反抗他恨之入骨的罗马人。一夜之间，大约有 10 万名居住在东方的意大利人被杀害。趁苏拉忙于党争，米特拉达梯派遣了一支军队和舰队进入希腊，许多希腊城邦包括雅典都加入了他的队伍。苏拉凭借两次辉煌的战役再次征服了希腊，然后准备在亚洲的领土上对米特拉达梯发起进攻。米特拉达梯选择将侵占的领土归还给罗马，并支付巨额赔偿和罗马达成了和解。一年之后，战争再次爆发，米特拉达梯击败了入侵本都王国的罗马地方长官。这次战争像第一次和解那样签署了一份合约而恢复了和平。公元前 74 年，罗马人占领了一些米特拉达梯宣称是他自己的领土。米特拉达梯立刻开始了敌对行动，并在陆地和海上击败了一名罗马执政官。不过他遇到了另一位才能卓著的罗马执政官卢库鲁斯。这位执政官将米特拉达梯驱逐出了自己的国家，并通过一系列大胆的突进让小亚细亚东部地区臣服。然而这时，他的军队中发生了叛乱，不得不撤退。米特拉达梯立刻向前推进，劫掠了罗马的两个行省。与此同时，庞培被任命为罗马在亚洲的统帅，他一路追击米特拉达梯，直到高加索山，然而始终没有抓住他。这一漫长的斗争以公元前 63 年米特拉达梯的死而告终。这位无畏的国王正计划入侵意大利时，却遭到了儿子的背叛。这一消息粉碎了他骄傲的心，于是亲手结束了自己的生命。

庞培的崛起——在苏拉年轻的追随者中，首屈一指的是出身贵族的庞培。独裁官苏拉死后，庞培似乎自然而然地成为他权力的继承人。他在西班牙指挥了一次镇压塞多留的艰苦卓绝的战役——塞多留反叛罗马并在西班牙半岛上建立了一个独立的国家。在西班牙期间，庞培的行为表现得更像是一位君王，而不是一名共和国官员。在行省政府中，他把所有的重要职位都授予他的朋友和亲属。在接下来的几年中，他的运气加上军事才能使他成为罗马独占鳌头的人物。他及时赶回意大利结束了角斗士的起义，因此，本由他人已经完成的功绩便归到他的身上。同样，在第三次与米特拉达梯的战争中，他又摘取了卢库鲁斯的胜利果实。他在亚洲的战役中，通过一项特别的法律获得了在整个亚洲的绝对权力。而在一年前，他以消灭海盗为目的，已经在整个地中海及其海岸地区获得了独裁权。在迦太基和科林斯被毁灭之后，世界上的大部分贸易也随之毁灭，水手们只好通过抢劫来获得以前能够合法获得的利润，他们逐渐形成了有组织的海盗体系。一支庞大的海盗舰队在地中海上搜寻抢劫的对象，甚至会抢劫罗马的运粮船使罗马面临饥荒的威胁。庞培只用了短短 3 个月的时间，就在战斗中有条不紊地扫清了地中海的海盗。当庞培从东方回到罗马时，他的力量似乎无人能敌。然而作为一名政治家，他的能力却很低下。庞培无法独立完成他的理想蓝图。

图 24　庞培

第一次三头执政（公元前 60 年）——另外两个人恺撒和克拉苏在一项名为第一次三头执政的协议中加入了庞培。这三人达成一致，同意互相帮助、共同分割在政府最有影响力的职位。克苏拉完全是靠自己巨大的财富获取了他的地位。尤里乌斯·恺撒于公元前 102 年出生于一个贵族家庭。他通过早期和秦纳女儿的婚姻得以与民众派结盟，因此，苏拉本想惩罚恺撒，将他放逐，只是因为要取悦他的贵族亲戚才留下了他的性命。苏拉死后，恺撒很快成为民众派的领袖，他的口才，他的个人魅力以及他的慷慨大方，使他赢得了民众的青睐。当恺撒被委任为西班牙行省的地方执政官时，他的债权人直到克苏拉为他的巨额债务做出担保才允许他离开罗马。通过英明的治理和有利可图的战争，恺撒带着丰厚的财富以及杰出政治家和将军的名誉回到罗马。他是三头执政强劲的主导力量。他的两个伙伴在三头执政联盟中只是获得了暂时的优势，而恺撒意欲利用联盟来攀上权力的巅峰。

喀提林的阴谋（公元前 62 年）——在进一步追溯庞培和恺撒之间的争斗是如何展现出独裁权力的发展之前，我们必须要说明一个重要事件，这个事件清楚地表明摇摇欲坠的罗马共和制已经沉沦到距离灭亡只有一步之遥。喀提林的阴谋是试图通过在城市纵火和暗杀大部分官员来推翻政府。这些阴谋者大多是挥霍无度的荒淫之徒，他们想通过免除自己的债务和没收对手的财产来充实自己。喀提林本人臭名昭著，当初为了得到遗产，竟然把自己兄弟的名字列在苏拉的惩罚名单上。那一年的执政官是西塞罗，他是一位著名的法学家和演说家。他发现了整个阴谋，并在元老院面前谴责告发了喀提林。阴谋者仓皇逃往他们在伊特鲁里亚的军队中，他们中的大部分人包括喀提林都死于此后不久的战争。西塞罗因此而被誉为"国家之父"。

图 25　西塞罗揭露喀提林的阴谋

恺撒和庞培之争——恺撒和庞培之间的友谊从来都不是真诚的，他们都把对方当作实现自己目标的工具。现在三巨头瓜分了罗马各行省的权力。克拉苏掌管东方，希望可以在那里获得军事荣誉，但是他在与帕提亚人的战斗中折戟沉沙，兵败身亡。庞培掌管西班牙行省，不过他却委派了一些属下去治理，因为他自己希望留在罗马，在罗马他就可以亲自执掌国事。恺撒被任命为山南高卢和山外高卢行省（今法国南部）的地方总督，任期为 10 年。克拉苏死后，剩下的两位便成为公开的敌人。起初庞培有些优势，贵族派簇拥在他的周围，元老院任命他为拥有绝对独裁权的唯一执政官。与此同时，民众派依旧忠实于恺撒。

恺撒征服高卢; 入侵德意志和不列颠——恺撒通过在高卢战役中所获得的财富、

军事经验和能征善战的忠诚军队来推进自己的计划。他在任期内将罗马的边界拓展到莱茵河和大西洋。他遭到高卢人的顽强抵抗。《高卢战记》是恺撒亲自执笔的军事编年史，其中十分清晰生动地描述了他是如何通过大大小小数不清的战役和围攻征服了高卢野蛮人，并将高卢变成罗马最有价值的行省。

恺撒驱逐了大批日耳曼侵略者，将他们撵过莱茵河，并两次率领他的军团越过莱茵河进入日耳曼森林，以此捍卫罗马新的领土边界。此外，他还两次远征不列颠，使那些北部岛屿上的勇猛居民听到"罗马"二字不寒而栗。

图 26　恺撒穿过卢比孔河

庞培和恺撒的内战（公元前 49 年—公元前 46 年）——恺撒任期结束时，庞培一党试图利用欺骗的手段剥夺他手中所有的政治权力。恺撒的回应是迅速渡过卢比孔河——这是一条将高卢和意大利内陆分开的小河——历史上最伟大的内战之一就此拉开序幕。恺撒的天才使这场战争格外引人注目。相较之下，他的对手在财力、领土以及士兵和船只的数量上都占据上风。但面对恺撒这位伟大将军摧枯拉朽的进攻时，一切反抗都是徒劳的。庞培、元老院和贵族们狼狈地越过亚得里亚海，逃到希腊。几个月之后，整个意大利欣然接受了恺撒的统治。他匆忙赶往西班牙，消灭了庞培在那里的军队，同时派遣他手下的一位将军占领西西里岛。第二年，即公元前 48 年，恺撒在希腊进攻庞培的主力部队，这支军队的人数超过恺撒的两倍。法萨罗之战决定了庞培的命运。庞培在恺撒的紧追不舍之下逃往埃及，他在亚历山大港试图登陆，被埃及人谋杀。然而恺撒的任务并没有结束，他平息了亚历山大港一次危险的反叛，率军镇压了小亚细亚的一个反叛的国王，最后消灭了庞培在非洲的军队。现在他已经把所有地中海国家都纳入了他成功的事业之中。

建立"恺撒主义"专制政治——很快，恺撒就包揽了所有重要的民事和军事职位。他同时是执政官、检察官、保民官和独裁官。名义上罗马共和体制没有受到干扰，但是实际上恺撒是专制的帝王，因为他控制了所有的政府行动。从那时起，一个表面上是共和政治而实为独裁的政体便被称为"恺撒主义"专制政治。

恺撒的改革——恺撒在改革中所表现出的卓越几乎超越了他的军事才能。他废除了税款包征，对各行省直接征税，这样就遏制了行省高官们勒索搜刮的行为。新的殖民地解除了危险的无产阶级（即穷苦民众）对罗马的威胁，同时也加速了各行省的罗马化。所有这些和其他诸多改革，为这个帝国带来了一个和平与繁荣的新时代。罗马的第一个皇帝，他的养子屋大维将他的这些措施都继承下来。

恺撒之死——罗马有一小群被误导的人，他们仍然试图维护共和制。他们的领袖是马克斯·布鲁图斯，他是恺撒私下里的朋友，实际上是恺撒在政治上的秘密敌人。布鲁图斯由衷地相信代表自由的共和制可以带来新的生活。他不明白自由早已

图 27　恺撒之死

与罗马人古老的公民美德一起消逝得无影无踪，自私的贵族和堕落的民众已经不再适合统治他们自己，更不要说统治世界了。恺撒的个人专政冒犯了共和党人，他们怀疑恺撒觊觎皇冠，要复辟君主制。公元前 44 年 3 月 15 日，他们在元老院的会议上刺杀了恺撒。

恺撒的历史评价——再没有谁能像恺撒这样如此频繁地被历史学家冠以"最伟大"的称号了。当然，在人类活动的进程中再也没有人像他的天才那样留下如此不可磨灭的印象。他改变了整个西方世界的走向。当混乱迫在眉睫时，他带来了秩序；作为一名政治家，他是首屈一指的；在军事方面，他和亚历山大、汉尼拔并驾齐驱；而在演讲方面，只有西塞罗可以与之争锋；作为一位拉丁语散文作家，他至今仍被所有学习西方经典的学生钦佩不已。他创建了人类所知的最伟大的体制：福泽整个西方文明世界的罗马帝国。"帝国"这个特有的概念，就是以恺撒命名的：他是第一个罗马"大元帅"（"imperator"即英文中的"emperor"，意为皇帝），这个词在德语中被叫作"Kaiser"，在俄语中被叫作"Czar"，这两个词都来源于恺撒的名字"Caesar"①。

第二次三头执政——恺撒之死的直接后果是内战再起。在这场战争中，恺撒的养子、年轻的屋大维脱颖而出，成为最强大的势力。公元前 43 年，他和恺撒两位从前的朋友马克·安东尼和雷必达一起组成了第二次三头执政。他们打着重整国家的旗号，真实目的却是瓜分权力。实力薄弱的雷必达很快就被淘汰出局。接下来发生了一场由安东尼指挥的东方与屋大维指挥的西方和意大利之间的战争。

亚克兴海战（公元前 31 年）——安东尼爱上了美丽迷人的埃及女王克利奥帕特拉。然而她的奸诈狡猾和她的美貌一样举世无双，她伪装出很喜欢为自己神魂颠倒的安东尼。罗马城中流言四起，说安东尼希望将埃及亚历山大港设为帝国都城，并娶克利奥帕特拉当他的皇后。这些流言使安东尼在民众和士兵中大失人心，同时使屋大维的势力更加壮大。公元前 31 年的亚克兴海战最终解决了纷争，克利奥帕特拉在战役中撤退，安东尼鬼迷心窍地驾船直追克利奥帕特拉而去。这场胜利使屋大维成为整个罗马帝国的统治者。安东尼在亚历山大港自杀，克利奥帕特拉发现自己的美貌无法魅惑屋大维之后也自杀了。

---

① 在意大利和西方，恺撒这个词来源于恺撒名字的发音，而在东方，恺撒这个词逐渐演变成了"Cesar"。

第十四章　罗马帝国：第一个奥古斯都和最后一个奥古斯都

　　奥古斯都的统治（公元前31年—公元14年在位）——屋大维依照恺撒制定的线路建立了他的政府。他小心翼翼地避免向外界展示他所拥有的君主权力，他喜欢称自己为元首或者第一公民，他与众不同的头衔是大元帅、奥古斯都和恺撒。所有原有的共和体系都被保留下来，各项法令仍然由元老院议决，执政官仍然由公民大会选举。总之，假如仅凭形式和称谓来判断，罗马人仍然可以将自己视为共和国公民。然而，实际上他们只是皇帝的臣民。他将仅有的几个没有亲自出任的要职委任给对自己唯命是从的人。元老院只会通过奥古斯都批准的法令，人们也只推选奥古斯都提名的官员。

图 28　奥古斯都

　　皇帝所统治的整个漫长时期几乎是一个意义深远的和平时期。自从这座台伯河畔的城市第一次与周围的邻居争斗以来，罗马还从未享受过这样的平静。繁荣兴旺又重新降临到了意大利和各个行省。

　　一些更有才华的罗马公民发现政治并不重要，于是便将注意力转向对艺术和文学的追求。拉丁文学的奥古斯都时代也被称为"黄金时代"，许多最著名的拉丁文作家都依附于帝国政府。历史学家李维以及诗人维吉尔和奥维德的名字，对每个西方学生来说都是耳熟能详的。

　　奥古斯都希望治理好现有的罗马帝国，而不是通过进一步的征服来扩大领土。西部的大西洋，南部的非洲和阿拉伯沙漠，东部的幼发拉底河以及北部的俄罗斯大草原和德国森林共同构成了帝国和文明的天然界限。东北部的日耳曼人对高卢的安全构成威胁，为了巩固边界，奥古斯都派将军跨过了莱茵河，意欲在莱茵河和易北河之间的土地上建立一个行省。自由的日耳曼勇士们自然不能容忍外国的统治，当罗马将军瓦卢斯率领罗马军团穿过条顿堡森林时（公元9年），被他们击败，全军覆没。在此之后，莱茵河和多瑙河仍是罗马帝国的东北边界。对于后来的历史而言，公元9年的这次战役具有非常深远的意义。通过他们的胜利，日耳曼人仍然全部是日耳曼人，而没有像英国人、高卢人和西班牙人那样被罗马化。这些北部森林里的野蛮人始终保持着他们的力量和风俗习惯。5个世纪之后，这些日耳曼人成为欧洲的主导种族。在奥古斯都统治时期，还发生了一件世界性的重要事件，耶稣基督降生在伯利恒的一个犹太小镇上，他是一个贫困的木匠之子。同时代的编年史作家中没有人提到这件事，后来这位伟大的宗教导师在当地默默无闻地生活直至去世，只有为数不多的几个门徒和听众知道他。

朱里亚王朝（公元前27年—公元68年）——接下来的4位罗马皇帝也来自尤里乌斯·恺撒的家族，连同奥古斯都，他们被称为"朱里亚诸帝"。奥古斯都的继子提比略是一位多疑的暴君。他给予叫作"告密者"的密探奖励，鼓励他们指控对皇帝有微词的人。一时之间，人心惶惶，没人知道第二天会不会因为从来没犯过的罪行而被处死。近一半的统治由提比略的宠臣塞扬努斯把持，此人为人卑鄙，担任皇帝禁卫军的首领，通过阴谋诡计和谋杀，整个政府都落入他的手中。最终当他密谋要杀害皇帝时，被提比略处决。朱里亚王朝的最后一位皇帝是尼禄。在听从他的导师哲学家塞涅卡时，尼禄将罗马帝国治理得很好。但后来他的统治却充斥着最恶毒的罪行和最荒唐愚蠢的行为。很可能就是他下令烧毁了罗马城，当然他很享受这场大火的壮观场面。为了转移公众对他的愤怒，他指控纵火者是新教派的基督徒。那些不幸的基督徒或是被钉在十字架上，或是被活活烧死，或是扔给斗兽场中的野兽。

图29　提比略

弗拉维王朝（69年—96年）——尼禄死后，罗马军团拥立了第4位皇帝。第4位皇帝弗拉维乌斯·韦帕芗成功地让自己的儿子提图斯继承了皇位。提图斯已经通过镇压犹太人的起义而闻名，他摧毁了耶路撒冷，幸存的犹太人四散奔逃（70年）。提图斯的仁慈使他深受爱戴，人们称他为"人类的快乐"。在他短暂的3年统治期间，维苏威火山爆发了，庞培和赫库兰尼姆两座城市被泥土和火山灰掩埋。这两座城市现在已被部分发掘，其中的街道和房屋展现了罗马帝国早期统治下城市的真实面貌。

提图斯的继任者是他的兄弟图密善，这是一个懦弱而残忍的暴君。他迫害犹太人和基督徒，因为他们拒绝皈依国家宗教。图密善的暴政对家族成员和政府成员都有非常大的影响。图密善最终被他们中的一些人谋杀。

五贤帝（96 年—180 年）——谋杀图密善的凶手们拥戴一位德高望重的元老院元老涅尔瓦登上了帝位。他的统治只持续了 2 年，然而值得注意的是这 2 年开启了1 个世纪的仁慈统治，而且整个帝国内部几乎一直保持着和平。涅尔瓦减轻赋税，撤销图密善的迫害政策，改进公共福利，为他的继任者树立了光辉的榜样。他将帝位传给了他的养子图拉真（98 年—117 年在位），他在血统上是西班牙人。图拉真有类似于恺撒的精神，他并没有固守屋大维之后罗马的防御政策，而是在新的征服中寻求荣耀。当时达契亚人对罗马帝国变得危险起来，图拉真征服了他们的国家，并安置了罗马殖民者，他们是现代罗马尼亚人的祖先。现在的罗马尼亚语和拉丁语十分类似。在东方，帕提亚人在古老波斯帝国的废墟上建立起了他们的帝国。帕提亚人是粗鲁好战的民族，克拉苏就是被他们的骑兵击败阵亡的，图拉真将他们驱逐到扎格罗斯山脉的另一面，并占据了他们直到波斯湾的所有领土。

而图拉真的继承者哈德良放弃了这些东方国家，他以幼发拉底河作为罗马帝国的边界，使其成为一条更有力的防线。哈德良爱好和平，同时也是一位很有才能的统治者。他在位的大部分时间都在视察和管理帝国的所有行省。

图 30　安敦尼·庇护时期的钱币

关于下一位皇帝安敦尼·庇护，除了给予最高的赞美，其余的无须多言，他在位的时期是所有臣民最平静和幸福的时期。马可·奥勒留是五贤帝中的最后一位，同时也是一位斯多葛学派的哲学家。斯多葛学派认为一个好人应该远离激情，应该善良，忠于职守。作为一名统治者，马可·奥勒留践行了这一信条。他不停地为帝国臣民的福祉而日夜操劳，看到他们遭受致命的瘟疫的折磨感到悲伤不已。从帕提亚战争归来的罗马军团将疾病带到了意大利，整个意大利人口锐减。与此同时，日耳曼人突破了多瑙河的防线，开始劫掠意大利北部。这位哲学家帝王不得不在和野蛮人的艰苦战斗中度过了最后几年。他在多瑙河的军营中离世，成功地保护了他的臣民免遭恐怖的侵略。

衰落的一个世纪（180年—284年）——瘟疫的肆虐和无休止的边境战争耗尽了罗马帝国的资源。即便是爱民如子的马可·奥勒留的政府也无力回天，无法阻止各种衰落的迹象。来自北边的日耳曼人和东部的帕提亚人持续不断的威胁迫使罗马帝国的皇帝们必须维持庞大的常备军。士兵们逐渐变得难以驾驭，他们最终推举自己喜欢的人成为皇帝。不同行省的军队选出不同皇帝的情况时有发生，于是内战的恐怖加上野蛮人的威胁使帝国雪上加霜。眼看帝国即将土崩瓦解，这时皇帝奥勒良（270年—275年）和他的继任者重新恢复了军队的严明纪律，也使帝国恢复了秩序。

戴克里先的统治（284年—305年在位）——皇帝戴克里先彻底废除了自奥古斯都屋大维以来一直保留着的最后一点儿名义上的共和制形式。他在小亚细亚的尼科美底亚建立了一个类似东方君主的朝廷。为了使帝国的统治更有效率，他将帝国分为4个部分，每一部分都单独安排统治者。除了戴克里先自己之外的3个人都是他的下属。这一制度为帝国统治提供了活力和效率，但是4个独立的朝廷对帝国来说是沉重的财政负担。

君士坦丁大帝的统治（323年—327年在位）——戴克里先死后，君士坦丁大帝将帝国分为4个独立部分的制度很快导致了几位统治者之间的竞争和内战。经过数年的冲突之后，君士坦丁大帝战胜了所有的对手。他实行一个皇帝独裁执政，但是也继续并完善了戴克里先的行政改革。罗马帝国被重新划分为116个行省，所有官员都必须由皇帝任命，并对皇帝负责。他们通常经过法定的考试得到第一个职位，然后根据定期的评定得到升迁。君士坦丁大帝把基督教定为国教，但是同时对异教徒的教义也保持了宽容。他把拜占庭作为帝国的首都，并将其更名为"君士坦丁堡"（"Constantinople"，意为君士坦丁之城，君士坦丁大帝名为Constantine）。罗马被降格为一个大省会水平的城市。

帝国的分裂（395年）——自从戴克里先的统治以来，帝国东部和西部已经因为各自统治目的的不同而分裂。统治者们只是简单地认识到两个地区之间所存在的自然差异。亚得里亚海以东是希腊和东方世界，他们是古老而高度文明化的国家，拥有希腊的语言和文明。和他们相比，西部的拉丁地区则处于粗鲁甚至半野蛮的状态。西部包括意大利、高卢、西班牙和不列颠，这些国家都承袭了罗马的语言和文明。在狄奥多西大帝统治之后，这种自然的分裂变成了永久性的。他委派他的大儿子阿卡迪乌斯统治东部，让他的二儿子霍诺留斯统治西部。

西罗马帝国的灭亡（476年）——东罗马帝国与意大利及其西部地区相比，不太容易受到日耳曼人的攻击。东罗马帝国在拜占庭帝国或希腊化帝国的新名字之下又延续了1000多年，直到1453年，都城君士坦丁堡被土耳其人攻占。

在西罗马帝国，霍诺留斯及其继任者所拥有的几乎只是名义上的权力。日耳曼人持续不断的进攻越来越猛烈，直至他们在整个西罗马帝国肆意践踏。公元476年，最后一位罗马皇帝罗慕路斯·奥古斯都，作为一个无助的傀儡被日耳曼人的首领奥多亚塞废黜，奥多亚塞成为意大利的统治者。

第十五章　罗马对文明世界的贡献

　　本章的目的是向读者展现几个重要主题，这些主题在前面对罗马历史的简短描述中并没有被完全包含在内。

　　罗马法律——罗马人对西方文明最有价值的贡献是他们的法律制度。成文法律始于上文所述的罗马十人委员会在公元前451年编定的十二铜表法。在这个基础上，一个更大的法律体系即罗马公民法逐渐发展起来。在罗马共和国后期，民法受到各行省法律制度的巨大影响。在罗马帝国的统治下，罗马公民法以及整个罗马帝国已经建立的法律中的最好部分最终被融合成了一个法律体系。西罗马帝国覆灭半个世纪后，拜占庭帝国皇帝查士丁尼（527年—565年在位）委任了一个法学家委员会，在杰出法学家特里伯尼安的领导下整理和编纂了大量已有法律条文，他们的劳动成果被称为《民法大全》或《民法的主体》。这一法典为查士丁尼赢得了"文明立法者"的称号。几乎在整个欧洲，《民法大全》至今仍是私法的基础。

　　罗马的道路和殖民地——罗马人把道路建设的艺术发挥到了极致。在意大利，甚至在英格兰，古罗马的路基至今仍然是最好的公路的基础。每当罗马人征服新的领土时，他们总是认真地修建通畅的道路，将这些地方与都城通畅地连接起来，军队也可以在这条道路上快速行进。当然，贸易也得益于这些安全而稳固路线的开通。

　　另一种保证新征服领地安全的办法是建立永久的军营和殖民地，在那里安置退伍士兵和有需要的公民。由于这些定居点一般都位于战略和商业上的重要位置，因此许多地方至今仍是大型城镇。比如莱茵河上著名的城市科隆，最初就是罗马防范日耳曼人的边哨所，当时名为"阿格里皮娜殖民地"。

　　罗马的文学、艺术和建筑——罗马人较高的文化主要是从其他民族借鉴和演化而来，其中最主要的是希腊人。虽然罗马文学也产生了许多著名的作品，但是只有极少数能够达到他们所模仿的希腊范本那样的卓越水平。罗马的雕塑也是如此。在建筑方面有时会严格遵循希腊建筑的样式。但罗马人也有自己独特的风格，这种风格由伊特鲁里亚和希腊的元素共同组成，二者混合在一起并自成一派，以适应特殊的需要。罗马的公共建筑通常美丽壮观而引人注目，同时也以坚固耐久著称。尽管许多毁灭性的战争曾经在罗马帝国的土地上肆虐，但是在意大利、法国和世界上许多其他地方，直到今天还能看见很多完美如初的古罗马建筑屹然矗立。罗马人为了满足每天洗澡的习惯而建造了许多巨大的公共浴池，庞大的人工水利系统将遥远山区纯净的水源引入罗马城。令人印象最为深刻的是至今仍然矗立在法国和意大利许多地方的罗马圆形剧场的遗迹。圆形剧场由一个圆形或椭圆形的、被称为竞技场的围场圈地组成，周围是一层层环绕的座位。这类建筑中最好的一座就是位于罗马的弗拉维圆形剧场，又叫作罗马竞技场。这座建筑是由弗拉维王朝的韦帕芗、提图斯、图密善几位皇帝共同建造的，可以容纳8.5万名观众同时坐在长凳上观看比赛。它现存的废墟仍然是古罗马帝国城市中最壮观的景象。

圆形剧场的表演——倘若不提及圆形剧场的表演，那么对罗马历史的简述将是不完整的。罗马人从伊特鲁里亚人那里继承了让士兵通常是战俘在葬礼上决斗至死的习俗。他们认为这是对死者光荣的献祭。后来这种决斗成了一种大众消遣。在罗马共和国后期，角斗比赛由特殊的官员来管理。角斗士叛乱的战争，说明在罗马帝国取代共和国之前，这项运动已经达到了十分惊人的规模。在罗马帝国时期，角斗士的表演成为人们的主要爱好。每一个重要城镇都有自己的圆形剧场。有表演的时候，无论男女老少都会去圆形剧场观看，所有人都非常享受训练有素的角斗士被那些更厉害的角斗士击杀的轰动场面。此外还伴以野兽的表演。在竞技场中散养着老虎、狮子、熊或者其他凶猛的野兽，让它们互相厮杀或者将罪犯扔给这些野兽吞噬。

罗马帝国的教化功绩——对罗马历史走马观花的回顾可能无法让读者对罗马帝国价值非凡的教化功绩产生深刻的印象。我们可以看到，共和国时期无休止的战争、伟大贸易城市的毁灭以及贪婪的统治者对各行省的掠夺。罗马帝国的编年史中展现了像尼禄和图密善这样毫无人性的暴君如何残忍地压迫他们的臣民。即便是在五贤帝时期，罗马帝国仍然是江河日下的局面，而且随之而来的便是持续了1个世纪的战争，那些争夺皇位的对手们互相攻伐不休。人们很容易认为罗马人的统治是残暴并且有害的。

实际上，和平的功绩远远超过了征服所带来的不幸。罗马共和国最早的行省都是在公平正义的治理之下，元老院规则崩溃之后才导致了勒索搜刮的行为。恺撒和奥古斯都的改革都是致力于在各个行省建立公正高效的政府。在这些殖民行省中，大多数人的生命和财产比以往任何时期都更安全，个人幸福更普遍，司法也更为公正。罗马帝国在亚洲的疆土上，专制君主的独裁统治被帝国委派的官员公平正义的治理所取代，这些官员被皇帝所制定的严苛的财政制度牢牢控制。希腊城邦之间的互相冲突、高卢人和西班牙人的部落战争以及日耳曼人和帕提亚人的劫掠都在罗马帝国的铁腕之下偃旗息鼓。罗马式的和平滋润着各处的帝国土地。提比略和图密善这种暴君们施行的恶政对各个行省实际上影响不大，它们依旧有条不紊地遵循着那些更英明的皇帝所建立的行政管理方法。罗马城和帝国政府才是这些疯狂残忍的皇帝们一时冲动的主要受害者。

这就是由恺撒所创建，由屋大维所完善的"福泽整个西方文明世界的罗马帝国"。罗马帝国的和平统治在马可·奥勒留去世之前几乎从未中断。经过1个世纪的混乱之后，戴克里先和君士坦丁的改革为罗马帝国注入了新的活力，使其又延续了近200年的时间。在罗马人的引导下，整个帝国的西半部分被彻底改变了。拉丁语和拉丁文化传遍了意大利、高卢、西班牙和其他一些国家。现在这些地方的大多数语言都是由拉丁语演变而来的。所谓的罗曼语包括意大利语、法语、西班牙语和葡萄牙语。

基督教的兴起——在尼禄统治时期基督教徒受到迫害之前，很少有人知道他们这个宗派的早期历史。人们自然会好奇为什么只有基督教徒被选为大众憎恨的对象和政府的特殊惩罚对象。其原因是双重的，同时与他们的教义和组织有关。基督教遵从犹太教的教义，禁止崇拜上帝之外的任何其他神，然而罗马的法律规定每一个忠诚的臣民都应该崇拜朱庇特和恺撒。拒绝将恺撒作为宗教信仰，等同于煽动反叛。图拉真皇帝下令对基督徒应该在法律允许的范围内宽大处理，但如果罪名成立，他们必须受到惩罚。到3世纪中叶，基督教已经传遍了罗马帝国的所有行省。教会有正规的组织，教会的领导们可以对信众们行使几乎和民事法官一样的权力。因此，基督教似乎在国家内部又建立了一个国家，并被其反对派认定为革命者。德基乌斯皇帝（249—251年）认为公共福利的根本在于维护旧的罗马国家宗教。他试图通过对基督徒惨无人道的迫害来根除基督教。后来，人们在戴克里先的领导下，做了最坚定的努力去消灭基督教，一时之间，所有拒绝崇拜罗马众神的人都被处死。

尽管面对各种障碍，新的宗教仍然得以蓬勃发展。将希腊语和拉丁语作为通用语言的罗马帝国正是传播新的信仰现成的土壤。对陈腐的多神教的怀疑和世风日下的影响，使许多人转而信奉基督教这个教义更加纯净的新教派。奴隶和其他不幸的人满怀喜悦地听着新教义中教导他们的启示：无论贫富贵贱，上至皇帝下至奴隶，死后都要站在天国的大法官面前接受对他们尘世行为的神圣审判。基督教教义的这一特点包含了民主主义思想，许多个世纪之后，这种思想在适当的时候从宗教领域延伸到了政治领域。

基督教的教会组织很大程度上是以罗马帝国政府为蓝本而建立的。某些高级官员被称为主教，具有最高权威。在君士坦丁将基督教定为国教之后，君士坦丁堡的主教被认为是东方基督教会的领袖。在西方，罗马主教的影响力上升到一个非常高的位置。在罗慕路斯·奥古斯都被废黜前后的乱世时期，罗马常常得不到军队的保护，也没有正规的政府。于是人们就会向主教寻求政治上的指引，一如他们向主教寻求宗教方面的指导一样，因为人们发现当其他当权者倒台时，主教却岿然不动。西方世界习惯于接受来自罗马的命令，于是罗马主教的地位自然被认为高于其他主教。上述这些和其他原因结合起来，使主教，也就是后来的教皇，成为整个西方基督教会的领袖。

基督教赋予罗马帝国比旧的多神教信仰更高的道德标准。它教导人们对奴隶善良，对穷人仁慈，以及纯洁的家庭生活。残忍的角斗士表演被信奉基督教的皇帝所禁止。不过基督教从犹太教中因袭了一条恶劣的原则：宗教不容异己。在君士坦丁大帝之前，只要没有表现出政治危险或者道德败坏，所有的宗教信仰都可以建立自己的祭坛和庙宇。而基督教的胜利带来了一个悲惨时代，异教徒（即背离公认宗教的人）全部死于火刑和刀剑之下。宗教不容异己的原则犯下了无数令人恐怖的罪行，再没有哪一个人为的错误比这更可怕。因为这一点，成千上万的人含冤而死。直到近代，欧洲仍处在这个错误的控制之下。

02

第二部分

没落和蛰伏的时代

引言——为方便梳理而将历史划分为明确的各个时期，并不意味着历史上真的有这些确切的分界。历史学家为了更好地把握这一伟大学科而将历史划分成为更小的部分。当西哥特人跨过多瑙河下游时，他们的迁移只是影响了东罗马帝国的一部分。而在其他地方，人们的日常生活保持不变。然而，当我们现在回顾历史时，便会意识到日耳曼人第一次成功入侵罗马帝国领土，实际上标志着一场逐渐改变欧洲的迁徙的开端。因此，375 年被定为中世纪的开始，也有许多历史学家选择将最后一位西罗马帝国皇帝罗慕路斯·奥古斯都被废黜的 476 年作为中世纪的开始。

1492 年，哥伦布发现了一些西印度群岛的岛屿。许多欧洲人甚至对此事一无所知，但是这个事件由此引发了许多其他的探险之旅，且被证明是一系列改变全球面貌的事件中的第一件。因此，1492 年被普遍认为是近现代历史的开端。

第十六章　日耳曼人和他们的杰出领袖查理大帝

日耳曼部落的早期迁徙——关于日耳曼人或条顿人在公元前 2 世纪晚期第一次迁移之前的历史，我们并不确知。更早的时候，在南方寻找新住所的辛布里人和条顿人被罗马执政官马略消灭。恺撒也阻止了一次日耳曼人对高卢的入侵。奥古斯都在试图征服莱茵河以东的土地时失去了一支军队。1 世纪，日耳曼部落频繁地试图穿过罗马帝国边界，他们野蛮的国家无法继续负担他们日益增长的庞大人口，马可·奥勒留为保卫多瑙河边界而死在前线。在他之后，罗马皇帝们试图通过吸收日耳曼士兵加入罗马军团和允许一些日耳曼部落在边境行省定居来避免危险。

图 31　野蛮人入侵

匈奴人——4世纪，匈奴人向西进发，进入里海和乌拉尔山之间的大草原。匈奴人是游牧民族，属于蒙古人种，他们被认定是在汉朝（公元前202年—公元25年）①肆虐中国北方的匈奴人的后裔。正是为了抵御他们，秦始皇修建了长城。375年，匈奴人越过伏尔加河，袭击了东哥特人。这些东哥特人是当时定居在黑海北部地区的一支日耳曼部落。东哥特人和匈奴人联合起来进攻西哥特人。当时西哥特人的定居点一直延伸到多瑙河下游以北的达契亚。

民族大迁徙——在东罗马帝国皇帝的允许下，西哥特人越过了多瑙河。他们挈妇将雏，全族出动，由此拉开了日耳曼民族大迁徙的序幕。这很快使整个罗马帝国陷入了任由野蛮人摆布的局面之中，最终在西罗马帝国的废墟上建立起来的日耳曼王国宣告了罗马帝国时代的终结。

西哥特人——西哥特人很快发现他们年轻的国王阿拉里克是一位英勇的领袖，东罗马帝国的皇帝阿卡迪乌斯通过引导哥特人对抗意大利而拯救了他的王国。410年，阿拉里克洗劫了罗马，只有基督教会幸免于难，因为哥特人是基督徒。征服了整个意大利后，阿拉里克准备入侵非洲，不过他辉煌的胜利因他的死亡而告终。他的继任者在高卢南部建立了西哥特王国。507年，他们被法兰克国王克洛维打败并退至西班牙。西班牙的哥特王国以托莱多作为都城，一直延续到711年被萨拉森人征服。

东哥特人——493年，东哥特王国的国王狄奥多里克大帝推翻了日耳曼人奥多亚塞——正是奥多亚塞废黜了西罗马帝国的末代皇帝并将自己立为意大利的统治者。狄奥多里克大帝将国家治理得非常好，善待他的意大利臣民。他是当时最强大的君主，如果不是因为宗教信仰不同，东哥特王国在他死后应该还能延续很久，关于这一点下文再做阐述。555年，东罗马帝国皇帝查士丁尼派遣将军纳尔西斯摧毁了东哥特王国的残余力量，使意大利变成帝国的一个行省。

阿里乌教派和阿塔纳修教派——在君士坦丁统治之前，基督教中关于宗教教义的一些观点出现了巨大的争议。关于教义本身，这里不做详述。但是有一点很重要，不容异己的精神会谴责另一种教义的追随者，认定他们比异教徒更可恶。君士坦丁召集基督教领袖到尼西亚城（325年）召开公议试图结束争议。大多数人认为阿塔纳修的教义是正确的，即上帝和基督是完全同一的，而阿里乌认为基督和上帝是不

---

① 此"汉朝"指西汉和王莽新朝时期，主要指西汉。——译者注

同的教义，被宣布为异端。然而西哥特人、东哥特人以及一些其他部落仍旧遵循阿里乌的教义，正是因为这个原因，意大利正统派的教徒憎恨东哥特人，并帮助纳尔西斯对他们进行了镇压。

非洲的汪达尔人（429 年—534 年）——阿拉里克侵入意大利时，所有罗马军团都从不列颠和莱茵河流域撤出，回去保卫罗马。各种各样的日耳曼部落立刻涌入了没有军团保护的罗马帝国各个行省。汪达尔人穿过高卢和西班牙进入非洲，他们在那里建立了一个以迦太基为都城的王国，这个王国持续了 1 个多世纪。455 年，一支汪达尔人远征军在台伯河河口登陆，持续洗劫罗马两个星期。从那时起，肆意破坏的行为就被叫作"汪达尔人作风"。东罗马帝国皇帝查士丁尼派他的大将贝利撒留摧毁了汪达尔人的国家，并将非洲并入东罗马帝国（534 年）。

图 32　汪达尔人在罗马

大不列颠的盎格鲁人和撒克逊人——两个来自德意志北部地区的异教徒部落盎格鲁和撒克逊在 5 世纪晚期侵入了不列颠。罗马化的不列颠人展开了顽强的抵抗，但却节节败退。这场斗争所带来的苦难使岛上的不列颠种族和罗马文明一起灭绝。100 年后的征服完成时，罗马天主教的大不列颠岛已经变成了日耳曼异教徒的英格兰岛，成为盎格鲁人或撒克逊人的土地。只有苏格兰、威尔士和康沃尔这几个地方在群山的庇护下，才得以将那里古老的凯尔特人保留了下来。

意大利的伦巴底人（568 年—774 年）——东哥特王国灭亡后不久，日耳曼的伦巴底人就越过了阿尔卑斯山，并逐渐成为几乎整个意大利的主人。他们的领袖阿尔博因建立了一个王国，直到 774 年被查理曼大帝征服。从那以后，波河流域便叫作伦巴底。

匈奴人入侵欧洲——匈奴人在各方面都和日耳曼人不同。日耳曼人身材高大，皮肤白皙，头发是红色或金黄色，长胡须，大蓝眼睛。他们徒步作战，认为面对敌人的时候转身逃跑的行为是可耻的。而匈奴人身材矮小，黄皮肤，头发粗黑，胡子稀疏，有着典型的蒙古人种的小黑眼睛。他们在皮毛杂乱的蒙古矮种马背上生活和作战。他们的突袭伴随着一阵阵箭雨，然后同样突然地撤离。罗马士兵和日耳曼士兵面对这些他们根本无法近身的敌人时束手无策。值得一提的是，这些最早入侵欧洲的蒙古侵略者给当地人留下的印象，和最早入侵中国的蓝眼睛英国侵略者给中国人留下的印象简直如出一辙。关于这些"黑色恶魔"，流传着很多夸张的故事。几个世纪以来，欧洲的护士吓唬孩子的时候都会说："让匈奴人把你抓走！"

人们对匈奴人的普遍恐惧是很有根据的。这些匈奴人并不像日耳曼人那样寻求可以安身立命的家园，而是一心只想杀戮和掠夺。他们的一个首领阿提拉计划在西方建立一个匈奴帝国。他将多瑙河中游地区的平原作为中心领地，然后开始蹂躏整个欧洲。拜占庭帝国的皇帝为求自保，每年都要向阿提拉交纳沉重的岁贡。451 年，阿提拉带领他的骑兵进入高卢，他在沙隆附近一场恶战中遭遇了失败，在那场战争中，西哥特人和罗马人联合起来击败了他们共同的敌人。接下来的一年，阿提拉洗

图 33　匈奴王阿提拉

劫了意大利北部。威尼西亚人闻风而逃，他们躲到了亚得里亚海前面的一些岛屿上，在那里为建立威尼斯城打下了基础。453 年，阿拉提死了，他的敌人说他在一个宴会上死于饮酒过量。阿提拉一死，匈奴人也失去了所有明确的政治目标。之后他们散落在四方，没人知道他们后来怎么样了。

法兰克王国——法兰克人是在 5 世纪初期跨过莱茵河的日耳曼部落之一。他们的一个分支在现在法国的东北部定居下来，其余的人则留在了莱茵河右岸。法兰克人因为一个伟大人物和一次幸运的宗教选择而上升到了统治者的地位，这个人就是酋长克洛维。他于 481 年至 511 年统治法兰克王国。克洛维既残忍又没有原则，但是他的身体和思想都非常强大。在那个乱世之中，强大的力量是身为国王所必备的素质。通过战争、谋杀和欺骗，克洛维使自己成为家族和邻近国家中至高无上的统治者。他信奉罗马天主教（阿塔纳修教派）的基督教义，并让他的臣民也接受同样的信仰。当然，那些粗鲁的异教徒没有立即践行耶稣基督所规定的温顺和平的礼仪，而是保持着他们种族与生俱来的暴力精神。克洛维立刻使自己成为天主教基督教义的特殊守护者。他攻击西哥特人，把他们赶出了高卢，因为他们信奉阿里乌教派，被视为正统教派的敌人。法兰克王国扩张到整个高卢，包括德意志西部。克洛维死后，他后代的统治时期被称为墨洛温王朝，继续统治法兰克王国一个半世纪，他们的编年史充满了各种各样的谋杀和暴行。

教皇和法兰克国王之间的协议——罗马教皇信奉阿塔纳修派的教义。过了一段时间后，他们的宗教被称为罗马天主教。我们已经看到大多数日耳曼部落都是雅利安人，因此，对教皇来说，局面是相当危险的。克洛维信奉罗马天主教，只是因为他的妻子碰巧信奉天主教，并不是因为他理解和关心两种基督教义之间的差别。法兰克王国的这种偶然转变，对后来的欧洲历史发展意义重大。信奉阿塔纳修教派的教义使他们很快成为教皇的好朋友。法兰克国王们可以为教皇提供军事帮助，而教皇则利用宗教的影响力来支持法兰克君主以作为回报。

宫相——因为贪图享乐又怠于政务，墨洛温王朝后期的国王们被称作"懒王"。他们的权力落入被称为宫相的大臣们的手里。7 世纪时，这些大臣的职务由著名的加洛林家族世袭。查理·马特（即铁锤查理）是这些宫相中的一个，由于他在战争中英勇出色的表现，阻止了阿拉伯人的前进，为欧洲做出了无可估量的贡献。当时，阿拉伯人已经推翻了西哥特王国，占领了高卢南部。倘若他们再进一步推进，就会消灭所有西欧日耳曼人的基督教国家。在这场发生在图尔市和普瓦捷之间的大会战中（732 年），查理·马特的胜利拯救了日耳曼文明。查理·马特的儿子丕平（即

图34　查理·马特在图尔战役中

矮子丕平）废黜了最后一个墨洛温王朝的国王，自己登基做了国王。在篡夺王位的过程中，丕平得到了教皇的帮助，教皇说真正履行国王职责的人应该得到这个头衔。教皇声称自己是上帝在人间的代表，西方的基督徒都承认了这一点。作为对教皇的回报，丕平作为新的法兰克国王惩罚了教皇的敌人伦巴底人，并把他们在意大利中部的一部分土地赠予教皇。如此，就奠定了教皇辖境的基础。从此，那些只行使精神统治的教皇也成为人世间的统治者。

查理大帝（768年—814年在位）——丕平的儿子查理大帝将法兰克王国推上了权力的巅峰。他通过多次战役向各个方向扩大了法兰克王国的领土。在西南方向，他从阿拉伯人手中夺取了比利牛斯山和埃布罗河之间的领土，将其并入了西班牙边区。查理大帝和伦巴底国王狄西德里乌斯之间的争端以伦巴底国王被监禁在修道院而结束，然后他自

图35　查理大帝

己戴上了伦巴底国王的铁王冠。查理大帝最坚定的敌人是撒克逊人，他们是定居在莱茵河和易北河之间的一个异教徒的日耳曼部落。他们多次反抗这些试图剥夺他们自由以及其珍视的宗教信仰的法兰克侵略者。最后，愤怒的查理大帝下令将4500名撒克逊人斩首。但是，即便遭遇这样的暴行，也没有摧毁他们英雄般的爱国主义。在这个勇敢的民族接受查理大帝的统治并且接受基督教作为他们的宗教信仰之前，查理大帝不得不驱逐撒克逊人，并在他们的土地上安置法兰克殖民者。

除了英格兰人之外，查理大帝将西欧所有的日耳曼民族都统一在他的统治之下，他的计划是效仿古罗马帝国建立一个日耳曼帝国。为了达到这个目的，800年，他在罗马加冕称帝。

那时，意大利在名义上仍处在东罗马帝国的统治之下。但是赢弱的东罗马帝国政府既不能保护意大利免受伦巴底人侵扰，又不能维持其对教皇的权威。相反，罗马教会由于一些宗教上的暴力争端，正准备切断与君士坦丁堡的联系，这最终导致了东正教会和罗马天主教会①彻底分裂。根据当时的编年史记载，罗马人甚至宣称，"在希腊人中间再也没有皇帝"，因为"帝国在希腊人那里已经被一个叫作艾琳的女人所操纵，她用阴谋诡计让她的儿子成为皇帝，然后又残忍地剜去了他的眼睛，最后将帝国把持在她自己手中"。然而罗马帝国的观念和皇权威严的尊重在民众中仍然是十分牢固的，而且他们认为从之前皇帝手中接过实际权力的人继续拥有皇帝的头衔似乎是理所当然的事情。

圣诞节当天，在罗马的圣彼得教堂，教皇利奥三世将金冠戴到法兰克国王头上，并宣布他是罗马皇帝，由此建立了"神圣罗马帝国"。这个帝国一直持续到1806年被拿破仑推翻。直至1453年东罗马帝国被土耳其人推翻之前，拜占庭皇帝一直认为自己才是真正的罗马帝国皇帝，完全无视西方的日耳曼统治者。

查理大帝利用基督教会——查理大帝希望统一并教化他领导下的国家。法兰克人、伦巴底人、撒克逊人和其他日耳曼人仍然非常粗鲁和崇尚暴力。古日耳曼人把

---

① 虽然现在的俄罗斯和巴尔干半岛国家所信仰的东正教和罗马天主教信仰非常相似，但是二者是有明显区别的。

个人独立看得重于一切，他们不能忍受井然有序的统治。每个自由公民都想做自己的主人，但是社会往往会因此而陷入混乱。现在的罗马教会是建立在古老的罗马法律传统基础上的一个组织良好的机构。这是唯一一股可以对抗那个时代的自由不羁精神的文明力量。查理大帝发现教会是他实现帝国计划的现成工具，他建立了新的主教教区，建造了许多教堂，并强迫他的异教徒臣民接受基督教信仰。因为要与教会联系起来，他开办了中世纪欧洲的第一批学校。当时一流的学者都聚集在查理大帝的宫廷中。

查理大帝计划的失败——查理大帝在有生之年是西欧的最高统治者，但是他未能建立一个统一的，并且占主导地位的日耳曼国家。他的臣民们还没有成熟的民族自豪感，这片土地上的每一个贵族都希望成为一个独立的领主，而且他们中间的大部分人宁愿崇尚盲目的暴力也不信任法律和秩序；帝国还遭到来自东方的斯拉夫人和来自北海的北欧人的攻击。查理大帝甫一离世，所有这些混乱的力量立刻就将他毕生的事业毁掉了大半。欧洲的黑暗时代还要持续几个世纪。

《**凡尔登条约**》（843 年）——经过一系列战争，查理大帝的三个孙子通过著名的《凡尔登条约》将帝国分裂为三部分。长孙洛泰尔承袭了皇位，他领有从意大利直到北海的广阔的长条土地。从德意志开始往东的土地归于洛泰尔的弟弟路易（亦称"日耳曼人路易"）。西部地区居住的主要是罗马人，由洛泰尔的另一个弟弟查理（亦称"秃头查理"）统治。这里的语言起源于拉丁语，后来发展为法语，这里的民族后来成为法兰西民族。

第十七章　星月旗插遍半个世界：伊斯兰教的兴起

穆罕默德之前的阿拉伯人——居住在阿拉伯沙漠和绿洲之中的闪米特人一直是自由的游牧民族。稀疏的牧场使这些游牧民族漂泊不定，无法形成有组织的国家。但是环绕的沙漠也成了抵御侵略的有效屏障。虽然阿拉伯人一再地承认外来的统治者——就像现在土耳其的苏丹，但是他们从来没有被完全征服。

在伊斯兰教兴起之前，阿拉伯人分裂成许多独立的小部落，彼此之间的纷争战乱不断。他们是偶像崇拜者，有许多野蛮残暴的习俗，比如活埋新生的女婴。麦加的古莱西部落在宗教上享有很高的权威，并且在对外贸易中获得了相当多的财富。他们是麦加克尔白神殿的守护者，克尔白神殿中供奉着阿拉伯人最神圣的圣物——一块黑石。

穆罕默德——大约 570 年，穆罕默德出生于古莱西部落一个贫困的家庭。他先是以牧羊为生，后来和一个富孀的婚姻使他在商人中颇具影响。虔诚的宗教本性使他经常去麦加之外的一个山洞里独处，他在那里祈祷并且思考人们的宗教需求。他希望人们信仰一个比偶像崇拜更好也更崇高的信仰。穆罕默德的宗教热情如此强烈执着，他认为自己就是神所选定的先知，要向人们传达神的旨意。古莱西人最初都嘲笑他的说教，很快，他们就勃然大怒，威胁要处死穆罕默德。大约在同一时期，穆罕默德使一些前往克尔白神殿礼拜的朝圣者转变了信仰，皈依到自己门下。这些来自麦地那的新信徒邀请他们的导师去往他们的城镇。于是穆罕默德逃往麦地那，并在那里成为他自己教派的领袖。这次逃亡发生在 622 年，并因其专有的阿拉伯词语"Hegira"（专指穆罕默德从麦加到麦地那的逃亡，亦称"圣迁"）而闻名，因此伊斯兰教徒认为他们的起始日期从圣迁（Hegira）开始。

伊斯兰教——穆罕默德的教义主要基于犹太教和基督教的信仰，他在青年时代就很熟悉犹太教和基督教的教义。这是一种严格的一神论（只信仰一个神）。与此混合的是一些古老的阿拉伯仪式，这些仪式经过改造然后并入了穆罕默德创立的新宗教。穆罕默德宣称他的教义为"伊斯兰教"，意思是顺从和遵守神的旨意。

图 36　穿过沙漠前往麦加的朝圣者

哈里发的征服——穆罕默德的继任者们继承了他在政府和宗教中的所有权力，他们被称为哈里发（伊斯兰教政教合一的领袖）。他们军队的辉煌成就是历史上最精彩的篇章之一。在穆罕默德死后不到 10 年的时间里，他们就征服了叙利亚、埃及以及波斯。他们对君士坦丁堡的进攻被东罗马帝国皇帝击退。到了 7 世纪末，非洲的整个北海岸都落入了他们手中。在非洲西北部，阿拉伯人与当地土著通婚，而逐渐壮大的伊斯兰教徒被称为摩尔人或撒拉森人。711 年，摩尔人越过边境侵入西班牙，并在决定性的赫雷斯－德拉弗龙特拉战役中击败了西哥特人。于是整个西班牙半岛除了最难以进入的山区，都被穆斯林征服者占领。之前我们已经了解查理·马特如何阻止了撒拉森人尝试跨过比利牛斯山并获得立足点的企图。

哈里发之间的内战——穆罕默德并没有明确指定谁是他的继任者。在他死后不久，这个问题就引发了激烈的争论和内战。不同的哈里发的信众对伊斯兰教义的一些观点也持有不同的看法。什叶派穆斯林认为穆罕默德女婿阿里的后代是合法继承人，他们最终在波斯取得了优势，直到今天，他们仍统治着那里。其他教派的信众被称为逊尼派穆斯林，他们在突厥人中找到了最坚定的追随者。

倭马亚王朝（661年—750年）——这个王朝的哈里发将叙利亚的大马士革定为他们的都城。在他们的统治下，伊斯兰王国得到了最大程度的发展，其疆土包括从亚洲西南的阿拉伯湾、印度河到地中海、高加索山脉的广大疆域，还包括整个非洲北部海岸、西班牙的大部分地区、撒丁岛、科西嘉岛和地中海上的许多小岛。但是阿里的追随者们不断发动对哈里发的战争。最终，穆罕默德一个叔叔的后代推翻了倭马亚王朝，并下令屠杀所有的王室成员，只有极少数王室成员从这场屠戮中幸存下来，阿卜杜·拉赫曼是幸存者之一，他在西班牙建立了后倭马亚王朝。

阿拔斯王朝（750年—1258年）——阿拔斯创建了阿拔斯王朝，这是阿拉伯历史上最声名卓著的王朝。他们在底格里斯河畔建立了新的都城巴格达，这是一座可以与古巴比伦相媲美的城市，在财富和文化方面远胜同时代的任何西方城市。阿拔斯王朝最著名的哈里发是哈伦·拉希德，他是查理大帝的朋友。哈伦·拉希德对科学和文学的发展给予了慷慨的支持，并将阿拉伯的贸易和工业提升到有史以来最高的水平。他的儿子马蒙继承了他父亲的光荣统治。他们在这时侵入了西西里岛和撒丁岛，并统治了200余年。马蒙之后，庞大的帝国逐渐四分五裂。阿拔斯王朝晚期的统治只剩下旧权力的影子，当时的很多总督已经宣告成为独立的君主，而敌对的哈里发继续统治着西班牙和埃及。

阿拉伯人的文明——在才能卓越的哈里发的领导下，阿拉伯人很快上升到了高度的文明。他们把很多希腊古典作品，尤其是亚里士多德的作品翻译成阿拉伯文，并在巴格达、亚历山大和科尔多瓦等地建立了学术学校。他们比同时代的西方日耳曼人有着更优雅的礼仪、更优秀的建筑以及更发达的工业和贸易。中世纪欧洲的第一批学者和医生的知识都是从阿拉伯老师那里学到的。

> 读者可能会认为，从阿拉伯人的文明更加发达的这个角度来看，倘若摩尔人赢得了图尔和普瓦捷那场战役，欧洲可能会变得更好。然而历史表明，阿拉伯人的文化虽然有过一段时间的辉煌，然而却无法超越其在第9和第10世纪已经达到的水平。

穆斯林征服印度——在穆罕默德死后大约15年，一支阿拉伯的海上远征军在印度孟买的海岸登陆，随后，他们对印度的进攻被勇敢无畏的印度武士击退。与此同时，伊斯兰教开始在阿富汗的山区部落中传播。他们的国王马哈茂德（1001 年—1030 年）曾经 17 次入侵印度，并将旁遮普的西部地区变为阿富汗的一个伊斯兰省。200 年后，另一位阿富汗的统治者古尔王朝的穆罕默德征服了从印度河三角洲直到恒河的整个印度北部地区。到 1306 年，整个印度都落入一个伊斯兰教驻德里的苏丹的统治之下。大批突厥人和阿富汗人来到这个国家的北部定居。

图格鲁克王朝；早期德里帝国的衰落——1320 年—1414 年，是图格鲁克王朝时期。该王朝是一个反叛者创建的，他最初是一名奴隶。这个王朝的第二任君主穆罕默德·图格鲁克是一位才能卓著而又野心勃勃的君主。他派出了一支庞大的远征军进攻中国，据说有 10 万之众。当时的中国是蒙古人所统治的元朝，正处在四处叛乱的水深火热之中。不过图格鲁克的这支远征军在喜马拉雅山可怕的山口全军覆没。德里帝国的苏丹们也不断遭到他们自己将军和不满的印度人民反叛的威胁。与此同时，来自中亚的新的伊斯兰入侵者席卷了西北面的山口。正如羸弱的罗马帝国皇帝将日耳曼人召入罗马军团一样，德里帝国的苏丹们雇佣蒙古人为雇佣兵来寻求自保。德里帝国最终分裂成许多规模较小的伊斯兰教和印度教国家，后来再也没有强大的中坚力量来抵抗巴布尔率领的蒙古人的入侵（1526 年）。

第十八章　封建社会（843 年—1270 年）

　　北欧人——定居在丹麦和斯堪的纳维亚半岛的古日耳曼人被称为北欧人，也叫斯堪的纳维亚人。这些居住在遥远北方的野蛮人从未受到来自罗马帝国和基督教会文明教化的影响和改变。到了 9 世纪，对于北欧人荒凉的家园来说，他们的人口增长得太多了。最初，他们的士兵每年都会航海远征德意志、英格兰以及法兰西的海岸地区，洗劫那里的城市，甚至包括像巴黎这样的内陆城市，然后带着战利品回到他们北方的峡湾。过了一段时间之后，北欧人来到一些国家的海岸地区永久定居。丹麦人征服了英格兰的东部地区，1016 年，丹麦国王卡纽特成为英格兰国王。丹麦人统治了 26 年之后，英格兰之前的王族重新夺回了王位，但是留下来的丹麦殖民者成为英格兰人口中永久且很有价值的一部分。在 9 世纪早期，瑞典人在俄罗斯波罗的海海岸地区站稳了脚跟。俄罗斯人对那些北欧勇士又敬又怕。862 年，北欧酋长留里克成为俄罗斯部分地区的国王。他的继任者为后来伟大的俄罗斯王朝奠定了基础。查理大帝在法兰西的继任者无法保护他们的土地免遭北欧人来自海上的侵袭。为了谋求和平，他们不得不将高卢西北部的很大一片土地割让给了斯堪的纳维亚人的一位酋长罗洛。在法兰西定居的北欧人很快就被称为诺曼人。他们接受了那些法兰西邻居们的语言、宗教以及风俗习惯。

　　封建制度——中世纪欧洲的社会制度与古罗马帝国和近现代的制度相比，都有很大差异。这种土地所有制和政府体系的特殊制度被称为封建制度。当我们认识到，欧洲国家的所有社会生活都是在 11、12 和 13 世纪的封建制度中塑造成型，且一些封建习俗和观念能够一直延续到现在，那么便明白封建制度的重要性是不言而喻的。封建制度在不同的西欧国家，表现得不尽相同。下面的描述只是简单介绍一下其主要特征：

　　（1）**土地所有制**——封建制度的创立者们这样说：国王拥有的领地乃是上帝

册封。国王可以将部分或大或小的领地分封给贵族，得到土地的贵族领主便成为国王的封臣，国王便成为他们的封君。这些封臣是他们领地亦称封地的绝对主人，他们可以将其中的一部分再赐给更小的领主，让他们成为自己的封臣。

（2）**政府体系**——得到土地的领主，无论其封地大到一个省，还是小到一个农庄，都对这片土地拥有绝对的权力。这片土地上的居民都是领主的臣民，领主可以向他们征税，惩罚他们，或是仁慈或是残忍，可以随心所欲地对待他们。但是一旦他将土地赐给更下一级的封臣，那么这些权力就会随着土地让渡到那些更下一级的封臣手中，他们就成为自己封地上小小的国王。一个简单的例子，就能说明这种政府权力的分割到达了什么样的程度：在 11 世纪期间，法兰西被分割成大约 200个较大的封地。这些封地上的领主是直接属于国王的封臣。他们又有自己下一级的封臣，然后下一级的封臣又有更下一级的封臣，如此层层分封，当时法兰西大大小小的封地达到了 7 万个左右的惊人数量。

（3）**封君和封臣的权利和义务**——封君必须保护自己的封臣。如果封臣受到强大敌人的威胁，封君必须伸出援手。而反过来说，封臣必须维护君臣关系，发誓永远保持对封君的友谊和同盟。不忠诚的封臣会被剥夺封地。

（4）**封建军队**——其装备非常华丽，然而笨重无能。军队由不同的领主联合组成，那些马上的随从被称为骑士。他们全部在马上作战，使用长矛和宝剑，沉重的铁甲将他们从头到脚保护得严严实实。个人的勇猛和武艺比军事指挥才能更有价值，所有的骑士都会努力证明自己的勇猛无人能及。无论与罗马军团，还是与现代军队相比，他们几乎只是一盘散沙。这种封建军队制度阻碍了强有力的军事力量的建立。为了组建一支军队，国王必须召集那些较大的封臣，那些较大的封臣再去召集下一级的封臣，然后下一级的封臣再去召集更下一级的封臣。如此这般，集结一支可以作战的军队往往需要好几个月的时间。

图 37　骑士称号授予礼

（5）**封建社会的阶级**——封建领主是全体人口中人数最少的一部分。他们自认为高人一等，通过各种各样的税收、敲诈勒索和巧取豪夺，以下层阶级的辛苦劳作的成果供养着他们奢侈的生活。普通民众中的大多数人都是没有人身自由的农奴，这些人被迫在他们主人的土地上辛勤劳作，并向其交纳大部分劳动所得。农奴们被禁锢在土地上，但不能像奴隶那样被买卖。自从 6 世纪大多数国家的奴隶逐渐转变为农奴之后，农奴制便一直延续到 13 世纪。所有人口中，最进步的阶级是普通自由民，他们大都是住在城镇里的匠人和商人。在欧洲的一些地方，尤其是英格兰，相当数量的农民也拥有人身自由，这个阶级被称为"自耕农"。

贵族生活——一个年轻的贵族既能进入教会，也可以成为骑士。主教、大主教以及罗马天主教会里的其他显贵，不是贵族就是封建领主。对于一个骑士而言，临战杀敌、打猎和比武竞技是他仅有的正当追求。这种比武竞技被称为骑士比武，基本上是全副武装地在马上模拟战斗。经常会有骑士死于比武。封建贵族的住所都是坚固的城堡，大多建在山顶或者其他居高临下的地方。在坚固城墙的保护之下，这些贵族足以抵御来犯的敌人。随着权力的分割，王权的力量降到了最低谷，这一点在德意志表现得尤为明显，那里的一些骑士竟然堕落到拦路抢劫的地步，他们的城堡变成了那些出身贵族的强盗们的老巢。赶路的商人会被顶盔贯甲的贵族强盗截住，倘若交出一半货物就能保住性命，他们便暗自庆幸了。

封建制度的历史评价——在那个混乱取代秩序的时代，封建制度提供了一种粗略而有缺陷的政府体系。对还不能适应查理大帝计划要建立的那个庞大的中央集权帝国的人们来说，封建制度是比较合适的。民族大迁徙动摇了整个欧洲的根基。在新的文明从废墟中崛起之前，社会不得不慢慢寻找回归法律和秩序的道路。封建制度正是这种追求上进的第一个阶段。

封建制度最糟糕的特征是贵族和农奴之间深深的鸿沟。在一些欧洲国家，尤其是法国，直到近代以前，社会都被划分为两大阶级：一个是贵族，他们鄙视其他所有人；另一个是自由民众和农奴，他们对贵族阶级恨之入骨。正是这种不公平的划分催生了 18 世纪末可怕的法国大革命。

封建制度最好的地方在于：第一，封君与封臣之间的关系展现出了对真理和誓言的高度重视。古日耳曼人与生俱来信奉真理的这种特质，在封建礼教的荣誉准则中得到了印证。对今天的西方绅士而言，称他为骗子是对他最严重的侮辱。第二，很多骑士精神的习惯孕育了尊重女性的精神，这是女性以前从未在任何社会中享有过的待遇。在今天的西方社会中，女性享有很高的家庭地位，她们都接受过良好的教育，可以很好地相夫教子，而这种情况在很大程度上要归功于封建制度。

匈牙利人建立国家——马扎尔人，亦称匈牙利人，是历史上第二支入侵欧洲的图兰人。他们从西伯利亚西部的家园逐渐向西迁徙，895 年，他们占据了多瑙河中游两岸的平原地区，就是今天的匈牙利。半个世纪之后，他们的远征军掠夺的足迹一直延伸到北海、法国北部以及意大利。955 年，奥托大帝在列希菲德所取得的伟大胜利终结了匈牙利人的肆虐。在接下来的 1 个世纪中，匈牙利人皈依了基督教，也逐渐接受了欧洲人的风俗习惯和社会体制。在 15 世纪和 16 世纪，匈牙利的士兵都是西方基督教对抗伊斯兰土耳其进攻的中坚力量。

罗马帝国的第二次重建——德意志国王奥托大帝是一位睿智而充满活力的统治者。他驯服了难以驾驭的贵族，使王权重获尊重，同时通过征服为自己的王国开疆拓土。962 年，奥托大帝率军远征意大利，并在罗马重建了之前由查理大帝建立的帝国政府。奥托大帝的帝国包括德意志和意大利，此后被称为"德意志民族神圣罗马帝国"。假如奥托大帝及其继任者一直将阿尔卑斯山的天然屏障作为帝国南部的边界，那么德意志将获得更大的益处。意大利人不断地起义，反抗日耳曼人的宗主权，而神圣罗马帝国的皇帝却为了征服那些不甘屈服的南方臣民发动了无数次战争，也大大消耗了自身的实力。由于皇帝长期不在德意志，那些德意志封建贵族逐渐变得桀骜不驯。在 13 世纪中叶，德意志最后分裂为 270 个完全独立的大小国家。神圣罗马帝国的皇帝一味追逐罗马帝国的虚名，却在实际上失去了作为他们根基的德意志王国。

皇帝与教皇之争——我们已经知道，罗马教皇最初在西方被视为精神领袖，而神圣罗马帝国皇帝则认为自己拥有人世间至高无上的权力。于是皇帝和教皇之间产生了关于谁地位更高的争执。教皇的支持者们宣称，教皇的地位必须高于皇帝，因为他是上帝在人世间的代表。他们说上帝将两大权力放在了人世间，就像将日月放在天上一样。就像月亮比太阳小，皇帝同样要服从教皇。上面这些和其他一些论点主要摘自《圣经》，然而回击这些论点的论据也同样摘自《圣经》。皇帝还宣称教皇是自己的封臣，因为罗马教皇的土地最初是丕平和查理大帝赠予的。

这个争执将绝大部分地区逐渐分割为两大阵营，皇帝的支持者和教皇的支持者。人们的宗教信仰是教皇强有力的武器，皇帝的权力则因为封建领主的反抗而被削弱。教皇格里高利七世进行宗教改革之后，罗马教皇的权力大大增强。格里高利七世起初是一位枢机主教，在管理连续五位教皇的世俗事务后，荣登教皇宝座。基督教的牧师长久以来相信独身主义（即不娶妻生子）可以取悦上帝。但是他们之中很少有人真正践行独身主义①。格里高利七世认识到如果教会的牧师们不用因为家庭而分散精力，全身心地投入宗教事务，那么教会的力量将大为增强。于是他强迫所有的牧师必须践行独身主义。此外他还命令所有的神职人员（即教会中的官员）只能接受教皇授予的神职，而不能接受任何俗世的皇帝或者国王的任命。因为在几乎一半的西欧国家中，高级神职人员都是由封建领主来担任，所以，遵守这条命令，将使教皇的权力超过其他任何一位君主。

神圣罗马帝国皇帝亨利四世拒绝接受教皇格里高利七世的命令，并召集了宗教会议，正式罢免了教皇的职位。而格里高利七世则反过来除去了亨利四世的教籍。在中世纪人们的观念中，被除去教籍几乎是最为可怕的惩罚，这意味着一个人被基督教会所驱逐，而任何帮助他的人也等于犯下了足以使自己的灵魂下地狱的可怕罪行。亨利四世很快失去了所有支持者。他的对手们可以公开地反对他，而他的朋友们却不敢伸出援手。他的权力在教皇的诅咒下渐渐消失。骄傲的皇帝最后不得不在绝望中孤独地穿过阿尔卑斯山去朝见教皇，乞求他的宽恕。当时教皇正在意大利北部的卡诺萨城堡，亨利四世赤着双脚，身披麻布在城堡的庭院中等了三天三夜，格里高利七世才答应见他。最后，教皇恢复了亨利四世的教籍。

教皇至高无上——在著名的霍亨斯陶芬王朝的历史中，帝国和教皇之间的争斗占了很大一部分篇幅（1138 年—1254 年）。当教皇在整个基督教世界上升到了至高无上的地位，霍亨斯陶芬王朝也最终灭亡了。在 13 世纪，大多数欧洲统治者都接受教皇作为他们的主宰。随着这些君主们都臣服于罗马教皇，罗马重新成为整个西方世界的中心。

教皇权力的衰落——教皇在天主教徒中间的影响力完全来自他们对教皇神圣权力的信仰。1378 年，这种普遍的信仰遭到一个名为"教会大分裂"事件的猛烈冲击。从 1309 年开始，教皇的权力因为法国的影响而江河日下，教廷也迁到了法国东南部城市阿维尼翁。意大利人的抗议徒劳无功，最后他们推选出自己的教皇，教廷仍在罗马。两个教皇都宣称自己才是上帝在人世间的唯一代表，也是教会绝无谬误的唯一领袖。因为这两个教皇中必然有一个是假的"上帝在人世间的唯一代表"，人们不由得怀疑这两个教皇都不是真的离上帝那么近。这次教会大分裂事件大大削弱了教皇在世俗事务中的权力。很多君主和贵族很快就清除了教皇对他们政务的干扰。但是，直到 16 世纪初发生宗教改革之前，教皇对纯粹宗教事务的至高权力一直得以保留。

---

① 这种独身主义适用于未出家的神职人员。而众多出家的僧侣则有各种各样的禁欲教条。

第十九章　征服者的时代：蒙古帝国与奥斯曼帝国

蒙古人——所谓蒙古人，包括以蒙古为中心并一直向北、向西扩张的众多游牧部落。他们住在毛毡帐篷里，以畜牧业为生。大群的羊、骆驼、马和奶牛是他们的财富。他们的食物主要包括肉、奶、黄油和奶酪。

成吉思汗——关于蒙古人的早期历史鲜为人知。他们在伟大首领铁木真的领导之下突然成为一支震惊世界的力量。铁木真生于 1162 年，他联合了中亚和东亚的部落，并完成了对中国北方地区的征服。当一位祭司预言铁木真将征服世界之后（如同神谕宣示所的祭司对亚历山大大帝所说的话一样），他便得到了尊号"成吉思汗"（意为拥有四海）。接下来，他率领一支 70 万人的大军征服了蒙古西部地区和突厥斯坦。撒马尔罕和一些其他的大城市被烧成废墟，超过 20 万人在战争中丧生。成吉思汗的一个儿子征服了俄罗斯南部地区，直到第聂伯河流域。当成吉思汗正在计划进一步的征服时，却在 1227 年病逝。他将帝国分给了四个儿子。其中一个儿子窝阔台被选为蒙古大汗。

入侵欧洲——窝阔台派遣自己的侄子拔都率领一支大军继续征服西边的国家。在 1237 年—1240 年间，蒙古人征服了俄罗斯，攻占了莫斯科和基辅这样的重要城市，他们一直推进到了德意志边境。1241 年，他们在西里西亚击败了由波兰人和日耳曼骑士组成的联军，将匈牙利大部分地区变成了不毛之地。他们一路烧杀抢掠，直到亚得里亚海沿岸。由于封建军队的无能，加上神圣罗马帝国皇帝和教皇之间可悲的争斗导致欧洲君主之间互相敌对，蒙古人看似很有可能征服到大西洋海岸。1241 年 12 月，拔都获悉窝阔台猝死的消息之后便撤回到伏尔加河一带。

元朝——1279 年，蒙古人推翻了中国的南宋王朝，这标志着他们完成了对中国的统一。铁木真的孙子忽必烈是第四位蒙古大汗，他成为整个中国的皇帝，也是元朝的第一位皇帝。

　　蒙古帝国的极度扩张，以及继续征服的计划——综合来说，这个世界历史上最大的帝国是蒙古大汗在北京 ① 的统治时期建立完成的。现在的整个中国、朝鲜、蒙古、西伯利亚南部、印度以西的亚洲地区、俄罗斯南部以及匈牙利这些地方，在当时都将北京视为首都。由于炎热的气候，导致军中瘟疫肆虐，忽必烈对印度支那（即中南半岛）和安南（即越南）的远征失败了。1274 年，忽必烈派出一支由 900 艘船只组成的舰队，载着 7 万名中国和朝鲜士兵以及 3 万名蒙古士兵试图渡海在日本登陆。一场可怕的暴风雨摧毁了忽必烈的这支舰队，这场灾难的幸存者不是被日本人杀死就是被俘为奴。

　　蒙古帝国的分裂——除了一些普通的部落传统以及将蒙古大汗尊为最高统治者之外，庞大的蒙古帝国没有任何内在的凝聚力。仅仅是在如此广袤的疆域之中层层传达命令的困难程度就足以使这个帝国走向分裂，从而形成诸多汗国。大部分西方的蒙古人改信伊斯兰教则加速了这一分裂过程。

　　蒙古人统治下的俄罗斯——到 1480 年，蒙古人统治了俄罗斯 250 年。他们居住在俄罗斯东南地区的草原上，几乎不与作为被征服者的俄罗斯人混居。所有俄罗斯人无论贫贱富贵，每年都必须向蒙古统治者交纳非常沉重的赋税。俄罗斯贵族可以作为官员参与政务，但是他们的职务必须由蒙古可汗来任免。莫斯科的俄罗斯贵族与他们的蒙古主人关系十分密切。他们最终成了替蒙古可汗征收赋税的代表，也正是通过这个途径，他们奠定了日后一统俄罗斯自立为王的财富和权力基础。蒙古人对俄罗斯的长期统治影响了其文化的倒退。俄罗斯变得更加亚洲化而不是欧洲化，而且好几个世纪都没有受到西方国家进步的影响。

　　蒙古帝国作为连接中国和西方的纽带——在蒙古帝国统治时期，远东和欧洲之间保持着密切的往来。各国的商人和使节们来来往往，他们的陆地路线是"北路"和"南路" ②（即丝绸之路的北道和南道），海上路线则是从广州到波斯湾和巴格达的航线。最著名的西方来客就是意大利人马可·波罗，他在忽必烈的朝廷中任职了很长时间，还将他的所见所闻都记述了下来，这些资料弥足珍贵。大约在 1292 年，教皇尼古拉四世派遣传教士孟高维诺前往中国传教，这是第一位来到中国的罗马天主教传教士。忽必烈隆重地接待了孟高维诺。然后天主教这个新的宗教在中国迅速

---

① 蒙古人和其他外国人都将元大都(即今北京)称为汗八里，这是蒙古名称"**Kambalu**"，意为大汗的居处。现在北京的北边还能看见元大都城墙的遗迹。

② 这两条具有历史意义的路线从中国西北部通往西亚，它们分别位于天山山脉的北面和南面。

传播开来。1307 年，教皇将孟高维诺升为北京的大主教。在 7 世纪时，中国就有景教教派的基督徒，尤其在西北部地区人数众多。他们不久就和在中国的罗马天主教基督徒爆发了争执，结果两败俱伤。元朝被推翻之后，中国人强烈的民族情感将基督教在中国的残余一扫而空。

帖木儿——在 14 世纪快要结束的时候，一位成吉思汗的子孙，蒙古人的首领帖木儿，再次将半个亚洲纳入了蒙古人的统治之下。他征服了从中国长城以北直到莫斯科的中亚地区，令波斯人俯首称臣，还占领了印度。1402 年，他率军入侵了土耳其人在西亚的领土，这一事件对欧洲来说可谓一件幸事。当时土耳其苏丹巴耶塞特一世正要率领得胜之师越过多瑙河，继续向西挺进，帖木儿突然入侵的消息使他不得不立刻回去捍卫自己在亚洲的领土。1402 年，在小亚细亚的安哥拉，帖木儿在一场恶战中全歼了土耳其军队，并

图 38　帖木儿

俘虏了巴耶塞特。为求活命，巴耶塞特不得不向帖木儿俯首称臣。1405 年，当帖木儿正准备入侵中国的时候，却突然病死了。他死后，庞大的帝国很快就四分五裂。

印度的蒙古帝国——巴布尔是帖木儿另一位伟大的子孙，他在 1526 年再次攻占印度，在那里建立了莫卧儿帝国。这个帝国的统治一直延续到 1761 年英国人接替了对印度的统治才宣告结束。阿克巴大帝（1556 年—1605 年在位）是巴布尔的孙子，他将几乎整个印度都纳入了帝国的版图之中。他承认所有宗教教派，又让印

图 39　阿克巴

图 40　沙贾汗

度教贵族和伊斯兰教徒同朝为官。通过这些手段，阿克巴大帝使帝国统治下的所有邦国都相安无事，从而使整个帝国步调一致。他将帝国分成若干个省，由地方官员或总督执掌，还重组军队以防止兵变。阿克巴大帝绝对算得上历史上最成功而且最仁慈的统治者之一。莫卧儿帝国的一位皇帝沙贾汗建造了举世闻名的陵墓清真寺泰姬陵。一位历史学家 W. 亨特爵士曾经这样说道，世界上最纯洁也是最可爱的祈祷之所莫过于此。后期的莫卧儿皇帝都是顽固偏执的伊斯兰教徒，信奉印度教的臣民饱受压迫。于是他们与被称为马拉地人的印度武士结盟来反抗莫卧儿王朝的统治，当初正是在这些马拉地人持续不断进攻的帮助下，蒙古人才推翻了德里帝国。然后那些统治各省的地方官员或总督纷纷自立为王，宣告独立，印度陷入了无政府状态，整个国家一片混乱。也正是因为这个原因，谨慎的英格兰人才得以只用很少的军队就轻松地得到了他们美丽富饶的东印度帝国。

奥斯曼土耳其人——亚洲对欧洲的最后一次进攻是由奥斯曼土耳其人发动的。1300 年，奥斯曼在小亚细亚半岛建立了新的土耳其王朝，从此以后他们便被称为奥斯曼人。由于对《古兰经》的狂热信仰，加上十分强大的军事组织，奥斯曼的继任者在 14 世纪中叶成为整个亚细亚半岛及其周边地区的统治者。

奥斯曼帝国的苏丹巴耶塞特一世被他的士兵称为"闪电"，在他的统治之下，土耳其人征服欧洲似乎指日可待。为了回应匈牙利国王西格斯蒙德的恳求，法国贵族的精英们决定帮助他攻击那些"异教徒"。1396 年，在意大利的尼科堡附近，那些盛装华丽的骑士们确信胜券在握，他们向列好防御阵形的巴耶塞特一世的军队发起了混乱无序的冲锋。但是他们手中优秀的武器在土耳其人训练有素的庞大军队面前毫无用处。基督教的军队被彻底击溃，被俘者大都被直接处死。幸亏帖木儿及时对土耳其人发动了攻击才使得欧洲免遭更大的不幸。

在奥斯曼帝国的苏丹穆罕默德二世时期，土耳其人伟大的征服又谱写了新的篇章。1453 年，通过一场精心谋划的海陆围攻，土耳其人攻陷了君士坦丁堡。最后一位拜占庭帝国皇帝，君士坦丁十一世帕里奥洛格斯冲入敌阵，像一名士兵一样战死。穆罕默德二世征服了整个巴尔干半岛，一时间，意大利南部的奥特朗托也落入了土耳其人手中。

苏莱曼一世——苏莱曼大帝在土耳其历史上被称为"众王之王"，他将奥斯曼帝国的权力推上了最高峰。他所统治的 1520 年—1566 年，是欧洲历史上一个最重要的时期。尽管这时的欧洲国家的军事力量已经超越了封建时期的水平，但是苏莱曼大帝还是成功地征服了匈牙利，并将基督教的骑士们逐出了固若金汤的塞浦路斯岛，完成了对地中海东部地区的控制。1529 年，他率领战无不胜的土耳其军队进攻奥地利的都城维也纳，但是那里的守军以殊死的勇气迫使他放弃了对维也纳的围攻。苏莱曼大帝对基督教世界的胜利主要是因为当时欧洲的政治形势所致，这一点我们接下来会有更详细的描述。当时神圣罗马帝国皇帝查理五世统治着西班牙、德意志和荷兰，他的权力被其他欧洲君主视为巨大的威胁。当他击败了法国国王弗朗索瓦一世之后，弗朗索瓦一世发现只有与基督教信仰的敌人土耳其苏丹结盟才是自己唯一的出路。这导致了土耳其人入侵匈牙利和围攻维也纳。苏莱曼大帝的帝国包括波斯湾所有的海港和红海东海岸地区，向西则一直延伸到大西洋。非洲所有的北海岸地区、埃及、地中海东部的岛屿、黑海、整个巴尔干半岛以及匈牙利都是苏莱曼大帝的统治范围。与当时其他的欧洲国家相比，奥斯曼帝国堪称大治，一片繁荣景象，贸易、学术和文学都很发达，历史著作更是达到了卓越的水平。

土耳其人的衰落——在晚期，苏莱曼大帝的统治开始走向衰落，这种现象也是土耳其帝国一直以来的特征。最糟糕的事情就是土耳其官僚阶级的贪污腐败。在近代，不断进步的欧洲各国逐渐瓜分了这个腐朽堕落的国家。俄罗斯和奥地利牺牲土耳其，扩大了各自的边界。在欧洲主要强国的帮助下，罗马尼亚、塞尔维亚、保加利亚以及希腊都脱离了奥斯曼帝国的统治，宣告独立。埃及虽然名义上还是土耳其的一个省，但是后来被大英帝国占领，实际上成为大英帝国的保护国。如果那些欧洲大国，尤其是英国和俄国，能够同意代表土耳其的君士坦丁堡彻底倒台，那么那些土耳其苏丹早就被驱逐出达达尼尔海峡了。众所周知，谁控制了君士坦丁堡，谁就等于控制了地中海东部地区，甚至也控制了通往印度的海上航线。

第二十章　欧洲民族国家的兴起

意大利的城市共和国——在中世纪早期，欧洲大大小小的城镇都是封地的一部分。那些封建领主的横征暴敛导致了他们与城镇之间的长期斗争，而后者取得了最后的胜利。意大利的条件对城市最有利，他们完全摆脱了封建义务。在 13 世纪末，意大利北部和中部地区的政治形势和古希腊的情况十分类似。200 个独立自治的城市只是在名义上对神圣罗马帝国皇帝或者教皇效忠。

这些城市中最富有和强大的是威尼斯、热那亚以及佛罗伦萨。它们都是贸易和产业中心，同时也是学术和艺术中心。和东方的贸易发展得特别繁荣，这是城市主要的收益来源。威尼斯在其权力的巅峰时期，是亚得里亚海和整个地中海东部地区的霸主。威尼斯的荣耀一直持续到 15 世纪，直到土耳其人阻止了威尼斯与亚洲的大部分贸易。当瓦斯科·达·伽马发现了经过好望角的海上航线之后（1498 年），与印度和中国的所有贸易都将地中海拒之门外，随后意大利那些曾经辉煌不已的大港口便走向衰落。

汉萨同盟——上面已经提到，一些德意志的封建贵族是如何堕落成了拦路抢劫的强盗的。神圣罗马帝国皇帝的权力已经衰弱到无法维持正常秩序的程度，那里的贸易和产业已经走向崩溃。面对这个危机，德意志的一些城市结成联盟，互相帮助，以抵抗贵族强盗和海盗的侵袭，这个联盟被称为汉萨同盟。汉堡、吕贝克以及不来梅是这个由 85 个城镇组成的联盟的首要成员。它们不仅成功地保护了商业活动，而且迫使丹麦国王接受了它们的规则。在 15 世纪期间，汉萨同盟成功地垄断了整个欧洲北部地区的贸易。

城市是中世纪的进步中心——汉萨同盟的城镇和神圣罗马帝国、法国以及英国其他的一些大城市都拥有独立自治的权利。那里的人们被称为市民，他们较早地受到了如何行使政治权利的培养，而当时在农村的人们对此却一无所知。因此在那些市民心中，关于公民自由的思想一直保持着觉醒，到后来，正是这些思想将那些饱受压迫的农奴阶级转变为生而自由的公民。

市民们积聚的财富很快就被用于对发展学术和艺术的支持。直到今天，那些高水平的绘画、庄严的教堂以及那些美丽的公共建筑都是欧洲所拥有的无价之宝，这些财富使那些中世纪的自由城市熠熠生辉。

欧洲民族国家的开端——我们已经知道查理大帝的伟大计划，他希望将所有的日耳曼民族融为一体，全部置于一个中央集权的帝国统治之下。然而混乱的力量比一位杰出政治家的意志更加强大，查理大帝死后，黑暗时代的混乱便接踵而至。封建制度带来了些许改善，但是将国家的统治权力分散到几百个小贵族手中和建立中央集权的统一帝国是背道而驰的。

然而现代欧洲国家的基础正是在封建时代孕育产生的。欧洲国家大都是依照地理划分的：西班牙半岛陡然被比利牛斯山切断；意大利的北部和西北部被阿尔卑斯山所包围；法兰西和德意志之间横亘着总是倾向于将东边和西边的人们隔开的孚日山脉；英格兰完全被英吉利海峡和北海与大陆隔开。由于这些分界线，各民族语言和风俗习惯之间的差异变得越来越大。意大利、法兰西以及西班牙的人们所使用的语言起源于拉丁语。最初这些语言非常相似，但是后来变得越来越不同，直到任何国家的一个普通人都无法听懂来自邻国的某个人所说的话。843年，《凡尔登条约》签订的时候，东法兰克王国和西法兰克王国之间已经产生了巨大的差异，东法兰克王国几乎全部都是日耳曼语系民族，后来发展成为德意志民族；而西法兰克王国则大都是拉丁语系和凯尔特语系民族，他们后来发展成为法兰西民族。

国家的政治发展主要取决于其地理条件。欧洲国家政治史的主要特征是牺牲封建领主，建立中央集权的君主政体，从而富国强兵。在西班牙、法兰西以及英格兰，都是如此。因为神圣罗马帝国皇帝在意大利的野心和他与教皇之间的斗争，王权的影响力在意大利和德意志并没有达到最高程度。

西班牙——西班牙的君主政体诞生在与阿拉伯人不断的战争之中。从西北和东北的山区开始，一些基督教首领慢慢从伊斯兰教徒的手中夺回了西班牙半岛。1469年，两个重要的国家进行了联姻，阿拉贡王国的王子斐迪南二世和卡斯提尔王国的公主伊莎贝拉一世结为夫妇。他们二人组织的联军最终将摩尔人驱逐出了西班牙。1492年，西班牙人攻陷了摩尔人在欧洲最后一个美丽的都城格拉纳达。西班牙王国迅速崛起成为欧洲第一强国。

法兰西——加洛林王朝（查理大帝家族）的最后一位法兰西国王死于987年，

法兰西的大贵族们扶持雨果·卡佩得到了王位。雨果·卡佩是一位颇有才干的封建家族首领，这个封建家族长期拥有的田产甚至比加洛林王朝的国王还要多。刚开始的时候，卡佩王朝作为一个新建王朝，除了王室的头衔之外，和那些贵族封臣几乎没有什么区别。扶持君主政体来对抗贵族们的无法无天正是教会和城镇的利益所在。得到了教会和城镇的支持，加上自身的资源，卡佩王朝的国王不断扩张着他们的领土，并瓦解了贵族的权力。

从 1337 年到 1453 年，法兰西发动了与英格兰的战争，这场战争被称为"英法百年战争"。这场动乱的主要根源就是法兰西与英格兰国王之间的封建关系，英格兰国王在法国的领土上有很大一块封地。英格兰的统治者不希望被当作封臣来对待，而这却是法兰西国王的合法权利，这导致了二者之间不断的摩擦。英格兰国王爱德华三世宣称他有权获得王位，因为从母系族谱来看，他是以前法兰西王族的后代。英法百年战争中最重要的两场战役分别是克雷西战役（1346 年）和普瓦捷战役（1356 年）。在这两次战役中，英格兰人都通过主要依赖普通步兵和弓箭手的新战术击败了数量上占优势的法兰西骑士。英格兰的弓箭手以致命的力量射出的弓箭又准又狠，穿透了那些不可一世的骑士们身上的铁铠。这两场的胜利彻底改变了战争的方式。封建军队的骑兵让位给了有弓箭手支持的训练有素的步兵部队。在 14 世纪，热兵器也出现了，在枪弹面前，铠甲完全不堪一击。

图41　贞德

圣女贞德——面对惨败，法兰西人最后斗志全无，几乎要停止抵抗了。法兰西似乎就要亡国，变成英格兰的附庸。就在那个时候，来自法国阿尔克的农村少女贞德冥冥中得到了上帝的启示，上帝命令她把自己的祖国从外敌手中解救出来。她的热忱战胜了法兰西国王的疑虑，1429 年，贞德奉命率领一支军队与英格兰人作战。她对自己神圣使命的信仰使法兰西士兵的勇气倍增，一举击败了敌人。他们攻占了奥尔良，战争的整个趋势完全被这场胜利所逆转。这位国家的救星也被称为"奥尔良少女"。在接下来的战争中，英格兰人几乎失去了他们在法兰西所拥有的一切。

　　路易十一（1461年—1483年在位）——路易十一是法兰西最有才干的君主之一。他发现百年战争使法国的封建贵族日薄西山，为了彻底得到统治地位，他无所不用其极。他经常说：“谁懂得翻云覆雨，谁便懂得如何君临天下。”路易十一的策略非常成功，为他的继任者进一步完善伟大的君主集权政体奠定了基础。

　　查理八世（1483年—1498年在位），是路易十一的儿子，他彻底摆脱了封建制度的束缚。他组建了一支训练有素的雇佣军，直接由他本人指挥，从而取代了向封建领主征兵的动员制度。在查理八世统治末期，他率军迅速征服了意大利南部的那不勒斯王国，证明了他军队实力的强大。然而几乎所有的邻国结成了一个联盟，共同迫使他放弃新赢得的领土。

　　英格兰——前文曾简单地讲述了不列颠是如何被日耳曼语系的盎格鲁人和撒克逊人征服的，以及这个国家的东半部是如何被丹麦人占领的。1042年至1066年，英格兰旧时的国王忏悔者爱德华统治着不列颠。他死后，有两个人开始争夺王位：一个是西撒克逊伯爵哈罗德，英格兰大贵族希望他能登上王位；另一个是诺曼底公爵威廉，他声称自己是先王爱德华亲自选定的继承人。

图42　征服者威廉的葬礼

诺曼征服——诺曼底的威廉是斯堪的纳维亚的海盗首领罗洛的直系后裔，他这位传奇英雄祖先正是法兰西诺曼底公国的奠基人。自从罗洛时代以来，诺曼底的日耳曼语系北欧人在语言和风俗习惯上已经完全变成了法兰西人。1066 年，威廉公爵，后来被称为"征服者"，在英格兰登陆，然后在决定性的黑斯廷斯战役中击败了新登基的英格兰国王哈罗德。威廉在伦敦取代哈罗德成为英格兰国王。在很长一段时间里，英格兰同时有两种民族和语言：法兰西诺曼人国王以及贵族阶级和盎格鲁-撒克逊人。威廉将征服得来的土地分封给他的贵族们，这展现出他远见卓识的政治眼光。他命令所有贵族领主下一级的贵族附庸必须发誓向国王本人效忠，如此一来，他就可以对王国所有的贵族直接行使王权。在其他几个方面，他也限制了贵族领主的权力，因此从一开始就巩固了王权，阻止了统治权的完全分裂。然而在德意志，统治权的完全分裂带来了巨大的灾难。诺曼王朝统治英格兰直至 1154 年。

金雀花王朝统治下的英格兰——这个王朝的第二位国王理查一世被人称为"狮心王"。理查一世的弟弟国王约翰（亦称"无地王"）在英格兰历史上声名狼藉。在教皇权力的巅峰时期，约翰不幸地卷入了一场与教皇的争执之中。后来他被除去教籍，使自己和整个王国蒙羞，最后不得不接受将英格兰作为教皇的封地（1213 年）。从一开始，约翰治国无方的恶政就使他和那些贵族之间冲突不断。1215 年，那些贵族联合起来迫使约翰签署了一份宪章（即《大宪章》），明确人民的权益。《大宪章》是宪政史上最重要的文件。其中的条款包括了以下这些对大众权益的保障措施：

（1）除非经过由相对应的法官进行法律审判，否则任何自由公民的生命、自由以及财产都不得被剥夺。

（2）除了经由国家公议通过的赋税之外，不得征收其他赋税。

《大宪章》中间的条款经常被一些暴君所无视。然而人民永远不会忘记自己的自由，并最终成功地使其成为他们永久的保障。

苏格兰和威尔士的居民中，凯尔特人至今仍占相当大的比例，他们是古代不列颠人的后裔，被称为威尔士人和苏格兰人。这两个国家长久以来一直独立于英格兰之外。1282 年，威尔士成为英格兰王国的一部分。从那以后，英格兰王国王储的头衔便是"威尔士亲王"。在经过 1296 年—1328 年之间的一系列战争之后，苏格兰人维护了他们的独立。1603 年，苏格兰国王詹姆斯六世成为英格兰国王，史称詹姆斯一世，他是英格兰王室的后裔。从那之后，英格兰、苏格兰以及威尔士一直保持着统一，被称为"大不列颠"。

玫瑰战争（1455 年—1485 年）——金雀花王朝的两个势均力敌的分支——约克家族和兰开斯特家族之间为了夺取王位而展开的长期争斗被称为"玫瑰战争"。约克家族的族徽是一朵白玫瑰，而兰开斯特家族的族徽是一朵红玫瑰。在长达 30 年的战争期间，英格兰的贵族阶级遭到了毁灭性的打击。一半的贵族领主被杀，幸存者大都失去了自己的财产。而英格兰国王因为封建贵族的损失而获益颇丰。在玫瑰战争之后的 100 年间，英格兰国王作为专制君主统治着国家，完全无视《大宪章》的约束。

德意志和意大利——这两个国家中世纪历史上最重要的事件之前已经提到过，那就是 962 年奥托大帝复兴神圣罗马帝国。德意志的王位是通过推选产生的，有资格推选皇帝的德意志贵族被称为"选帝侯"，他们通常会从现有的王室成员中选出一位国王。从 13 世纪中叶直到 19 世纪，"选帝侯"通常是 7 个人，他们都是德意志最有权势的贵族。

德意志国王中也不乏伟大的统治者，最著名的王朝是霍亨斯陶芬王朝（1138 年—1254 年）。这个王朝的第二位国王腓特烈一世（即红胡子），他是中世纪最英勇的传奇人物之一。他大力支持日耳曼民族大一统的理想，打击反叛的贵族领主，同时还发动了 6 次穿过阿尔卑斯山的远征，维护了他在意大利的帝国尊严。和教皇的斗争使霍亨斯陶芬王朝走向了衰落并最终灭亡，也给德意志带来了一段悲惨时期，那段时期被称为"过渡期"（1256 年—1273 年）。德意志那个时期群龙无首，野蛮的贵族们展开了无休止的内战。

意大利的分裂程度甚至超过了德意志。许多很小的意大利城市共和国就像过去的古希腊城邦一样互相嫉妒，和它们的古希腊典范一样，这些城市共和国为了自我扩张而不断地发动战争。在意大利的城市中，就像在古希腊的情况一样，极端的个人主义在公民中也诞生了灿烂却又昙花一现的文明。佛罗伦萨成为第二个雅典，这个城市孕育出了比其他任何地方都要多的伟人，并引以为傲，这种盛况只有雅典有过。这些佛罗伦萨名人中首屈一指的就是米开朗琪罗，在建筑、绘画以及雕塑的艺术上，他都是一位不世出的天才。还有莱昂纳多·达·芬奇，有人认为他是有史以来最有天赋的人，他在所有当时已知的艺术和科学的学科上都是佼佼者。他们和其他许多伟大的意大利人都生活在公元 1500 年前后。

德意志的贸易、产业以及文化都得益于与意大利的持续交往。意大利模式也刺激了法兰西和英格兰的学界生活。

奥地利的崛起——1438 年以后，德意志的王位，连同它的帝国威严，便由哈布斯堡家族世袭。哈布斯堡家族一直苦心经营着他们在奥地利的领地，作为奥地利大公，哈布斯堡家族的皇帝逐渐获得了令其他的神圣罗马帝国贵族黯然失色的权力。不过他们在改善帝国统治上并没有太大建树，也没有使德意志在民族大一统的道路上更进一步。很久以后，这一伟业才在普鲁士王国的领导下得以完成。

俄罗斯——伊凡三世的统治为俄罗斯开启了一个新的时代，他也被称为伊凡大帝（1462 年—1505 年在位）。蒙古人的统治结束了，现在伊凡大帝可以自由地将一些较小的俄罗斯贵族的领地安排在莫斯科周围，以拱卫这个都城。在统治末期，伊凡大帝将他之前的头衔"莫斯科大公"改成了"全俄罗斯的君主"。他的继任者延续了他建立个人专制主义的政策，并逐渐把整个俄罗斯都纳入自己的君主政体之下。

1547 年—1584 年，伊凡四世（即"恐怖的伊凡"）在位期间，哥萨克人的首领杰马克征服了西伯利亚直到额尔齐斯河的地区，为俄罗斯在亚洲的统治奠定了基础。通过雇佣外国工匠以及开放与英格兰的常规海上贸易，伊凡四世还开启了俄罗斯引进欧洲文化的先河。

中世纪欧洲的文化状况——与现代西方在各个学术领域上展现出的极度活跃相比，中世纪是一个贫瘠的时期，将中世纪称为"黑暗时期"毫不过分。在罗马文化毁灭到查理大帝时期之间，欧洲充斥着精神上的野蛮。9 世纪刚刚开始的时候，查理大帝建立了一些与教会和修道院有关的学校。在这些学校里，除了神学之外，还有拉丁文和其他一些对牧师有用的学问的课程。在中世纪，拉丁语一直是所有学者沟通的媒介，他们之间交流时完全忽视各自的母语。

查理大帝死后，这些学校除了作为培养牧师的神学院之外，其他方面的发展都十分缓慢。他们研究的对象仅仅是阿拉伯学者介绍过来的寥寥几位拉丁作家和亚里士多德的著作。9 世纪之后的著名学者被称为"经院学者"。他们的长篇大论几乎全部都是推测和空谈，他们自己都不能完全理解。

当时欧洲大量的人口都是文盲，他们无知、迷信而且盲从。人们生活在思想的蒙昧之下，如堕雾里，只能盲目地服从精神统治而对此无能为力。宗教冲动很容易就被转化为迷信狂热，这种狂热几乎使欧洲所有人都丧失了理智，行为变得不可理喻。

在意大利，城市里更自由的生活对一个早期的知识复兴非常有利。这一开始是从 12 世纪对罗马法律的重新研究而产生的。博洛尼亚大学很快就吸引了来自西欧各地的学习法律的学生。其他国家的大学也迅速涌现，其中大部分都是在以前教会学校的基础上发展而来的。西班牙的萨拉曼卡大学是一座闻名遐迩的学府。杰出的哲学家和神学家阿伯拉尔是第一个敢于挑战教会传统教义的人，通过他的演讲，巴黎大学成为欧洲思想的中心。

　　意大利艺术家和学者们对古希腊经典著作的研究激发了人们对古希腊文学和哲学的普遍兴趣。古希腊先贤们的独立思想很快就引领他们这些新的意大利学生抛弃了对权威的盲从和轻信。更勤学好问的一代人被培养起来，他们在人类知识和技能的很多方面上都实现了突破。在意大利发生的这场文化大爆炸被称为"文艺复兴"（Renaissance）。文艺复兴始于14世纪晚期，土耳其人1453年攻陷君士坦丁堡是一个额外的催化剂，当时很多希腊学者从这个拜占庭帝国的都城逃往意大利的一些城市。意大利的文艺复兴催生了最好的绘画杰作，这些作品都是属于全世界的宝贵财富。同时艺术和文学的所有分支都达到了全新的完美境界。科学探索也获得了进步，并取得了很多令人惊叹的发现。文艺复兴运动也蔓延到了法兰西、德意志以及英格兰，所到之处都激发了人们心中新的活力。

　　日耳曼人哥白尼（1473年—1543年）证实了地球围绕太阳转，而太阳只是行星系统中一个发光的中心，是一颗和地球类似的天体。在发现"哥白尼体系"（即"日心说"）之前，人们都对"托勒密体系"（即"地心说"）坚信不疑，"地心说"认为地球是宇宙的中心。意大利数学家伽利略（1564年—1642年）是第一个使用望远镜研究天体的人。他证明了"日心说"的真实性，还得出了很多重要的科学发现。由于他的学术被认为是

图43　哥白尼

对基督教会教义的颠覆，于是他被监禁，并被迫公开放弃之前所写的支持"日心说"的那些著作。

　　那些致力于希腊文学研究的人们被称为"人文主义者"。人文主义运动很快就在欧洲各地的高等教育中占据了主导地位，直到19世纪末，它一直都保留着这种地位。

　　在宗教上，学术的复兴导致许多人怀疑基督教会教义的正确性，并公

开批评教会管理中的一些弊端。于是宗教改革之路准备就绪，这场改革使欧洲在近代史上最初的几个世纪里动荡不安。

在中世纪末期，印刷工艺的进步加快了学术的复兴。这个领域中最巧妙的发明是德意志美因茨的一位印刷工人约翰·古腾堡做出的。他发明了近代活字印刷术，活字印刷术可以在印刷完某一页之后将字母拆卸下来，然后将字母重新组合印刷另一页。这个新的工艺大大降低了书本的价格，从而使大多数人都能买得起书籍。借助这种改进之后的印刷术，纸笔真正成了比刀剑更加强大的武器。

印刷术、火药以及水手的指南针，都是从中国传入西方的。

指南针给新时代勇敢的水手们提供的帮助，与改革家们从印刷术上得到的帮助是一样的。

第三部分

突飞猛进的时代

第一编　发现与启蒙的时代

（1492 年—1789 年）

第二十一章　发现"新世界"：西班牙的崛起

　　寻找通往东方的新航道——自从土耳其在地中海东部地区的统治建立起来以后，意大利的商人们便发现他们经营印度和中国商品的贸易活动在他们的伊斯兰教敌人面前举步维艰。原来所有通往远东的旧商路都落入土耳其人手中。为了逃避土耳其政府的苛捐杂税和勒索，很多航海者转而寻求新的路线。除了意大利人，葡萄牙人在海上的探索之旅中表现得最为活跃。小小的葡萄牙王国是在对抗摩尔人的胜利战争中建立起来的，而西班牙王国的日益强大阻止了葡萄牙在西班牙半岛的进一步扩张，所以葡萄牙的国王们便寻求海外的新土地。葡萄牙的亨利王子（作者注于1463 年去世，编者注为 1460 年）被称为"航海家亨利"，他领导葡萄牙人对非洲西海岸进行了有条不紊的探索。1486 年，巴尔托洛梅乌·迪亚士绕过了非洲西南端的好望角，这便到达了船只可以轻松航行到印度的关键地点。11 年之后，瓦斯科·达·伽马在印度西海岸港口卡利卡特登陆，为葡萄牙人这一系列探索之旅画上了句号。葡萄牙王国从此成为一个商业帝国。

　　哥伦布——当葡萄牙的航海者在非洲努力找寻新的路线时，一个热那亚人克里斯托弗·哥伦布却提出了一个更为大胆的想法，而这个想法在他自己看来非常简单。哥伦布相信一种只有极少受过教育的人才支持的学说，那就是地球是圆的。但当时的人们认为地球是平的，而且教会也是这么教导的。哥伦布预测绕地球一直向西航

行，便会到达东方。他的预测是正确的，但是他犯
了一个错误，那就是低估了地球的大小。多年以来，
哥伦布都找不到一个相信他的人，热那亚政府、葡
萄牙国王以及英格兰国王都拒绝提供航海船队来支
持他这个疯狂的计划。最后，西班牙女王伊莎贝拉
终于答应了哥伦布。西班牙人攻陷格拉纳达赶走穆
斯林的那一年，也就是 1492 年，哥伦布率领三艘小
船从西班牙港口帕洛斯出发了。9 月 6 日，哥伦布
经过了加纳利群岛，那是当时已知最西的地方，然
后他大胆地继续向西穿越浩瀚无边的大西洋。3 个

图 44　哥伦布

星期过去了，那些船员们没有看见任何陆地，他们开始认为自己迷失了方向。船员
们陷入了深深的绝望，几乎要抗命，然而哥伦布岿然不动。1492 年 10 月 12 日，
哥伦布终于等到了属于他的巨大回报，船队在巴哈马群岛的一个岛上登陆了。他还
发现了古巴和今天被称为西印度群岛之中的一些岛屿，然后返回了欧洲。

　　然而哥伦布为西班牙王室所做出的不可估量的贡献却从未得到应有的
回报。起初斐迪南国王和伊莎贝拉女王夫妇给予了这位探险家很多荣誉和
承诺，但是后来他们却听信了哥伦布的敌人们对他的诽谤和污蔑，甚至下
令逮捕哥伦布。第三次发现新大陆的航行中，哥伦布甚至身披枷锁被作为
囚犯送了回来。斐迪南国王和伊莎贝拉女王夫妇也曾为自己这种忘恩负义
的行为而感到羞愧，但是他们却从未真正对哥伦布做出补偿。最后这位最
著名的探险家伤透了心，在贫困中离开了人世。

　　美洲的命名——哥伦布相信自己发现了亚洲的某一部分，他将美洲土
著人称为印第安人（Indians），这个名字一直保留到了今天，虽然为了和
东印度群岛的印度人区别开来，这些土著也被叫作"美洲印第安人"。另外，
"西印度群岛"的这个命名也提示着哥伦布的这个错误。当大西洋和亚洲
之间确实存在一个新大陆的事实终于真相大白的时候，一个神奇的机会将
这片土地最后命名为"美洲"。佛罗伦萨人亚美利哥·韦斯普奇是一位饱
学之士，他在 1500 年曾航行到了南美洲海岸，还绘制了一些新大陆的地图。
几年之后，一位德国教授绘制了一幅地图，以亚美利哥·韦斯普奇的名字
将新大陆称为"美洲"（"America"意为美洲，"Amerigo"是亚美利哥·韦

斯普奇的名字）。

葡萄牙人的殖民——1499 年，瓦斯科·达·伽马从印度回到了葡萄牙里斯本，葡萄牙国王获得了"非洲、阿拉伯、波斯和印度的征服、航海和商业之王"的头衔。大约 1 个世纪的时间里，欧洲和亚洲绕过好望角进行贸易这条航线都掌握在葡萄牙人的手中。葡萄牙人征服了威尼斯人和埃及人争论不休的印度海岸，但是埃及亚历山大港和威尼斯的东方贸易中相当大一部分还是经由红海的路线来进行。然而葡属印度的第一任总督阿尔梅达彻底击溃了埃及和威尼斯的联军，他给了地中海沿岸地区的那些商业城市致命一击。从印度果阿邦开始，葡萄牙商人迅速向东进一步渗透。他们征服了马六甲海峡，并且于 1516 年到达了广州，至今还在几个中国港口继续进行贸易。葡萄牙人于 1540 年以前就在广州附近的澳门建成了定居点，直到后来被香港超越之前，澳门都是葡萄牙的贸易中心。

葡萄牙人的唯一目的就是通过贸易来攫取利润。他们不开采矿山，不开垦田地，也不鼓励发展新工业。他们在东方的事业被残忍、背信弃义甚至抢劫的行为所玷污。

图 45　达·伽马与扎莫林

而葡萄牙人的不良行为导致了东方和欧洲民族之间关系的不幸开始。

　　西班牙人的殖民——西班牙人最初被美洲土著视若
神明。相比那些手无寸铁而且性情温顺的美洲土著来说，
火器、骑兵部队和钢铁铠甲的使用让那些西班牙入侵者
变得战无不胜。来自墨西哥和秘鲁的居民是文明程度最
高的美洲土著。他们建立了城市，建造了桥梁和沟渠，
在精致的庙宇中举行宗教活动，生活在有序的政府的管
辖之下。西班牙人听说这些人富有金银，于是立刻就去
抢劫他们。埃尔南·科尔特斯攻占了墨西哥的强盛城市，
而弗朗西斯科·皮萨罗则推翻了秘鲁的印加王朝。这些
西班牙冒险家们的勇气和他们残忍、背信弃义的行径一

图46　科尔特斯

样引人瞩目。他们的征服所带来的财富远远超过那些贪婪的梦想所能想到的。当秘
鲁最后一位国王落入皮萨罗手里的时候，皮萨罗要求支付满满一屋子黄金作为释放
国王的赎金。后来秘鲁人支付了价值相当于1700万枚金币的黄金，然而，国王却
被皮萨罗杀掉了。大批的西班牙殖民者蜂拥而至，在这些新获得的领土上定居下来。
他们经营农业，开采金银矿，并且从他们的祖国带来了各种风俗习惯和社会体制。
那些本地土著则被迫作为奴隶为他们的外国主人当牛做马。当美洲印第安人因为过
度劳累而开始灭绝的时候，黑人奴隶从非洲运了过来。数以百万计的黑奴如同牲口
一样被一船一船地运到了美洲。他们的后代组成了现在美洲人口的一部分。西班牙
人占领了西印度群岛、南美洲和中美洲的绝大部分以及北美洲的很大一部分地区。
他们主要的定居点在秘鲁太平洋海岸一带，那里的银矿出产的财富源源不断地流入
了西班牙国库。在16世纪，西班牙国王的权力就是靠美洲矿业所带来的巨额收入
得以维持的。

第二十二章　从神的时代到人的时代：宗教改革

宗教改革的原因——欧洲中部和北部一些国家的宗教改革，是为了反抗罗马天主教会至高无上的权力，后来引发了一个革新的基督教"新教"的创立。与此同时，这些进行了宗教改革的国家也彻底摆脱了罗马教皇的政治影响。

宗教改革的开端和文艺复兴密切相关。学者们发现罗马教会的很多教义在《圣经》中都没有被提及。他们将《圣经》视为上帝的原话，而且认定罗马教会脱离了上帝的教导而犯下了错误。到了 15 世纪末，罗马教皇都愿意走下神坛去追逐世俗的名利和享乐，不再将为人民谋求宗教福祉视为己任。教会为了攫取钱财，滥用人民的信仰。信众们被歪曲地教导，例如他们逝去的亲人们的灵魂因为生前所犯下的罪孽，现在正在炼狱中接受惩罚，但是，如果付钱给罗马教皇的代理人，那些可怜的灵魂就可以得到宽恕，不再遭受那种可怕的折磨。同时，教皇的代理人收钱之后会给一些写好的赎罪券来书面赦免一定数量的罪孽。这种宽恕或者"特赦"，在道德上带来了极其恶劣的影响，使得大多数普通人相信，只要交钱给教会，邪恶就能变成善良。①

总之，导致宗教改革的主要原因是以下几点：第一，文艺复兴运动的活跃使得人们像质疑其他思想领域的传统和权威一样质疑宗教；第二，反对教会在世俗事务中的过多干涉；第三，教会本身的各种恶行。

宗教改革的进程——从 16 世纪初直到 17 世纪中叶，宗教斗争占据着欧洲历史最重要的部分。德国是宗教改革的风暴中心，然后反抗的力量一直蔓延到瑞士、法国、荷兰、英格兰以及斯堪的纳维亚国家。这些国家中，除了法国，其他国家的大

---

① 关于赎罪券的说法，罗马教会的神学家从来没有提过。根据他们的教义，只有上帝才能赦免人们的罪孽，而不是教皇。但是上面所描述的这种观念在平民大众中逐渐深入人心，而兜售赎罪券的人则以此来攫取金钱。

多数人都抛弃了教皇。可怕的德意志三十年战争（1618 年—1648 年）标志着由宗教纠纷而引发的武装冲突达到顶峰，也标志着它的终结。在那之后，宗教因素渐渐消退，取而代之的是不同国家之间的政治对抗。

德意志的宗教改革——早在与罗马公开对抗之前，德意志就曾单独反对过教皇的宗教独裁。但是这些规模不大的反抗都被镇压下来。第一批宗教改革的领导者遭遇了失败和死亡，再次挑战基督教会需要舍生忘死的勇气。

1517 年，售卖赎罪券在德意志变成了一种令人憎恶的可耻行为。来自维滕贝格大学的神学教授马丁·路德发表了一系列论文来谴责"贩卖赦免"的行为，并将这些文章钉在维滕贝格的教堂大门上。印刷工人们印刷了马丁·路德这些抗议的文章并散播到整个德意志以及周边地区，所到之处无不激起了强烈的骚动。当教皇利奥十世眼见自己的权威在新的教义面前摇摇欲坠时，他便发布了一条训令（"bull"专指罗马天主教皇的诏书），威胁要革去马丁·路德的教籍。而马丁·路德则公开焚毁了教皇的训令，以示与教会的决裂。

沃木斯议会（1521 年）——神圣罗马帝国皇帝查理五世是一位虔诚的天主教徒，1521 年，他命令马丁·路德到沃木斯城，在帝国议会（由贵族和显要人物组成的议会）面前为自己的教义辩护。马丁·路德只是一个普通人，面对整个国家和教会的尊严和力量，这场饱含敌意的审判几乎是常人所不能承受的事情。但是他表现得无所畏惧，明知自己面对的是怎样的危险，他仍然拒绝放弃自己的教义。他最后说道："一个人违背自己良心的行为，既不安全也不正确。"查理五世下令保护马丁·路德的安全，他才得以毫发无损地离开沃木斯城。但是，一项帝国的禁令紧随其后，命令逮捕马丁·路德，并将他的书籍全部烧毁。

马丁·路德翻译《圣经》——这位宗教改革的领袖被他的朋友接走，并藏在德意志中部的瓦特堡，保全了性命。在隐匿期间，他将《圣经》翻译成德语。马丁·路德翻译的《圣经》很快成为最受关注的家庭书籍，它对后来的德国文学产生了深远的影响。

新教——到 1530 年，宗教改革运动已经蔓延到德意志大部分地区。因为宗教改革的支持者正式反对一些支持天主教会的帝国法令，所以他们被称为"路德教徒"或"新教徒"。新教废除了修道院、禁欲以及其他很多之前天主教会的教义。新教认为，只有《圣经》才真正是上帝所说的话，拒绝接受教皇的权威。

对宗教改革运动的早期压制——神圣罗马帝国皇帝查理五世迫切希望维持自己领土上的天主教信仰。如果他可以集中自己的全部力量对付马丁·路德的追随者，那么就能将这次反抗扼杀在萌芽之中。但是他与法国国王弗朗索瓦一世的战争，以及来自奥斯曼帝国苏莱曼一世的攻击，使他不得不从德意志本土的事务中抽身而去。最后，当宗教战争爆发的时候，查理五世击败了支持新教的贵族，并将他们中的一些人囚禁起来。新的宗教似乎注定要失败。

但是教皇本人却担心查理五世的权力过大，并试图维护自己对神圣罗马帝国皇帝的权力，就在天主教的领袖们在谈判中浪费时间的时候，新教徒们重新崛起，几乎俘虏了查理五世。于是查理五世放弃了继续争斗，签订了《奥格斯堡宗教和约》（1555 年）。根据这个和约，神圣罗马帝国的每个贵族和每个自由城市都可以选择天主教或者新教作为信仰，但是所有臣民必须遵守统治者所规定的宗教信仰。换句话说，《奥格斯堡宗教和约》保证了国家宗教自由，但也明确了对个人的宗教信仰不容异己的原则。

查理五世（1516 年—1556 年在位）——有一段著名的拉丁诗歌在 16 世纪非常流行，里面是这样写的：“让别人打来打去吧，而你，幸福的奥地利，你就联姻吧。”实际上，哈布斯堡家族通过幸运的联姻在奥地利所获得的权力要远胜于其他王朝通过战争的所得。其中最著名的一次政治联姻就是奥地利大公腓力一世娶了西班牙伊莎贝拉一世和斐迪南二世的女儿。这次联姻也诞生了后来著名的查理五世，他后来成为西班牙国王、奥地利大公、尼德兰以及其他一些小国的统治者。因为他还是富饶的美洲殖民地的主人，所以他可以自豪地宣称他的帝国是日不落帝国。1519 年，查理五世被推选为神圣罗马帝国皇帝，于是他所拥有的权力是查理大帝死后任何一个西欧国家的君主都不曾达到过的。

图 47　查理五世皇帝

弗朗索瓦一世与查理五世之间的竞争——上面已经提到过，查理五世本可以轻松粉碎新教运动，但是两个可怕的敌人法国国王弗朗索瓦一世和奥斯曼帝国的苏莱曼一世牵扯了他太多的精力。弗朗索瓦一世是一个野心勃勃的好战君主，作为竞争对手，他倾尽全国之力来挑战查理五世的权力。他曾殚精竭虑地与查理五世争夺神圣罗马帝国的皇位，没能如愿，于是弗朗索瓦一世把大部分时间都投入到与查理五世的战争当中，试图推翻他的皇位。这两个君主之间的争斗使整个欧洲在 1/4 世纪的时间里都处于战乱之中（1521 年—1544 年）。二人都没有获得决定性的优势，而与此同时，土耳其人却坐收渔人之利，他们占领了匈牙利。

尽管拥有巨大的资源，但是查理五世还是眼睁睁地看着自己那些最重要的计划化为泡影。他既没能彻底击败法国，也没能镇压新教。在签订《奥格斯堡宗教和约》之后，查理五世厌倦了他那些徒劳无功的争斗，心灰意冷地去了修道院，从此不问朝政。他的儿子腓力二世继承了西班牙王位，还得到了荷兰以及那些殖民地。

其他欧洲大陆国家的宗教改革——在瑞士，茨温利积极推动着宗教改革，他的教义和马丁·路德的教义有所不同。他的影响力几乎都在瑞士境内。约翰·加尔文是一个定居在瑞士日内瓦的法国人，他在国际上获得了声誉和影响力。他的教义在法国、英国以及神圣罗马帝国都有很多追随者。马丁·路德、茨温利以及约翰·加尔文，这三位伟大的宗教改革领袖的各自教义在某些地方永远无法达成一致。马丁·路德的教义在欧洲北方国家中传播较早，新教很快成为丹麦和瑞典的国教。意大利、西班牙、奥地利以及神圣罗马帝国南部大部分地区仍然保留着天主教信仰。宗教不容异己的仇恨在一个教派对另一个教派无法停止的敌视中始终延续着，从第一次挑衅开始就做好了爆发流血冲突的准备。

英国的宗教改革——一位自私而专制的国王反复无常的行为决定了英国宗教改革的进程。亨利八世（1509 年—1547 年在位）即位的时候，和弗朗索瓦一世以及查理五世一样，非常年轻。他善于神学辩论并引以为傲，还通过出版反对马丁·路德教义的小册子来展示他的学识。亨利八世作为国王对天主教的支持令教皇十分欣慰，因此被授予"护教者"的头衔，英国国王至今仍保留着这个头衔。但是亨利八世自己的"信仰"很快就和罗马教皇的信仰背道而驰了。

亨利的妻子是西班牙卡斯提尔女王伊莎贝拉一世和阿拉贡国王斐迪南二世的女儿凯瑟琳，是他已故哥哥的遗孀。虽然和自己的寡嫂结婚是违反教会法令的，但教皇还是赦免了亨利八世，并宣布二人的婚姻是正当的。凯瑟琳比她的这位新丈夫大得多，没能为他生下一个儿子。亨利八世厌倦了她，想要另娶一位名叫安妮·博林的年轻宫廷美人。然而只有经过教皇的批准才能离婚。亨利八世便以与凯瑟琳的婚姻非法为由催促离婚。假如不是教皇克莱门特七世担心冒犯了凯瑟琳的侄子神圣罗马帝国皇帝查理五世，那么他也很乐意同意离婚去取悦这位英国国王。克莱门特七世因为非常担心与亨利八世和查理五世二人中的任何一位关系恶化，于是将离婚的问题搁置了好几年。最后亨利八世失去了耐心，他决定自己来解决这个问题。通过一系列的措施，英国永远脱离了罗马教会的控制。《至尊法案》（1534 年）使英国国王成为英国教会的最高领袖。当然，亨利八世要做的第一件事情就是娶安妮·博林为妻。除了之前属于教皇的权力掌握在国王的手中之外，亨利八世给他的臣民所规定的宗教与罗马天主教几乎没有什么区别。在亨利八世统治时期，宗教不容异己的原则产生了最奇怪的结果，天主教徒和新教徒都被当作异端邪说的追随者而被处死。前者是因为依附教皇的领导，后者则是因为反抗天主教教义。

在亨利八世继任者的统治下，英国的宗教政策因为不同的统治者及其廷臣所持有的各种观点而摇摆不定。那些与统治者宗教信仰不同的人除非能与所规定的宗教教义保持一致，否则就会受到严厉的处罚甚至被处死。总体来说，英国教会比亨利八世更倾向于新教，但是宗教改革也从没达到约翰·加尔文的追随者所满意的程度。当大多数人都屈服于英国教会的时候，有两个群体作为反对者始终不肯低头，他们是天主教徒和激进的新教徒——通常被称为"清教徒"。

宗教改革在欧洲大陆的阻碍——在马丁·路德的有生之年，宗教改革运动传播得如此迅速，甚至蔓延到了意大利，连罗马教皇都似乎面临被废黜的危险。罗马天主教会做出了最艰苦也是最系统的努力来捍卫对人民的控制，并成功地赢回了很多"迷途的羔羊"。

有4件事情对罗马天主教会的帮助最大：

（1）新教的内部分歧使很多人怀疑他们的教义是否正确。自从马丁·路德将茨温利称为异教徒以及约翰·加尔文将所有反对者视为异端以来，人们不由得心生疑问，是否留在统一的罗马天主教会更加安全，至少其内部没有人单纯地质疑天主教的教义。

（2）罗马天主教会的领袖们为了消除来自反对者的批评，他们对教会进行了彻底的改革，废除了一些公认的弊病恶习。这一措施被称为"天主教反宗教改革"。

（3）教皇加强并扩大了一个叫作宗教法庭的特别法庭，亦称宗教裁判所，其职责就是惩罚异端邪说。被怀疑与正统教义有分歧的人会送到宗教法庭接受审查。如果被裁定有罪，这些人通常会被活活烧死，尽管这是一种十分残忍的杀人方式，但是也很流行。西班牙的宗教裁判所最为声名狼藉，因为其成员以耶稣基督的名义犯下了无数残忍的谋杀罪行。尽管后世会对宗教裁判所的残忍手段进行审判，但在当时，宗教裁判所确实将"异端邪说"全部都驱逐出了西班牙和意大利。

（4）假如我们把宗教裁判所描述为一个防御性和破坏性的组织，那么就必须用相反的词语来描述耶稣会，那完全是一个进攻性和建设性的组织。1540年，西班牙贵族伊格纳修·罗耀拉成立了耶稣会，其目的是通过一切可能的手段传播天主教的影响，主要是通过对教育的控制。通过所有成员无条件服从命令的纪律以及他们高人一等的学识，耶稣会成为一支强大的宗教和政治力量。

第二十三章　由信仰引发的战争

引言——《奥格斯堡宗教和约》所带来的宗教和平标志着新教的最终胜利，也标志着在神圣罗马帝国的天主教徒和新教徒将会长期和平共处。然而这段和平时期只是一种不祥的平静，随后整个帝国便乌云密布，一场暴风雨带着可怕的暴怒席卷了整个国家。在神圣罗马帝国爆发三十年战争之前，宗教仇恨在欧洲其他地区已经引发了一些冲突。虽然这些战争的性质和结果都大不相同，但宗教不容异己的因素是所有这些战争共同的主要原因。

法国胡格诺战争——约翰·加尔文的追随者在法国被称为"胡格诺派"。胡格诺派的成员大多数都来自社会上层，这种情况与他们早期努力争取贵族更多政治独立的宗教信仰有关。法国国王弗朗索瓦一世在火刑柱上烧死了许多异教徒，他的继任者亨利二世也是一位虔诚的天主教徒，每当他从外国的战争中得到喘息的机会时，他就继续迫害胡格诺派教徒。

1559 年，亨利二世因伤身亡，他的三个儿子相继继承了法国王位，但是他们三人都是孱弱无力的统治者。天主教和新教的政党为了各自在政府中的影响力而争斗不休。天主教一派由法国大贵族吉斯家族领导，而新教派最有才干的领导者是海军上将德·科利尼。在这两个派系中间，亨利二世的遗孀凯瑟琳·德·美第奇更倾向于天主教一方——她是一位意大利公主。她总是牢牢地控制着自己儿子们的思想，有时也会对王室的政策进行实际的控制。

> 由于个人野心的膨胀，颇有政治手腕的凯瑟琳完全没有一点儿道德顾虑，她将敌对的政党作为实现自己个人目的的工具。这场痛苦的内战所带来的最可怕的暴行很大程度上都是拜她的阴谋诡计所赐，因此凯萨琳堪称这个国家的邪恶天才。

公开的战争始于 1562 年。经过 8 年战争，胡格诺派获得了一些有限的宗教自由。西班牙天主教国王宏伟的计划大大提升了胡格诺派的地位。这位君主决心粉碎新教，并推翻英国新教女王伊丽莎白一世。由于担心西班牙国王腓力二世的成功会使他的权力变得太大，甚至整个法国都会被他掌控，所以法国国王查理九世倾向于和新教政党结成一个一般性同盟来共同对抗西班牙。于是海军上将德·科利尼成为查理九世信赖的顾问，胡格诺派也感到欢欣鼓舞。

而吉斯家族和查理九世的母亲凯瑟琳则倍感绝望。对他们来说，大规模的暗杀似乎是拯救他们事业的唯一办法。他们秘密策划了一场阴谋，几乎所有在巴黎的胡格诺派成员一夜之间全部被谋杀了，他们之中的很多人在睡梦中死于刀下。这场血腥的罪行被称为"圣巴托洛缪大屠杀（1572 年）"。随后残忍的暴行蔓延到了法国各省，成千上万的新教徒遭到屠杀。

> 尽管后来母亲凯瑟琳·德·美第奇试图说服查理九世这场屠杀对公众来说也不失是一种善举，但是他心中仍然充满了痛苦的懊悔。天主教会两位最重要的保护者的态度表明，在当时的宗教仇恨中，耶稣基督的温和教义已经被完全遗忘了。腓力二世写了一封信祝贺查理九世，他甚至因为自己无法做到这样一件对天主教会有益的事情而感到嫉妒。罗马教皇还为这场大屠杀举行了特别的宗教感恩仪式。

这场斗争一直持续到 1598 年，强大而才能出众的国王亨利四世签署了《南特敕令》，使这场斗争暂时告一段落。按照《南特敕令》，胡格诺派获得了平等的政治权利和有限的信仰自由。

后来一些君主对胡格诺派采取的镇压措施与其说是出于宗教动机，不如说是出于政治目的。关于这一点接下来会做出陈述。

腓力二世——欧洲最有权力的统治者查理五世去世之后，他的儿子腓力二世成为西班牙、尼德兰、意大利南部和其他一些国家的世袭统治者。他主要做的事情就是传播天主教信仰和铲除异端邪说。腓力二世天性阴郁残暴。他的教育是由一位僧侣完成的，僧侣和牧师是他一生中最亲密的伙伴。在西班牙都城马德里外面，腓力二世建造了一座巨大的修道院风格的宫殿，这就是著名的埃斯科里亚尔修道院。他最喜欢的住所是埃斯科里亚尔修道院里的一个阴暗的小房间，就在那个黑暗的地方统治着他那个时代最辉煌的王国。

腓力二世极力反对新教。来自美洲的金银、那些伟大将军们的天才、宗教裁判所的服务以及被雇佣的刺客，这些都曾被他用在对付法国、英国以及尼德兰的异教徒身上。但他所有的偏执努力都未能使欧洲重返中世纪。自由的精神胜利了，而腓力二世却毁了西班牙政府，于是他的国家迅速垮台。

腓力二世与信奉新教的英格兰——腓力二世娶了英格兰天主教女王玛丽·都铎，她是亨利八世和他的西班牙妻子凯瑟琳所生的女儿。玛丽死后，亨利八世和安妮·博林所生的女儿伊丽莎白继承了王位。腓力二世曾希望苏格兰天主教女王玛丽·斯图亚特能成为英格兰女王。当玛丽·斯图亚特密谋推翻伊丽莎白失败而反被处死之后，腓力二世对英格兰落入新教徒的统治所感到的悲痛转化成了狂怒。他现在决心征服英格兰，并消灭伊丽莎白和她的新教徒政府。腓力二世组建了一支庞大的舰队，并以其不可一世的称号"无敌舰队"而闻名。然而在 1588 年，这支舰队在英格兰全军覆没。英格兰水手们在勇气和海战上胜过了西班牙人。英格兰的战舰较小但是更快，他们向高大的西班牙战舰射出了致命的炮弹，并击沉了很多艘。一场猛烈的暴风雨在苏格兰和爱尔兰海岸摧毁了大部分西班牙幸存的战舰。从那以后，西班牙再也无力威胁英格兰。

图 48　伊丽莎白女王　　　　　　　　图 49　腓力二世

腓力二世与尼德兰——新教在腓力二世的领地尼德兰的传播是他最憎恶的事情。尼德兰或称低地国家，是由这个国家低于海平面而得名。尼德兰人在北海的浅滩上修建堤坝，并用风车把堤坝内部的海水抽干，由此获得了新的肥沃土地。长期与海洋的斗争使他们拥有卓越的胆识，也加快了他们事业的发展。海堤里原来的海底变成了肥沃的田地和牧场，港口里挤满了来往于世界各地港口的商船。没有其他的欧洲人能够展示如此众多的商品，或是像尼德兰人一样夸耀自己的财富。

查理五世曾经严厉对待尼德兰的新教徒。当腓力二世即位之后，他更是不惜一切代价决心消灭异端邪说。人们会接受一定程度的宗教迫害，因为在那个年代任何欧洲国家都不能容忍异端邪说。但是当腓力二世的统治与宗教裁判所结合在一起，成为一种剥夺尼德兰人民原有权利的高压统治时，人民便开始公开反抗他。天主教堂被洗劫一空，很多价值连城的艺术珍品都在"捣毁圣像运动"中被毁掉了。

后来腓力二世指派阿尔瓦公爵去统治尼德兰，这是一位才能出众但冷酷无情的西班牙将军。阿尔瓦公爵下令将尼德兰爱国者中的主要人物全部处死，只有逃亡国外得到庇护的人幸免于难。他还成立了一个特别法庭，判处数千人死刑，并没收了他们的财产，被人民称为"血腥法庭"。阿尔瓦公爵的残酷行为并没有使天下太平，反而驱使人们开始了有组织的起义反抗。

威廉·奥兰治（即威廉一世）——起义的领袖是尼德兰贵族威廉·奥兰治，亦称"沉默的威廉"。他少年时代曾在查理五世的宫廷里接受过天主教信仰的教育，后来管辖过尼德兰的三个省。他曾带头抗议统治者的暴政。在阿尔瓦公爵来到尼德兰之后，威廉逃往德意志，并公开拥护新教，还召集军队去驱逐在尼德兰的西班牙人。

图50　威廉·奥兰治

于是开始了尼德兰爱国者对强大的西班牙帝国漫长而敌我悬殊的斗争。这是历史上最鼓舞人心的事件之一。腓力二世派遣他最杰出的将军们，指挥着欧洲最训练有素的士兵，然而这一切都是徒劳。他们可能会打败威廉和尼德兰人民，但他们不可能使威廉和尼德兰人民屈服。

莱顿围困——1574 年，尼德兰城市莱顿被西班牙人团团围住。没有人可以从这个城镇逃走，也没有食物可以送到那些挨饿的居民那里。假如莱顿被西班牙人攻陷，那么尼德兰人反抗的事业就会化为泡影。当被围困的人们开始感到绝望时，他们突然看到尼德兰船只在战场上航行，试图缓解城内的压力。尼德兰人掘开了海堤，让北海的海水如同洪水一般涌了进来。当洪水接近莱顿时，西班牙人匆忙撤退，莱顿得救了。

荷兰共和国的成立——1579 年，乌得勒支联盟的北方七省成立了一个联邦共和国，由威廉担任执政。两年之后，这个新的共和国宣布不再效忠西班牙国王腓力二世。荷兰共和国正式建立了。

刺杀威廉·奥兰治；威廉的性格——腓力二世试图通过承诺给威廉高官厚禄来拉拢他。贿赂当然无法打动这位清廉的爱国者，于是腓力二世针对威廉颁布了一条恶毒的法令。法令中这样写道："如果任何人能有足够慷慨的胸怀来帮我们摆脱这个害虫，取了他的性命，我们将会奖赏他价值两万五千克朗的黄金。假设这个人犯了任何罪行，无论他多么可恶，我们都答应赦免他，如果他还没有爵位，我们将为他的英勇行为授予他爵位。"为了回应这个臭名昭著的法令，威廉写下了他著名的"谢罪书"。这是一种政治宣言，它被翻译成欧洲各种主要语言，威廉也通过这种方法向全世界证明自己的事业是正义的。他还严厉地谴责了西班牙国王的背信弃义和政治罪行。威廉的正义事业并不能保护他的生命——在几次试图杀死他的阴谋流产后，最后他还是被一名刺客枪杀了，刺客的家人果然得到了腓力二世法令中所承诺的赏金和爵位。

威廉·奥兰治像乔治·华盛顿一样，被誉为"国父"。在近20年的时间里，他都是荷兰起义的灵魂和大脑，而对腓力二世来说，成功将他刺杀的价值不亚于获得了几次战争的胜利。作为一位指挥官、一位政治家以及一位演说家，威廉·奥兰治为祖国的利益贡献了自己所有的财富和才华，包括最宝贵的生命。在他的敌人所散布的许多卑鄙诽谤中，有一个真实的错误被大多数历史学家所承认：据说威廉·奥兰治曾经在他的外交交易中使用了欺骗手段。即使这个指控是合理的，对于威廉·奥兰治作为荷兰国父的名望来说也只是白璧微瑕。

斗争的结束——在威廉·奥兰治被刺身亡后，西班牙人并没有停止战争，但荷兰人继续苦苦支撑，这很大程度上要归功于英格兰女王伊丽莎白的帮助。1648年，西班牙政府正式承认了北方七省的独立。而南方那些省份（即现在的比利时王国），则保留了西班牙的统治和天主教的宗教信仰。

战争对荷兰的影响——根据自然发展的一般规律，一场面对强敌、指挥有方的斗争是帮助人类进步的最好方式。战争，连同战争所带来的所有恐怖，可以说是一所能使一个民族变得伟大以及为未来的成功做好准备的学校。在荷兰争取自由的斗争中，这个说法是非常正确的。荷兰人与生俱来的优良品质被迫向前又跨出了惊人的一大步。他们的产业和贸易比以往任何时候都更加繁荣。荷兰海军从西班牙人和葡萄牙人手中夺走了东印度群岛最好的殖民地，并建立了一个海上帝国。荷兰的人口数量和财富都大大增加，同时他们的教育水平比所有邻国都要高。

三十年战争（1618 年—1648 年）主要是由《奥格斯堡宗教和约》中一些令人不满的条款所引发的。加尔文主义在那个和约中没有得到承认，其众多的追随者没有得到任何权利。有一项被称为"教会保留"的条款，要求神圣罗马帝国新教教区属于天主教会的土地上必须保留天主教，因此新教实际上失去了管辖的权力。新教徒拒绝放弃这些土地的管辖权。当各种各样的争论始终让新教徒感到痛苦时，他们逐渐丧失了最初的那种活力。另一方面，天主教会的反宗教改革却极大地巩固了它的政党在神圣罗马帝国南部的地位。奥地利哈布斯堡家族的神圣罗马帝国皇帝斐迪南二世和巴伐利亚大公马克西米利安一世曾经接受过耶稣会的教育，他们完全受耶稣会的影响。1608 年，几个新教国家试图通过成立"福音派联盟"来巩固他们的事业，而马克西米利安大公随后就联合他的党派成立了"天主教联盟"。因此，神圣罗马帝国被分成了两个敌对的宗教阵营。

波西米亚—丹麦战争时期（1618 年—1629 年）——1618 年，信奉新教的波西米亚人反抗哈布斯堡家族的压迫统治。在福音派联盟的帮助下，他们最初取得了成功。但是，狂热的天主教徒斐迪南二世成为神圣罗马帝国皇帝（1619 年）之后，他率领帝国所有的军队，与马克西米利安大公的军队以及一些西班牙军队结盟，一起加入战争当中。1623 年，新教徒被彻底击败，他们的宗教信仰在波西米亚和奥地利被完全消灭。

皇帝斐迪南二世的突然胜利对于德意志北部一些新教国家的安全来说是一种威胁。他们与丹麦国王结盟，再开战端，却遭到了灾难性的失败。在华伦斯坦将军的天才指挥下，皇帝斐迪南二世控制了整个神圣罗马帝国。假如斐迪南二世没有颁布不公正的《归还教产敕令》（1629 年），这场战争可能已经结束了。这条敕令要求新教徒交出 1555 年《奥格斯堡宗教和约》中的"教会保留"条款上所提到的全部土地。没收土地是由华伦斯坦任意妄为的士兵们执行的，他们的野蛮行为激起了新教徒的极度仇恨。

瑞典时期（1630 年—1635 年）——在宗教冲突中引入了政治动机。瑞典国王古斯塔夫·阿道夫曾希望在波罗的海以南扩大自己的领土，使波罗的海成为瑞典的内湖。神圣罗马帝国皇帝对波罗的海港口的占领对瑞典来说是非常危险的，与此同时，对天主教取得军事上的成功，或许能够实现建立一个更大的瑞典帝国的梦想。随后古斯塔夫·阿道夫率军在德意志登陆。这支军队只有13000人，但是铁的纪律和指挥官的天才弥补了人数上的不足。尽管瑞典国王是神圣罗马帝国新教徒信仰最真诚的拥护者，但是作为一名外国人，他还是无法得到所有新教徒的衷心支持。古斯塔夫·阿道夫对神圣罗马帝国的王公不屑一顾，他率

图51　古斯塔夫·阿道夫

军一路势如破竹，并以征服者的身份进入了巴伐利亚的都城慕尼黑。

在这位无可匹敌的瑞典英雄面前，斐迪南二世束手无策。最优秀的天主教将军战死，其天主教联盟的军队被打得七零八落。只有一个人可以将斐迪南二世从毁灭中拯救出来，他的军事名声与古斯塔夫不相上下，这个人就是华伦斯坦。但在与瑞典的战争刚开始的时候，斐迪南二世就罢免了华伦斯坦，因为有人说这位将军的无限野心会导致他叛变。斐迪南二世在痛苦中谦恭地请求这位失宠的统帅重新指挥帝国军队。华伦斯坦听从了他的命令，并获得了几乎可以独立于皇帝的独裁权力。当华伦斯坦即将重掌军队的消息传开后，欧洲的冒险家和好战分子们纷纷涌向他的旗帜下，他们都渴望分享荣耀，并十分享受自己的名字能与华伦斯坦联系在一起。因为他们都知道华伦斯坦习惯于在战争中用劫掠来养活军队，允许那些残暴的士兵随意掠夺甚至滥杀无辜。

古斯塔夫·阿道夫和华伦斯坦这两位著名的统帅在萨克森州吕岑的一场残酷战役（1632年）中狭路相逢。在古斯塔夫·阿道夫中枪身亡后，华伦斯坦相信自己将取得这场决战的胜利。但是当瑞典人得知被他们当作偶像来崇拜的国王战死的消息时，他们却以加倍的愤怒继续战斗。最后到了晚上，黑暗降临，这场战斗才暂时停止，而华伦斯坦不得不收拾残部撤退。战争又持续了两年，瑞典人取得了更多的胜利。在战争末期，因为怀疑华伦斯坦与瑞典人合谋一起对抗帝国，斐迪南二世授意将他暗杀。

图52　黎塞留

瑞典—法国时期（1635年—1648年）——这个时期，法国宰相黎塞留正在为国王路易十三主政。他长期以来资助瑞

典人。他的政策与宗教问题无关，目的仅仅是推翻哈布斯堡家族。为了使法国王室凌驾于所有对手之上，德意志被最野蛮的士兵们踩躏了13年。法国的将军们现在也加入了破坏德意志的行列。

《威斯特伐利亚和约》（1648年）——参战各方都已经精疲力竭，战争终于结束了。经过5年的谈判，各国政府达成了著名的《威斯特伐利亚和约》。这个和约是欧洲各国之间所达成的最引人注目，也是意义最为深远的协议。在法国大革命之前，这个和约的条款一直影响着欧洲的国际关系。

最初在《奥格斯堡宗教和约》中所提出的宗教宽容，在这个和约中得到了肯定，并延伸到加尔文主义者身上。但即使是这个时候，个人宗教信仰的自由还是没有得到尊重，唯一的让步是，那些不想遵从国家宗教的公民可以在3年内移居国外。《归还教产敕令》被宣布为无效，也就是说新教徒可以保留他们自1555年以来一直视为自己的财产的教会土地。

《威斯特伐利亚和约》还规定了许多领土上的变化，主要以牺牲哈布斯堡家族的利益为代价。荷兰和瑞士①的自由得到了承认。瑞典获得了管辖德意志波罗的海沿岸部分地区的权利。法国在莱茵河附近的阿尔萨斯和洛林得到了一些土地。勃兰登堡（即后来的普鲁士）的选帝侯的一些土地被赔偿给了瑞典，他因此在德意志中部得到了大量的土地作为补偿。这是普鲁士夺取权力的一系列事件中的第一个，而奥地利则走向了衰落。

三十年战争对德意志的影响——欧洲的历史告诉我们，再没有其他的故事像三十年战争那样可怕和令人沮丧。对德意志来说，这是一场难以形容的灾难，这场战争没有带来任何好的影响，只留下了痛苦的创伤。人口减少了一半；工业和贸易，艺术和文学，全部都被毁灭和遗忘。有些地区直到战争结束200年后才恢复了昔日的繁荣。

《威斯特伐利亚和约》确认并支持德意志的政治分裂。德意志现在只是一个徒有虚名的大国。每一个小王公都被承认是他们自己小小领土上独立的统治者，这些王公通常会模仿邻国法国的君主政体来以一种奢侈浪费的方式统治自己的领地。德意志这个国家的伟大之处在于它才能出众的人民、丰富的自然资源以及地处欧洲中心的地理位置。但是由于缺乏内部的统一，直到19世纪末期，德意志的辉煌才姗姗来迟。

---

① 哈布斯堡家族宣称他们拥有对瑞士的统治权。热爱自由的瑞士人奋起反抗外来的统治者。在14世纪，他们经历了3次英勇的战役，击败了奥地利军队，几乎赢得了自己的独立。瑞士人口不多，他们的力量和独立精神得到了阿尔卑斯山的保护。

第二十四章　保持距离有好处：英格兰的崛起

引言——本章所叙述的英国历史时期与上面一章刚刚叙述的历史事件是同时代的。由于英国孤立于一隅，它躲过了欧洲长达 1 个世纪宗教战争的恐怖。这个国家可以自由地走自己的路，只有在符合自身需要的时候，才会参与欧洲的斗争。在那个专制主义正在法国和德意志国家加强其对受压迫人民统治的特殊年代，正是因为英国地理上的隔绝，它的人民在捍卫他们政治权利的时候才能够成功地崛起。

这一章将分为三个时期，分别是伊丽莎白一世统治时期，斯图亚特王朝统治的第一个时期，以及共和国时期和摄政时期。

A　女王撑起英格兰：伊丽莎白一世

伊丽莎白一世和苏格兰女王玛丽一世——当安妮·博林的女儿伊丽莎白·都铎登上英国王位的时候，大多数英国人都为能摆脱玛丽女王和她丈夫的天主教统治而感到高兴。英国遗留的西班牙腓力二世的影响将被一扫而空，这位年轻的女王将成为一个真正的新教国家的领袖。这就是新教徒的计划，但并不完全是伊丽莎白的计划。她当然有义务支持新教，之前她的王位继承权被极端的天主教政党剥夺了，他们从未承认亨利八世与安妮·博林的婚姻是合法的。但是伊丽莎白把国家政策置于宗教之上。

图 53　苏格兰女王玛丽·斯图亚特

她命令英国国教会成员的组成必须使温和的新教徒和忠诚的天主教徒都能够顺利遵守国家教会的教义。她希望建立一个统一的国家，而不是让这个国家因为宗教冲突而走向分裂。伊丽莎白的目标实现了，她激起了臣民们强烈的爱国主义和对君主的忠诚。

英国的教皇党找到了最强大的外国支持者——西班牙国王腓力二世，他们希望将苏格兰天主教女王玛丽·斯图亚特扶上英国王位。通过在较早时期的联姻，假如英格兰都铎王朝没有继承人，那么苏格兰斯图亚特王室的君主便会成为英国王位的合法继承人。但由于绝大多数英国人都支持伊丽莎白·都铎，任何试图剥夺她王位的行为都只能被视为叛国。

玛丽·斯图亚特是一位美丽迷人而且气质出众的女性，这为她赢得了许多忠实的崇拜者。但在她年轻的时候，她过于强烈的激情毁掉了自己的事业。当她的第一任丈夫法国国王弗朗索瓦二世去世之后，她继承了苏格兰王位，然后嫁给了一个名叫达恩利的苏格兰贵族。众所周知，玛丽·斯图亚特开始反感达恩利之后，达恩利就突然被谋杀了。玛丽不久嫁给了谋杀达恩利的凶手之一博思韦尔，所以大多数人都认为她也是同谋犯。愤怒的苏格兰人反抗他们的女王，并迫使她逃到伊丽莎白的宫廷中避难。

英国女王下令将她的这个对手监禁起来。然而，只要玛丽·斯图亚特还活着，她的天主教支持者们就不会停止对伊丽莎白的阴谋。最后，一个暗杀伊丽莎白并把玛丽推上英国王位的危险计划被发现了，玛丽被指控企图谋杀英国女王。1587年，玛丽·斯图亚特被刽子手处以死刑。她的罪名从来没有被证明确实成立，也没有被完全否定，而关于这个戏剧性事件的争论已经产生了很多著作。西班牙国王腓力二世对玛丽·斯图亚特被执行死刑的回应是派遣西班牙"无敌舰队"征服英国。他最后的彻底失败与上述事件有关。

英国海上力量和商业的发展——在伊丽莎白的统治下，英国人获得了空前的物质繁荣。国际贸易得到了极大发展，在最遥远的港口也能看见英国的国旗。西班牙无敌舰队的覆灭对英国海上力量的扩张起到了特殊的激励作用。伊丽莎白时代的水手们都是英雄般的人物，他们敢于大胆地做出令人难以置信的壮举。弗朗西斯·德雷克爵士的故事至今仍然激发着许多英国少年的勇气。德雷克爵士率领三艘小战船和一小队

图54　德雷克爵士

海上勇士出其不意地袭击了西班牙人在南美洲的一些殖民地，掠夺并烧毁了西班牙人的整个舰队和城镇，然后穿过了太平洋，使一支在麦哲伦海峡准备截击他们的西班牙舰队徒劳无功，最后带着数不清的战利品安全地返回英国。他是第一个完成环球航行的指挥官。

　　伊丽莎白时代水手们的冒险之旅并没有带来任何显著的成果，但他们为后来英国成功的殖民政策铺平了道路。在东北部，英国人发现了通往俄罗斯的航道，并开始与该国进行定期贸易往来。沃尔特·雷利爵士带领殖民者来到了北美海岸，但他殖民统治的尝试却因为印第安人的袭击而失败。直到 1607 年，英国人才在北美弗吉尼亚的詹姆斯敦建立了第一个永久殖民地。东印度公司成立于 1600 年，这为后来大英帝国得到印度迈出了第一步。

图 55　沃尔特·雷利爵士

　　伊丽莎白时代的文学——文艺复兴运动在伊丽莎白统治时期的英国取得了最丰硕的文学成果。民族自豪感，宗教改革带来的新思潮，从奇异的新大陆归来的航行者，对女王狂热的忠诚，以及人民的普遍幸福，这些都结合在一起，从而产生了一次不可思议的文学大爆发。伊丽莎白时代对英国来说，如同奥古斯都时代对罗马一样，是文学的黄金时代。威廉·莎士比亚，他是一位诗人和剧作家，通常被认为全世界首屈一指的文学天才。弗朗西斯·培根爵士，他是一位哲学家、政治家以及散文家，建立了哲学的归纳法。在他之前，演绎法只是机械的体系，它完全依靠推理

图 56　威廉·莎士比亚

图 57　弗朗西斯·培根爵士

来寻找真相。而归纳法要求人们通过对事实的忠实观察来找出事物的原因，并通过实验来支持观察。现代科学就是建立在归纳法的基础之上，立足于事实知识，是成千上万追随培根爵士脚步、献身于科学的人辛勤劳动的成果。

B　外来的搅局者：詹姆斯一世和查理一世

这个时期的特征——苏格兰国王詹姆斯六世是玛丽·斯图亚特的儿子，他于1603年继承了英格兰王位，成为英格兰国王詹姆斯一世。因此，英格兰和苏格兰统一在一个君主之下。詹姆斯一世和他的儿子查理一世统治英国期间，国王和议会之间的斗争不断，结果查理一世以叛国罪被处以死刑，斗争以真正意义上的议会政府的临时建立而告终。

君权神授——在都铎王朝统治时期，《大宪章》中诸多支持大众权利的条款都被弃之不顾。由于玫瑰战争之后贵族的衰落，以及国外战争的压力，从亨利七世到伊丽莎白的英国君主们基本上都把议会搁在一边。当他们召集议会的时候，通常都是为了得到一笔钱，而议会则十分顺从王室的意愿。在这种情况下，结合法国王室专制主义的这种例子，许多人开始相信君权神授。詹姆斯一世将王室的尊严与上帝的力量进行了比较，声称任何一个臣民都没有权力质疑国王可以做什么或者不能做什么。

民众的态度——但是议会成员作为国民代表从来没有忘记他们的权利。在伊丽莎白之后，英国再没有外国侵略者或者内战的威胁可以作为都铎王朝继续奉行专制主义的借口。而且英国的中产阶级在财富和智慧上都更进了一步，伴随着这些进步，他们自然而然地渴望分享自己应得的政治权利。农民、工场主及商人，这些人贡献了大部分的赋税，他们声称有权通过他们在议会中的代表来决定如何征收赋税。

詹姆斯一世和议会——国王詹姆斯一世轻蔑地否定了这一说法和其他类似主张。有几次他召集议会，要求提高税收。下议院每一次都正式主张他们的权利，然而每次都是同样的结果，他们的议会被国王解散了。

詹姆斯一世的宗教政策——国王詹姆斯一世不喜欢清教徒，因为他们在政治上过于民主。当800多名神职人员请求他废除国家教会的天主教仪式时，他拒绝了。

所有的反对者都受到了严厉的惩罚。1604 年，一些绝望的天主教徒准备用火药炸毁议会大厦，要将国王一起炸死。而在此之前，詹姆斯一世一直倾向于支持天主教徒。可怕的火药阴谋在最后一刻被发现并被阻止，这导致了对天主教徒的残酷迫害。

查理一世即位；《权利请愿书》——查理一世继续着他父亲的专制统治。议会猛烈地反对他的政策，并在查理一世感到需要资金而召集议会的时候，继续维护自己的权利。1628 年，查理一世召集的第三次议会起草了著名的《权利请愿书》，这是一个基于《大宪章》原则的文件。如果证实国王有下列任何一种违法行为，将无法得到任何资金：未经议会同意，擅自征收任何赋税；随意将公民监禁；向私人住宅派驻士兵；在没有陪审团的情况下进行审判。

查理一世违反了他遵守《权利请愿书》的承诺，并在从未召集议会的情况下统治了 11 年。在此期间，他通过非法的税收提高了收入，并没有经过适当的审判就监禁了反对他的下议院议员。

劳德大主教和清教徒移民——查理一世管理宗教事务的大臣是劳德大主教，他是一个目光短浅并且狭隘偏执的人。他要求人们严格遵守国家宗教，并严厉惩罚那些拒绝服从他命令的反对者。这个时期，成千上万的清教徒不甘屈从于劳德的暴政，而选择离开家园，移居到美洲。他们之中的大多数人定居在后来被称为新英格兰联邦的殖民地。他们在那里建立了加尔文教派和代议制政府。虽然英国国王在大多数殖民地都派驻一位总督来维护自己的权威，但政府的主要权力还是属于由人民选举而产生的立法机构。

长期议会（1640 年）——在大主教劳德的建议下，查理一世试图将国家宗教强加给他的苏格兰臣民，而他们都是虔诚的新教徒。当查理一世强压他们的抗议时，苏格兰人起义了，并派出一支军队进入英格兰。叛乱立刻使查理一世陷入进退两难的境地。为了击退苏格兰叛乱者，他需要一支军队，但是要组建一支军队，他就必须向议会申请资金。但如果他把议会召集在一起，那么他们肯定会推翻他的独裁政府。苏格兰人占领了英格兰北部，最后迫使查理一世做出让步。1640 年，他召集了一次议会，这次议会就是英国历史上著名的"长期议会"。

查理一世与长期议会之间的斗争——议会对国王的敌意很快就变得越来越深，这一点，议会成员在一

图 58　英国国王查理一世

开始的时候根本没有预料到。查理一世最喜欢的宠臣劳德和斯特拉福德被指控犯有叛国罪并被处死。非法征收的赋税都被废除，国王独断专行的司法法庭也被废除了。此外，查理一世还不得不签署一项法案，规定在没有征得议会成员同意的情况下，现有的议会不能被解散。

假如不是查理一世后来三番五次地表明他无意遵守诺言，那么国王和民众之间的相互理解现在可能已经得到了恢复。1641年，下议院通过了一项名为《大抗议书》的决议，他们通过这个决议表达了对国王的不信任，并要求国王的大臣们对议会负责。查理一世拒绝了这一要求。不久之后，他率领500名士兵去了国会大厦，打算以叛国罪逮捕5名主要的议会成员，罪名是他们帮助了苏格兰的反叛者。但议会成员们事先已经逃跑了。于是内战的爆发不可避免。

内战——1643年，查理一世和他的支持者集结了一支军队，向议会军队开战。"骑士党"是保皇派的名字，起初他们比"圆颅党"有优势。"圆颅党"这个称谓来自那些清教徒士兵，因为他们之中的很多人都剪短了头发，而当时时髦的英国绅士们总是留着长发。当骑兵上校奥利弗·克伦威尔率领他的"铁骑军"加入战斗之后，战争的走向发生了变化。铁骑军都是狂热的清教徒，他们都准备为自己的宗教信仰献出生命，并在他们指挥官的军事天才和铁的纪律之下成为一支无敌之师。他们的空闲时间都在学习《圣经》，并在每一场战斗之前都进行祈祷。1644年，在马斯顿荒原战役中，铁骑军勇猛的冲锋击溃了骑士党。在接下来的几个月里，克伦威尔根据他的铁骑军的模式对整个议会军队进行了改编。这次改革的结果是，在1645年的纳斯比战役中，议会军队击败了国王查理一世，取得了第二次决定性的胜利。

第二年，查理一世被他的对手们俘虏。他试图通过各种阴谋诡计在革命者之间挑起内讧，实际上，他成功地挑起了苏格兰人与克伦威尔领导的"独立派"之间的公开战争。当独立派清楚地认识到国王在不断地欺骗他们，进而延长流血战争的时候，他们决定采取完全暴力和非法的方式。他们控制了军队，因此可以威慑所有的反对者。首先，他们驱逐了那些同情苏格兰人或者国王的议员。这一措施被称为"普莱德清洗"，因为新模范军军官托马斯·普莱德被派往下议院逮捕那些反对者。

处决查理一世（1649年）——改革后的议会完全屈服于军队的意志。议会成为审判查理一世的最高法庭，并判处他死罪。几天之后，查理一世在伦敦被公开斩首。在整个审判过程中，直到他死的那一刻，他才得到了一位国王应有的尊严。

C 强人克伦威尔

共和国时期（1649 年—1653 年）——下议院现在废除了君主制，建立了一个叫作英格兰共和国的共和政体。这个新的政府实际上是清教徒的少数派暴政，控制整个国家的军队就站在他们这一边。

在苏格兰和爱尔兰，当人们听到国王殉难的消息时都惊骇不已，这种恐惧增强了保皇党的势力。查理一世的儿子查理二世被宣布为苏格兰国王。只要查理二世派遣军队进入英格兰，那么英格兰的保皇党会立刻加入他们的队伍，因此新的英格兰共和国受到了来自两方面的威胁。面对这些威胁，克伦威尔越战越勇，他先是迅速地镇压了爱尔兰人的叛乱，又在伍斯特战役中消灭了查理二世的苏格兰军队。年轻的查理二世逃往法国，在路易十四的宫廷里受到了款待。

图 59　克伦威尔　　　　　　图 60　英国国王查理二世

英格兰共和国的军事成功得益于军队的高效和克伦威尔杰出的领导能力。而另一方面，议会却完全无法处理政府的事务。那些议会成员缺乏爱国主义精神，甚至公开接受贿赂。1653 年，克伦威尔亲自以不公正和自私的罪名指控了这些议会成员，并以这样的话结束了他愤怒的演讲："你们不应该继续坐在这里！"一群士兵把这些议会成员赶了出去，然后克伦威尔锁上了房门。随着长期议会被强行解散，最后一个宪法权威也被清除了。

克伦威尔召集了新的议会，完全由最虔诚和正直的清教徒组成。这个新的议会通常被称为"小议会"，旨在尽其所能，而且也确实进行了一些较小的改革，但是其成员并没有实际的能力来指导政府。为了避免国家再次陷入内战和无政府状态，他们决定给予克伦威尔全部的政治权力，因为克伦威尔是一个能够维持国家秩序的人。

摄政时期（1653年—1659年）——在"共和国的护国公"的头衔之下，克伦威尔在英格兰实行了一种独裁统治。他没有为自己索取权力，但是在环境的迫使下，他接受并充分使用了权力。克伦威尔召集了几次议会，希望恢复一种代议制的执政方式。然而他们都不称职，克伦威尔不得不继续他的独裁统治。在他牢固的统治之下，国家始终保持着和平，同时他还得到了外国政府更多的尊重。

如果克伦威尔有一个能力与他相仿的儿子，他就可以建立一个新的王朝。实际上，克伦威尔在去世前一年确实得到了国王的头衔。他的儿子理查德·克伦威尔在1659年继承了父位成为护国公。但是软弱无能的理查德难堪此任，他在几个月的统治之后被迫退位，为后来军队和议会之间灾难性的争斗留下了一个公开的战场。

查理二世复辟——大多数英国人都惧怕再次陷入内战，这时查理二世公开发表了一项宣言，承诺只要自己能重返王位，将赦免所有的革命者。英国人听到这个消息都感到由衷的高兴。1660年5月，查理二世在多佛登陆，他受到了最热情的欢迎。查理二世重返英国被称为"王政复辟"，表明只要不实施暴政，人们依然支持君主制。

第二十五章　以孩童起，以孩童终：法兰西的巅峰与衰落

路易十三和黎塞留——路易十三是亨利四世的儿子，1610 年当他登上法国王位的时候，只是一个 9 岁的孩子。路易十三登基之初，他的母亲玛丽·德·美第奇摄政。1614 年，年轻的国王被宣布成年，但他不够强势，终其一生都没有成为一位真正独立的统治者。他统治的性格完全取决于他谋臣们的性格。路易十三深受一位极具天赋的政治家同时也是红衣主教的影响，这对法国王室来说不失为一件幸事。这位红衣主教就是黎塞留，从 1624 年到 1642 年，这位非凡的人物是法国幕后的统治者。他把所有精力都投入到提升法国王室权力中。为达此目的，他采取了两种手段：第一，在法国境内，所有反对王权的人都要被镇压；第二，削弱跟法国竞争国家的实力。

打破贵族的政治权力——黎塞留在完成使王权在法国至高无上的任务时，清除了许多贵族从封建时代继承而来的寻求独立的危险残余。最大的阻力来自胡格诺派。他们希望废除君主制政府，然后建立一个新教共和国。他们的主要据点是法国西部的拉罗谢尔城。黎塞留亲自率军攻城，经过一场艰苦的战役之后，他将拉罗谢尔城摧毁殆尽。胡格诺派教徒被允许继续他们的宗教活动，但是他们的革命计划彻底破灭了。

黎塞留的外交政策同样大获成功。虽然他并未直接参与《威斯特伐利亚和约》中对哈布斯堡家族的羞辱，但是法国人得以获益完全是黎塞留外交工作的结果。他将法国提升到欧洲国家首屈一指的地位。

马扎然理政——黎塞留的继任者是红衣主教马扎然，他在路易十三去世的时候被任命为宰相。路易十三的长子路易十四即位的时候，只是一个 5 岁的孩子，由马扎然执掌法国政府。他遵循了黎塞留的路线，并同样获得了成功。

路易十四亲政——当马扎然去世后，路易十四决定不再任命宰相，由自己亲自

掌权。他宣布任何一份国家文件无论重要与否，都必须经由他亲自审阅并签署方能生效。他坚定自己的决心，将所有的权力独揽在手。路易十四颇有治国之才，并且十分勤勉。路易十四是践行"君权神授"信条最重要的代表人物。他认为自己非同凡人，并要求他的每个臣子都要近乎崇拜地向他恭维奉承。所有法国贵族都被吸引到巴黎附近的凡尔赛宫，作为国王的随从住在富丽堂皇的宫廷里享受悠闲的生活。凡尔赛宫和周围的花园至今仍然展示着当时宫廷的奢华，路易十四还有其他几座这样的宫殿。凡尔赛宫的造价——估计要花费一亿枚金币，如此巨大的开支，让它被设计为王室尊严的外在象征。路易十四的一句名言最能概括他对自己以及手中权力的评价——"朕即国家"。

让·科尔伯特——在路易十四统治的前半期，法国君主制政体达到了其内部繁荣和外在权力的最高峰。但是这并不能全部归功于国王本人，还有另外几位才能卓著的大臣勤于职守的功劳，其中最重要的一位是科尔伯特。作为一名政治家，科尔伯特的才干与红衣主教黎塞留不相上下；但是科尔伯特却没那么著名，因为他保持了自己不事张扬的优点，把自己的功绩都归功于国王。科尔伯特是一个商人的儿子，早年就对工业、商业和财政领域有着深刻的见解，后来作为一名大臣，他在这些领域里表现卓越。通过引入严格的账目系统，他增加了国库收入，同时减少了税收。他促进国内工业的发展，刺激对外贸易，并积极发展法国海军，直到它成为欧洲的强国。他在加拿大和其他地方进行了殖民扩张；开发了路易斯安那，还特许两家重要的贸易公司在东方和西印度群岛经营商业。

在科尔伯特去世的时候，法兰西成为世界上最伟大的殖民帝国。科尔伯特的野心不是为了自己，而是为了国王的荣耀，更是为了人民的福祉。因此，当科尔伯特丰硕的成果被国王的外交政策破坏时，他感到非常失望。庞大的战争开支耗尽了国家的财富，这迫使科尔伯特通过竭泽而渔的征税来获得新的收入。

路易十四的外交政策；他与荷兰的战争——路易十四的雄心壮志使他4次卷入征服战争，然而损兵折将和庞大的战争开支对法国来说是毁灭性的打击。这4次征服战争中，第二次是对荷兰的战争，目的是报复荷兰与瑞典和英国结盟，因为那阻碍了路易十四征服西班牙统治的尼德兰地区。

在这次战争开始之前，路易十四通过向瑞典和英国国王支付的巨额贿赂，孤立了荷兰共和国。而作为斯图亚特王朝的复辟者，查理二世因为与路易十四之间的协议，在议会和人民的眼中颜面尽失。荷兰共和国的议会孤立无援，他们在法国侵略军面前无能为力。他们准备割让 1/3 的土地来换取和平；但是法国人却提出了令他们倍感屈辱的要求，荷兰人便以绝望的勇气重新走上战场。

他们在荷兰王室中找到了一位才能卓著的领袖，他正是威廉·奥兰治的后裔。就像他的伟大祖先一样，这位来自奥兰治家族的年轻贵族所继承的更多的是耐心和毅力，而不是在战场上取得胜利。荷兰人再次推倒海堤，放入海水淹没了大片土地来对付敌人。西班牙和德意志站在荷兰这边反对法国，这导致路易十四几乎失去了之前所取得的全部战果。1678 年签订的《奈梅亨条约》中的条款对荷兰非常有利，它的领土几乎完好无损。然而西班牙不得不放弃了一些土地，这些地方至今仍然是法国北部的一部分。

图 61　路易十四

路易十四的傲慢——在荷兰战争之后的几年里，路易十四堪称迄今为止欧洲最强大的君主。他对邻国十分傲慢，尤其是对德意志和意大利。路易十四占领了德意志阿尔萨斯的大城市斯特拉斯堡并在那里修建了要塞，同时又凌辱了那些弱小的邻国，于是欧洲主要国家的统治者结成了一个反对路易十四的联盟。

撤销《南特敕令》（1685 年）——法国的胡格诺派不再具有政治上的危险，但他们不喜欢专制主义，因此自然被认为是君主制的敌人。路易十四是一个绝对的天主教徒，同时热衷于使每一个行政部门都保持一致。他决心废除新教，并下令对那些拒绝成为天主教徒的胡格诺教徒进行残忍的迫害。那些称为"龙骑兵"的野蛮士兵被派驻到胡格诺派成员的家里，使他们苦不堪言。《南特敕令》作为新教徒宗教信仰自由的最后一项保护措施，也被路易十四撤销了。此后，任何一位新教徒都不可能在法国的土地上继续自己的宗教信仰。超过 20 万法国公民无法忍受这种侮辱，举家离开，而他们都是这个国家最优秀的公民。法兰西因此失去了它的人民中最聪明也最勤劳的那一部分。新教国家和美洲的英国殖民地热情地接待了这些逃亡者。胡格诺派移民构成了后来美国人民中最有价值的那一部分。

撤销《南特敕令》是一种偏执的、毫无政治家风范的措施。这是一个对法国有害的政治错误，人们可以因此质疑路易十四是否配得上那些同时代欣赏他的人赠给他的"大帝"这个头衔。所有的新教国家都成了他的敌人，而信奉天主教的西班牙和德意志也加入了反对路易十四的联盟，因为他们要报当初路易十四劫掠土地之仇。

巴拉丁王位继承战争（即"大同盟战争"）（1688年—1697年）——因为路易十四想要夺取与阿尔萨斯毗邻的一个美丽的德意志公国巴拉丁，法国和欧洲国家的"大同盟"之间爆发了战争。法国指挥官试图通过把这片土地彻底毁灭来镇压当地的抵抗。这个野蛮的暴行导致10万名无辜民众无家可归。当路易十四最终签订《里斯维克和约》停战的时候，他不得不放弃了自签订《奈梅亨条约》以来所占领的大部分土地。路易十四同意了《里斯维克和约》中的条款，他希望为更重要的斗争保存自己的力量，因为之后必定会出现西班牙王位继承人问题。

西班牙王位继承——西班牙国王卡洛斯二世没有子嗣。所有欧洲国家都对西班牙王位继承人的问题深感兴趣。他们都坚持一个国际政治的原则，这个原则在很大程度上塑造了之前几个世纪的欧洲历史，它通常被概括"实力均衡"原则。这意味着没有任何一个国家能够强大到足以威胁其他国家安全的程度。

当时西班牙王位有两位候选人：一个是安茹公爵腓力，他是路易十四的第二个孙子；另一个是哈布斯堡家族的查理大公，他是神圣罗马帝国皇帝利奥波德二世的儿子。西班牙当时的统治范围包括西班牙治下的尼德兰和意大利相当大的一部分地区。如果腓力继承了这些领土，那么法国将主宰欧洲。当卡洛斯二世最后决定指定安茹公爵腓力作为他的继承人时，其他的欧洲国家立即联合起来，成立了一个对抗法国的联盟。

西班牙王位继承战争（1701年—1714年）——联盟拥有两位伟大的将军，英国的马尔伯勒公爵和萨伏依的欧根亲王。这两位统帅节节胜利，在军事史上引人注目，其中布伦海姆战役（1704年）最为著名。最后，路易十四终于准备接受最有利

图62　马尔伯勒公爵

于联盟国家的条款以求和平，但是联盟不愿停战，并希望进一步打击路易十四。然而神圣罗马帝国皇帝利奥波德和他大儿子的死亡，彻底改变了战争形势。西班牙王位的候选人查理大公作为哈布斯堡家族的继承人成为神圣罗马帝国皇帝，如果他同时继承西班牙的王位，就能复兴查理五世伟大的哈布斯堡帝国，但是他的权力也会给欧洲其他国家蒙上阴影。英国不希望看见一个哈布斯堡帝国，于是和法国重归于好。根据《乌得勒支和约》（1713 年），安茹公爵腓力被公认为西班牙国王，条件是西班牙王国永远不能与法国合并。奥地利得到了西班牙属尼德兰、西西里岛和意大利的部分地区。撒丁岛被划入了萨伏依公爵在意大利西北部的领地。英国在这场战争中获利最多，从西班牙手里得到了直布罗陀海峡，而法国则割让了新斯科舍省，并承认英国在纽芬兰和哈德逊湾地区的统治权。

法国文化对欧洲的影响——路易十四征服欧洲的计划彻底失败了，人力和财力上可怕的消耗毁灭了他的国家。当他去世时，法国已经开始从他统治初期那种无可争议的卓越地位变得江河日下。但在其他方面，18 世纪的法国统治了整个欧洲，并一直延续到 19 世纪。他们在文学、服饰、礼仪以及所有精致生活的方面都被认为是大师和典范。法语成为整个欧洲受过教育人们的礼貌用语。德意志国家的统治者模仿那位"伟大的君主"（路易十四的称号）的凡尔赛宫，建造法兰西式的宫殿，奉行法兰西式的优雅，并沉溺于法兰西式的恶习。即使在今天，法语仍然是欧洲法院和外交界的主要语言。路易十四统治时期被称为"法国文学古典时期"的那些作家中，有三位剧作家最为著名，他们是高乃依、拉辛和莫里哀。

密西西比泡沫事件——路易十五是路易十四的曾孙。他即位时只是一个 5 岁的男孩。在奥尔良公爵摄政期间，财政部门落入了一个名叫约翰·劳的苏格兰人手中。他建立了一家国家银行，并提出要消灭路易十四留下的巨额国债（约 30 亿法郎）。为了达到这个目的，约翰·劳发行了一种纸币，但是这种纸币毫无实际价值，因为银行甚至连这些纸币中的很一小部分都无法正常兑付。为了使这些纸币能够流通，约翰·劳成立了一个"密西西比公司"来开发美洲的殖民地。投资者用银行发行的纸币来购买"密西西比公司"的股票，会比用以前的钱币来购买便宜很多。通过各种诡计，约翰·劳使人们相信密西西比公司获得了巨额利润。于是每一个人都急于购买公司的股票，结果将股票的价值炒得很高。政府感到很富有，整个国家都陷入了赚钱的狂热。当不可避免的崩盘来临，骗局败露的时候，密西西比公司的股票和新发行的纸币都变得一文不值。成千上万的人穷困潦倒，而政府负债累累的状况更甚于前。整个事件被称为"密西西比泡沫"，因为就像膨胀的肥皂泡一样，它看起来闪闪发光而且完美无缺，直到它最后破裂，变得一无所有。

法国在路易十五统治下的衰落——路易十五是一个懒惰而又贪图享乐的国王。路易十五对他的那些情妇言听计从，其中蓬帕杜夫人是最臭名昭著的。她结束了外交联盟，随意任免大臣和将军，使整个政府陷入了满是徇私舞弊和贪污腐败的绝望的泥潭。在英法七年战争中，法国支持老对手奥地利反对普鲁士（参见下一章）。这场战争的结果对法国来说是最为不幸的，法兰西军队被腓特烈大帝击败，这使其在欧洲的声望彻底终结。更严重的是加拿大的损失，许多西印度群岛的岛屿以及印度大部分地区都割让给了英国。法国的海上力量一度被彻底摧毁。英国取代了西班牙、葡萄牙以及法国，成为世界性的殖民帝国。

路易十五对国家遭受的这些灾难无动于衷。他和他的朝廷已经预见到他们的所作所为最终会导致毁灭。他们毫不关心继任者将要承受什么，只要他们自己能及时行乐就行。"我死后，哪管他洪水滔天。"这是蓬帕杜夫人的名言。而洪水确实在接下来的时代来临了，国王、王后和贵族都被法国大革命的可怕洪流所毁灭。

第二十六章　打出来的国家：普鲁士的崛起

普鲁士的早期历史——普鲁士的历史几乎就是霍亨索伦家族的历史。在 10 世纪，霍亨索伦家族是强大的领主。到了 15 世纪，霍亨索伦家族的一位领主成为勃兰登堡的选帝侯，德国的首都柏林就在勃兰登堡地区。

普鲁士当时是位于勃兰登堡东北方的国家，那里居住着斯拉夫民族。在 16 世纪，普鲁士的骑士们推选勃兰登堡的一位王子作为他们的统帅，从而为两国的合并做好了准备。

三十年战争期间以及之后的一段时间，勃兰登堡和普鲁士的双重统治者处于危险的境地。他的领地与周围强大的国家接壤，而这些国家一直对弱小的邻国们虎视眈眈。瑞典控制了波罗的海，并在德意志北部站稳了脚跟。普鲁士大公是波兰国王的封臣。波兰当时比勃兰登堡要强大得多，而波兰国王也很乐意将他名义上的封君地位变成实际的统治权。在一些才能卓著的普鲁士大公的不断努力之下，这片弱小且四面受敌的领地变成近代紧密团结的普鲁士君主国，变成欧洲一流的军事强国。

从选帝侯到国王——腓特烈·威廉被称为"伟大的选帝侯"（1620 年—1688 年），他根据《威斯特伐利亚和约》得到了一些领土。他巧妙地利用了瑞典和波兰之间的战争，从中渔利。他鼓励逃离家园的法国胡格诺派教徒到他的国家定居。这些法国人的技能正好符合腓特烈发展工业和贸易的目的。他也开始废除贵族的封建特权，阻止他们干涉中央政府的事务。

"伟大的选帝侯"的儿子被称为腓特烈三世，他的主要目标是获得国王称号。而这种尊贵的称号只能由神圣罗马帝国皇帝赐予，他几乎不可能以勃兰登堡统治者的身份获得国王的头衔，从而与奥地利分庭抗礼。然而，腓特烈三世成功了，他在西班牙王位继承战争中帮助了神圣罗马帝国皇帝，于是皇帝有义务回报他。1701 年，在神圣罗马帝国皇帝的允许下，腓特烈三世加冕成为普鲁士国王。作为国王，他自封为腓特烈一世。

腓特烈·威廉一世——这位是普鲁士王国的第二位国王，因为性格古怪而经常被人嘲笑。他的执政热情全部用于节俭方面。与路易十四的奢侈相比，他看起来就像一个憎恶懒惰的吝啬鬼。另外，他的脾气也十分暴躁。他常常拿着一个拐杖在柏林的大街上行走，如果遇见一个游手好闲的人，不管男人还是女人，他拿起拐杖就一顿痛打，驱使他去工作。

腓特烈·威廉一世的这些怪癖，只是他作为统治者所拥有的优秀品质的夸张之词。通过他的节俭，普鲁士王国可以维持一支拥有 7 万名士兵的优秀军队，国库也有大量的盈余。他鼓励臣民发展工业并奉行节俭，因此，整个国家的财富都得到普遍增加。腓特烈·威廉一世的政府是专制的，但却是真正的父权专制主义。

腓特烈大帝（1740 年—1786 年在位）——他是腓特烈·威廉一世的儿子，历史上著名的"腓特烈大帝"。他的性格比他的父亲更温和，而且在很多方面的天赋也胜过他的父亲。性格上的差异，加上二人常常固执己见，导致父子之间完全失和。腓特烈大帝年轻的时候甚至试图逃离普鲁士，以躲避他父亲的暴政。但是这次逃离被阻止了，腓特烈大帝的同伴和朋友因此被处以死刑。腓特烈大帝被关进监狱，并从他牢房的窗户里目睹了死刑的执行。有一段时间，他甚至害怕自己的父亲在盛怒之下会下令将他处死。当这位储君更加成熟后，他对父亲的功绩便有了更好的了解。他积极参与政府工作，并作为萨伏依欧根亲王的部下参加战争，得到了军事上的历练。腓特烈大帝从他父亲那儿得到的锻炼使他在后来的执政中始终保持着高效。

奥地利王位继承战争——腓特烈大帝希望使用他父亲训练的军队来扩大普鲁士王国的疆界。他继位后不久就得到了一个机会，当时神圣罗马帝国皇帝查理六世死了，没有儿子继承王位。根据查理六世当年颁布的《国事诏书》，欧洲国家承认查理六世的女儿玛丽亚·特蕾莎作为合法继承人成为统治所有哈布斯堡家族领地的女王。

腓特烈大帝无视《国事诏书》，派遣一支军队进入西里西亚，这是一个富裕的奥地利省份，毗邻勃兰登堡。奥地利军队被腓特烈大帝击败。普鲁士的抢劫行为激起了其他欧洲国家的贪婪欲望。西班牙、法国、巴伐利亚、萨伏依以及萨克森都加入了这场所谓的"奥地利王位继承战争"，他们都希望从那位无法自保的女王手中夺取一些好处。玛

图 63　腓特烈大帝

丽亚·特蕾莎女王将西里西亚割让给腓特烈大帝之后（1742 年），他便撤回了军队。英国和荷兰对奥地利伸出了援手，并帮助女王获得了决定性的优势。在奥地利得势之后，腓特烈大帝被迫再次投入战场，捍卫他新赢得的土地。在第二次西里西亚战争中，腓特烈大帝再次证明了他卓越的军事天才，并强迫玛丽亚·特蕾莎女王承认了他对西里西亚的主权（1745 年）。与此同时，欧洲国家之间混乱的冲突也扩展到了殖民地，法国和英国之间的斗争开始了，最后以法国损失很多殖民地的主权而告终，但这一结果是后面发生的事情。奥地利王位继承战争以《亚琛和约》（1748 年）的签订而告终，和约承认玛丽亚·特蕾莎为奥地利女王，以及她的丈夫弗朗茨一世为神圣罗马帝国皇帝。在这次的 8 年战争中，除了普鲁士之外，没有任何一个国家得到实际的好处。

腓特烈大帝的统治——作为一个和平时期的统治者，腓特烈大帝所展现出的杰出才能和勤奋，使他成为 18 世纪欧洲一流的统治者。更多的时候他被看作是世界上最伟大的将军之一，但是在他 46 年的统治中，纯粹的和平时期竟然长达 35 年，这一点很容易被忽视。如同他的父亲一样，腓特烈大帝亲自监督政府的所有细节，以超人的精力投入工作。他将自己国王的头衔视为一种神圣的责任，而且他的一切行为都是为了谋求国家和人民的福祉。他称自己是"国家第一公仆"。在七年战争结束时，他的国库仍有价值 3000 万美元的盈余（与路易十四留下的巨额债务形成鲜明对比）。这些资金被用于政府开支，重建那些被毁坏的村庄以及帮助人们再去那些已经荒芜的地区定居。沼泽的排水，运河的修建，农业、贸易以及工业的改进，都是腓特烈大帝推动的。

七年战争（1756 年—1763 年）——玛丽亚·特蕾莎女王建立了奥地利、法国、俄罗斯以及萨克森之间的联盟，其目的是摧毁普鲁士崛起的力量。除了萨克森，所有的联盟成员都比普鲁士拥有更多的领土和资源。面对大半个欧洲组成的反对他的联盟，腓特烈大帝似乎败局已定。英国帮了他一段时间，其他时候他都是孤立无援的。在这次战争中，腓特烈大帝卓越的军事天才震惊了整个欧洲。关于洛伊滕会战（1757 年），拿破仑·波拿巴这样说道："仅凭此战就足以使腓特烈大帝名垂青史。"他在危险时刻所表现出的坚韧不拔同样令人钦佩。有两次他几乎陷入了绝望的境地，但他仍然将他的敌人拒之门外。就在千钧一发的危急关头，彼得三世成为俄罗斯沙皇，因为对腓特烈大帝这位英勇的普鲁士国王敬佩有加，他退出了战争。在接下来的一年里，财政枯竭迫使奥地利谋求停战。根据《胡贝尔图斯堡和约》，西里西亚仍然属于普鲁士。相较于战争所付出的代价——85 万人死于战争——其结果是十分消极的，大多数参战国没有得到任何益处来弥补他们的损失。普鲁士确立了在神圣罗马帝国中与奥地利相等的地位，并成为欧洲第一流的军事强国。

七年战争中英法两国之间的态势——在欧洲七年战争爆发之前，法国和英国之间已经重新展开了争夺北美霸权的斗争。法国计划沿着密西西比河下游直到加拿大一路建造堡垒，将英国的殖民者从密西西比河流域与西部地区隔离。在印度，法国和英国的贸易利益也发生了冲突。在英国国王乔治二世的首相威廉·皮特强有力的政府领导下，英国从法国手中夺走了加拿大和西印度群岛。此后，英国人在美洲的霸主地位无可动摇。法国在印度有几个贸易站，本地治里是其中最大的一个。而英国东印度公司也已经在印度的马德拉斯、孟买、加尔各答以及本地治里附近建立了贸易站。当法国人正准备在总督杜布雷的英明指挥下进一步征服印度时，法国政府的无能却毁掉了这个事业。而东印度公司却找到了一位天才领导者，他就是罗伯特·克莱武。他模仿并改进了杜布雷的方法，为他的雇主赢得了对印度贸易的实际垄断。英国人得到美洲和印度，其在世界历史上的意义，便被证明比欧洲可怕的七年战争要深远得多。

图64　老威廉·皮特　　　　　　　　图65　克莱武

罗伯特·克莱武——克莱武第一次脱颖而出是因为攻占了印度卡纳蒂克的首府阿尔果德。卡纳蒂克的印度统治者与法国人结成了联盟，但是克莱武还是胜利了。然后英国人又接连取胜，导致了法国印度总督杜布雷的垮台。

1756年，印度莫卧儿帝国孟加拉总督西拉杰·乌德·达乌拉决心将英国人赶出他的领地。但是他被克莱武率领的一小支英国军队击败了。于是西拉杰·乌德·达乌拉和法国人结盟，准备进行一场决战。克莱武率领一支 3000 人的军队从加尔各答向内陆进军，其中只有 1/3 是欧洲人。对方有 15000 人，兵力和火炮都是克莱武的 5 倍。但是西拉杰·乌德·达乌拉是一个胆小的暴君，而克莱武则是首相威廉·皮特赞不绝口的"天才将军"。在著名的普拉西战役中，西拉杰·乌德·达乌拉的军队一败涂地。按照自己的意愿扶植孟加拉总督上位，克莱武让东印度公司成为孟加拉的实际统治者（1757 年）。

第二十七章　以野蛮征服野蛮：俄罗斯的崛起

征服西伯利亚——1613 年，新的罗曼诺夫王朝统治了俄罗斯。这个王朝的早期统治者没有什么值得注意的地方。他们没有足够的力量来与他们西边的强邻土耳其、波兰以及瑞典等国相抗衡。然而在东方，没有一个国家有足够的力量能阻止俄罗斯在亚洲的扩张。人数不多的哥萨克探险家和冒险家征服了从中国北边直到白令海峡之间的全部亚洲地区。1643 年，探险队沿着阿穆尔河（中国称黑龙江）来到了鄂霍次克海。1652 年，俄罗斯人得到了贝加尔湖附近的贸易重镇伊尔库茨克。他们曾两次被中国强有力的清朝政府击退。1689 年，俄罗斯和中国这两大帝国签订了《尼布楚条约》，于是整个黑龙江地区掌控在中国人手中。在将近 200 年的时间里，这个条约阻止了俄罗斯在远东的进一步扩张。

彼得大帝（1689 年—1725 年掌权）——当时的俄罗斯是一个纯粹的亚洲大国。尽管欧洲和亚洲的自然边界是乌拉尔山脉，但欧洲社会以及政治形态都没有进入俄罗斯。莫斯科人的衣着、礼仪和社会制度都是东方的，而不是西方的。自从"恐怖的伊凡"引入欧洲文化以来，还有几位俄罗斯统治者也曾尝试过一些小规模的西化改革。第一个将俄罗斯的政治地位提升到与欧洲列强同等水平的俄罗斯统治者是彼得大帝。

彼得大帝在 17 岁时掌握实权。通过在莫斯科定居的一些外国商人，他学习到了一些西方的知识，并对造船产生了浓厚的兴趣。他逐渐认识到，俄罗斯要想真正发展就必须按照西方模式在很多方面进行改革，而其中最重要的就是海权。彼得大帝在他统治期间一直以超人的精力坚持不懈地追求着这两个目标。

图 66　彼得大帝

彼得大帝的自我教育——1696 年，彼得大帝从土耳其人手中夺取了与黑海相连的亚速海上的一个港口要塞。这次占领过程中两次远征的经验使他确信，他的人民首先必须要学习如何造船和航海。他决定由自己来开始国家的教育。他去了荷兰，以船上木匠的身份在那里工作。在东印度公司阿姆斯特丹的船坞里，他参与建造了一艘中型战舰，和许多其他普通的工人一样做着自己分内的工作。与此同时，他还认真考察了工厂、学校以及医院，参加了医学讲座。简而言之，只要是值得俄罗斯效仿的东西他都会去学习吸收。然后他继续在英国学习，并计划去意大利，但射击军（俄罗斯卫戍部队）叛乱的消息使他不得不迅速返回俄罗斯。在回国前，他与外国的工匠、艺术家和军官建立了密切的联系。

西化改革——彼得大帝回到莫斯科实施的第一个措施是对反叛分子进行严厉的惩罚。射击军被解散，取而代之的是一支按照欧洲模式训练的军队。

俄罗斯人都留着长胡子。修剪胡须被认为是一种亵渎的行为，就像伤害身体一样。俄罗斯民族服装是一种长而宽松的长袍，长长的袖子从手上一直垂下来。彼得大帝认为一个穿着拖曳的长袍，手放在袖子里的人不可能成为一个高效的工人。他把胡子看作是保守主义的象征。随后帝国颁布法令，俄罗斯人都要刮胡子，还要把长长的衣摆和袖子都剪下来。理发师和裁缝们守在莫斯科的城门口，准备"教化"那些从城门经过的没有服从沙皇命令的人们。彼得大帝亲自剪掉了一些顽固守旧贵族的胡子和衣袖。

本书只能简单提及彼得大帝的改革措施。他尽可能地解除了东方那种隔离女性的传统。他修建道路和运河，开采煤矿，铸造一种新的钱币，还开始了邮政服务。在保留甚至加强中央政府专制统治的同时，他又在一定程度上实施了人民自治。

与瑞典的战争——在彼得大帝即位的时候，瑞典是北欧的霸主。瑞典控制了波罗的海，封锁了俄罗斯与西方的海上联系。只有白海的阿尔汉格尔斯克才能和挪威北角地区进行一些小规模的海上贸易，而且仅仅只能在夏季的几个月里航行。

1697 年，查理十二世成为瑞典国王。由于他年轻又无经验，所以波罗的海周边的国家抓住这个机会，结束了瑞典在这片海域的霸主地位。彼得大帝与波兰和丹麦的国王组成了一个联盟来对抗查理十二世。

查理十二世的战役——这位年轻的瑞典国王颇具军事天才，很快就打破了联盟的计划。他击败了丹麦人，然后继续向北进军直指俄罗斯，并在纳尔瓦战役中击败了彼得大帝的精锐部队（1700 年）。彼得大帝这样安慰他的部下道："瑞典人只是一时得势，但是他们最后会教会我们如何彻底击败他们。"查理十二世率领一小支军队进入波兰，击败了波兰国王，并将他的一个盟友扶上了波兰的王位。整个欧洲都对查理十二世的胜利感到震惊而又钦佩。

建立圣彼得堡；击败查理十二世——与此同时，彼得大帝占领了瑞典在芬兰湾的领土。在涅瓦河口的沼泽地里，他建立了俄罗斯的新都城——圣彼得堡，这是他的"西方之窗"。建立这个城市的困难完全是超乎想象的，然而彼得大帝还是用非凡的手段完成了这个壮举。整片土地首先被填满，而所有建筑物不得不在打入沼泽地里的木桩上建造。

图 67　查理十二世躺在担架上撤退

1708 年，查理十二世率领他的军队进入俄罗斯。他相信自己是不可战胜的，他鲁莽地孤军深入到俄罗斯腹地，远离了自己的后方。彼得大帝在纳瓦尔战役失利之后改进了他的军队，并在波尔塔瓦战役中彻底击败了瑞典军队（1709 年）。此后，瑞典再也没有从这次打击中恢复过来。这位热衷冒险的瑞典国王在土耳其待了几年，在那里他发起了一场反对彼得大帝的战争，导致俄罗斯暂时失去了亚速海。后来查理十二世在与挪威的战争中阵亡，除了苦涩的失败，这位鲁莽轻率的国王什么也没留给自己的国家。1721 年，瑞典为了求和与俄罗斯签订了《尼斯塔德条约》，根据这个条约，俄罗斯得到了波罗的海的东部海岸。从现在起，俄罗斯的海上贸易以及与西欧的自由交流得到了保障。俄罗斯现在是欧洲大国，同时也是亚洲大国。

彼得大帝的残忍——彼得大帝有着钢铁般的意志，脾气也十分火爆。他曾亲手处决过一些反叛的射击军。他对待那些固执己见的保守派绝不手软。严刑拷打并全部流放西伯利亚就是他对待那些阻碍他改革事业的人的方式。当他的儿子阿列克谢加入反对派时，彼得大帝竟然将他折磨致死。在阿列克谢受审之前，彼得大帝在写给儿子的一封信中写道："既然我把自己的生命都全部都奉献给了国家的利益和人民的福祉，我为什么要饶恕你呢？"

虽然彼得大帝的残忍是他性格上的一个缺点，但是其最终的效果对俄罗斯来说是有益的。那些顽固的俄罗斯人能够走向一种更高级而且更自由的文明，纯粹是通过强迫的方式去实现的。

叶卡捷琳娜二世（1762 年—1796 年在位）——彼得大帝的大多数继任者都延续了他的政策。叶卡捷琳娜二世是仅次于他的最有才干的统治者，她之于俄罗斯如同伊丽莎白女王之于英国。一位英国历史学家甚至将她置于伊丽莎白女王之上，他这样说道，"她可能是曾经登上王位的女人中最伟大的一位"。在根据彼得大帝制定的路线继续进行内部改革的过程中，叶卡捷琳娜二世通过成功的战争和外交手段极大地扩张了俄罗斯的领土。腓特烈大帝死后，她独自主导了欧洲的国际政治。

领土扩张；瓜分波兰——叶卡捷琳娜二世在她最喜欢的宠臣波将金的敦促下，发动了对土耳其的战争并取得了成功。她得到了黑海北部海岸的大部分土地，并将俄罗斯的边界推到了高加索地区。

波兰王国因封建贵族的傲慢自大而不断出现混乱。波兰国王不能维护他的权威，而贵族们也是一盘散沙。这个国家随之而来的软弱无力对那些邻国来说是如此诱人，最终他们达成一致将这个国家瓜分。叶卡捷琳娜二世、腓特烈大帝以及玛丽亚·特蕾莎之间达成了秘密条约，他们第一次瓜分了波兰。

在波兰民族英雄科修斯科的领导下，波兰的爱国者们绝望地试图收复他们的土地并重获自由。但是他们的起义被镇压了，然后第二次和第三次瓜分彻底将波兰从地图上抹去。从那时起，波兰人就多次试图从俄罗斯人、普鲁士人和奥地利人手中夺回他们的国家。

第二十八章　英国总出大事的年代：光荣革命与美国独立

美国早期历史简介

第一批白人移民——1907 年 5 月 13 日，美国总统罗斯福在詹姆斯敦 300 周年纪念展览的开幕式上热烈欢迎来自世界各国的客人。300 年前，英国人建立的第一个长期定居点就在这个地方（1607 年）。到了 1624 年，弗吉尼亚的殖民地已有 2000 名居民。

1620 年，一群虔诚的清教徒，通常被称为"最初的移民"，他们为了躲避宗教迫害离开了英国，来到新英格兰建立了第一个定居点普利茅斯。

1629 年，因为不堪忍受英国大主教劳德的宗教暴政，大量的清教徒开始涌入美洲。波士顿的殖民地始建于 1630 年。成立于 1636 年的哈佛大学是这些殖民者精神的最好诠释，也是美国第一个大学机构。

荷兰人在弗吉尼亚和新英格兰之间的海岸上建立了贸易站。根据亨利·哈德逊的探索航行，荷兰人声称他们拥有哈德逊河流域的主权，因为亨利·哈德逊是第一位航行到这条以他名字命名的河流的人，而他却是一位受雇于荷兰人的英国航海家。一名荷兰商人从印第安人手中买下了曼哈顿岛，那里就是现在的纽约市，价格为区区 24 美元。在那里建立的殖民地被称为新阿姆斯特丹。荷兰人和英国人之间的激烈竞争立刻就爆发了。

法国人的第一个殖民地在新斯科舍，1608 年他们又在圣劳伦斯河畔的魁北克建立了殖民地。1632 年签订的《圣日耳曼条约》暂时解决了法国和英国之间的竞争，加拿大和新斯科舍归法国所有。

1688 年光荣革命之前的主要事件——根据英国国王授予的特许状，其他几个殖民地也开始沿着大西洋海岸建立起来。在弗吉尼亚北方，巴尔的摩男爵建立了马里兰殖民地，首府就叫作巴尔的摩。宾夕法尼亚是以其建立者，一位杰出的贵格会成员威廉·佩恩的名字命名的。贵格会是一个虔诚的基督教派，其成员都过着非常简朴的生活，并认为战争是错误的，他们拒绝参军，这往往使他们与政府之间发生冲突。而宾夕法尼亚就成了他们躲避迫害的避难所。那里的主要城市是费城，这个城市的名字象征着兄弟之爱。宾夕法尼亚始建于 1682 年。大约 20 年前，荷兰政府被迫将新阿姆斯特丹割让给了英国人。英国国王查理二世把这片土地赐给了自己的弟弟约克公爵詹姆斯。自那以后，这片哈德逊河流域的殖民地便被称为纽约。大多数荷兰移民仍然留在那里。正如下面将会讲到的，英国斯图亚特王朝最后试图恢复专制权力，而这种权力之前在英国国王詹姆斯一世和查理一世手中曾造成了灾难性后果。英国殖民者对王室的不满远胜过在英国国内的自由派。之前殖民地人民一直享有的民主自治的权利被取消了，由一位王室的总督根据国王的喜好来统治美洲的殖民地。当英国国内爆发革命的消息传到波士顿的时候，所谓的"新英格兰的斯图亚特王朝暴政"终于结束了。英国议会拥护威廉三世及妻子玛丽二世登上了英国王位，殖民地人民重新获得了之前的权利。

查理二世的统治——查理二世倾向于专制主义，这也是所有斯图亚特王朝国王的传统。但他小心翼翼，不走极端，牢记着父亲的命运。虽然查理二世作为国王正式信奉英国国教，但他在内心里始终是一个天主教徒，并且偏向于政府里的天主教党派。

有人怀疑查理二世计划推翻现有的国家宗教，这个消息在议会中引起了骚动。1673 年通过一项法律，规定任何不信奉国家宗教的人都不得在政府中任职。国王和议会之间的斗争导致了两个政党的形成，"辉格党"和"托利党"（即保守党）。托利党是国王坚定的支持者，而辉格党则是现代政治中所谓的进步派或自由党，他们拥护宪法自由，支持人民而不是国王。

为了结束国王的统治，辉格党对王室特权进行了过度的攻击。民众的同情站在了国王这一边，托利党在议会中获得了多数席位。这导致查理二世成功地重建了一种与早期斯图亚特王朝相似的专制政府。

1688 年的光荣革命——当查理二世的弟弟继承王位，成为英国国王詹姆斯二世的时候，他的统治从一开始就是绝对的君主专制。詹姆斯二世试图通过颁布《大赦谕诰》来废除针对不皈依国教者的法律，并指派罗马天主教徒出任重要的官职。除了天主教徒之外，举国上下都对国王藐视国家法律的行为愤愤不平。当詹姆斯二世的儿子出生以后，人们担心他的天主教统治会继续下去，于是决定彻底摆脱他。詹姆斯二世的长女玛丽及女婿荷兰执政威廉三世被秘密邀请至英国登上王位。

1688 年，威廉三世在英国登陆。詹姆斯二世发现自己被抛弃后，逃往法国。新成立的英国议会声称："由一位天主教君主来统治这个新教王国与国家的安全和福祉是不一致的。"威廉及妻子玛丽被推举为共治君主。

《权利法案》（1689 年）——威廉三世获得英国王位要归功于人民的意愿，他通过在议会的行为表达了感激之情。在执政的第一年里，他就批准了《权利法案》（全称为《国民权利与自由和王位继承宣言》），这是对"这个王国人民的真实、古老和不容置疑的权利"的宣言。这项法案是对《大宪章》（1215 年）以及《权利请愿书》（1628 年）的延续和补充，它保证了议会的言论自由和辩论自由，并规定除非得到议会同意，禁止在和平时期保留军队。从那时起，英国国王与议会之间的互信得到了保证。

图 68　威廉·潘恩

英法之间的敌意——斯图亚特王朝的国王们一直都是法国王室的好朋友，而现在威廉三世作为法国国王路易十四最坚定的敌人却登上了英国王位。荷兰人是这位"伟大的君主"侵略行为的最大受害者，威廉三世的祖国荷兰的头号敌人就是法国，他立刻使英国加入了反对法国的阵营。在接下来的欧洲大战中，英国几乎总是法国的敌国。

安妮女王——威廉和玛丽没有留下王位继承人。詹姆斯二世的儿子和孙子被称为"王位觊觎者"，这两个人都试图得到英国王位，但他们是天主教徒，所以没有资格继承王位。1702 年，斯图亚特王室成员安妮公主作为新教徒成为英国女王。她的统治时期是马尔伯勒公爵的辉煌时期，在西班牙王位继承战争中，他使英国军队在整个欧洲赢得了名望。在国内政治中，辉格党和托利党之间一直进行着激烈的斗争。政治生活中一个新的特征是各个政党都会雇佣有才华的作家来参加党派论战。那个时期的大部分著作都带有政治意味。

汉诺威王朝统治英国——1714 年安妮女王去世之后，英国王位的第一顺位继承人是汉诺威的选帝侯乔治一世。直到 1837 年，英国国王同时也是汉诺威的统治者。乔治一世（1714 年—1727 年在位）从来没有学过英语，他一生中始终保持着日耳曼人的风俗习惯。自然而然，他也没有受到他那些英国臣民们的欢迎。由于他无法

理解这个王国中的公共事务，所以英国政府完全落入了那些向议会负责的大臣们手

中。乔治二世（1727 年—1760 年在位）会说英语，
但他并没有试图通过维护自己的王权从而削弱大臣们
的权力。1721 年—1742 年，英国政府由罗伯特·沃
波尔爵士领导。他是一位聪明的政治家和一个很有才
干的金融家。在他的治理下，英国得到了 20 年的和
平与物质繁荣。但是他玩世不恭的不道德行为也给他
的下属们树立了一个坏榜样。他在议会中保证其多数
席位的方法是各种贪污腐败和贿赂。

图 69　罗伯特·沃波尔爵士

　　乔治三世（1760 年—1820 年在位）——"四位乔治国王"中的第三位，乔治
三世，出生在英国，并接受了英式教育。与他的父亲和祖父不同，乔治三世在政府
中取得了主导地位。他的母亲曾对他说："乔治，你要做一位国王。"而他希望成
为一位之前斯图亚特王朝或者都铎王朝那样的国王。他试图通过削弱议会的力量来
提升自己的地位。他使罗伯特·沃波尔爵士倡导的那种贪污腐败和贿赂死灰复燃，
而威廉·皮特明智地劝阻了他。通过将各种头衔、养老金以及官职授予他的支持者，
国王在议会中保持着保皇党强大的地位。乔治三世的狭隘和固执给英国带来了不幸。
他造成了英国军队的失败和美洲殖民地的丧失。

图 70　英国国王乔治三世

　　无代表权则不纳税——乔治三世以及他在议会的支持者们希望通过对殖民地贸
易征税来雇佣军队保卫殖民地。但是殖民者强烈反对英国议会的任何税收，理由是

他们在议会中没有任何代表。他们坚持认为没有同时赋予代表权的税收是违反英国宪法的。而所有的英国人都同意这一法律原则。支持向殖民地征税的人则认为，尽管殖民者没有派出任何成员直接参加议会来代表他们，但是议会成员中的一些英国人仍然代表了殖民者的利益。

英国政府一度尊重过殖民地人民的感受，但乔治三世和他的大臣们通过强行对茶叶征税还是挑起了战争。

美国革命——13 个英国殖民地组成的联军与英国政府久经沙场的陆军以及具有碾压优势的海军相比，完全不在一个水平上。然而有两个情况结合在一起，使得殖民地联盟最终获得了胜利并宣告独立。第一，最大的功劳是乔治·华盛顿将军的超人精力和奉献精神；第二，法国政府的援助也至关重要，法国最终向英国宣战，牵制了英国海军，并在弗吉尼亚的约克镇彻底击败了英国人（1781 年）。

图71　华盛顿

《独立宣言》——所有的英国殖民地都派出代表参加了1774年在费城召开的第一次殖民地代表大会。1776 年 7 月 4 日，大会通过了《独立宣言》，这也正式宣布了殖民地与英国之间的政府联系彻底断绝。从那时起，7 月 4 日就成为美国的国庆日。

《独立宣言》简要地总结了大多数美国人所持的政治信念，并通过列举英国政府的种种暴行来证明对其统治的反抗是正义的。这份宣言中所提出的政治学说并不局限于美国。相反，这些学说正是起源于英国和法国，主要是基于英国哲学家约翰·洛克的政治著作。这些学说在法国大革命中如同在美国革命中一样，都是革命的先驱。因此，《独立宣言》的引用将有助于解释为什么专制主义会在两个大陆上都被推翻了。在一篇简短的序言之后，宣言继续写道："我们认为这些真理是不言而喻的，人人生而平等，造物主赋予了他们一些不可剥夺的权利，其中包括生命权、自由权和追求幸福的权利。为了保障这些权利，人们才建立了政府，而政府获取正当权力必须通过被治理者的同意。每当任何形式的政府对这些目标造成破坏时，人民就有权改变或废除它，并建立新的政府……但是当一连串的滥用职权和侵害……证明政府试图将人民置于专制统治之下时，那么人民就有权利，同时也有义务推翻这样的政府，并为他们未来的安全建立新的保障。"

最伟大的美国人——这个年轻的共和国很幸运，其创始人之中有很多杰出的伟人，其中有两位堪称人类历史上的伟人，他们是乔治·华盛顿和本杰明·富兰克林。乔治·华盛顿现在被所有美国人尊为"国父"，他曾经是弗吉尼亚一位富有的庄园主。他曾在英法战争中积累了一些军事经验，后来被推选为联军的总司令。敌强我弱，差距巨大，指挥一支未受训练的军队，加上代表大会在费城并不坚定的支持，面对这种似乎注定要失败的局面，乔治·华盛顿却取得了胜利。他的真正伟大之处不仅在于作为将军的指挥天才，更在于他坚定不移而且十分高贵的品质。美国革命成功之后，所有殖民地的人无比感激地一致推举乔治·华盛顿出任美国第一任总统。

本杰明·富兰克林出生在波士顿，是一个蜡烛商人的第15个孩子。他的父亲负担不起他在学校的费用，于是让他去一个当印刷工人的哥哥那里做学徒。但是这个哥哥为人不公，富兰克林和他争吵之后便离开了他，独自去往费城。当他到达那里时，一文不名。他做过印刷工，也做过报纸撰稿人，通过孜孜不倦的努力最终变得富有。与此同时，富

图72　富兰克林

兰克林也成为费城最有影响力的公民。他的目光总是盯着公共福利。他开办了第一个公共图书馆，组织了民兵和消防队，还引入了人行道和路灯。他早期的国际声誉来自他的科学研究工作。他通过在雷雨之前放风筝从而引导电流从空中到达地面，第一个证明了闪电是一种放电现象。在美国革命期间，他是美国驻巴黎的公使。法国人对富兰克林的尊敬和钦佩使他轻而易举地赢得了法国加入反对英国的同盟。在80岁高龄的时候，他还是制宪会议上讨论美国宪法的最活跃的成员之一。对于那些希望通过为同胞们踏实工作和真诚服务来提高自己的年轻人来说，富兰克林是他们最值得学习的榜样。

《巴黎和约》（1783年）——美国革命以英美两国签订《巴黎和约》而宣告结束。

英国承认美国独立，并同意了对美国有利的其他一些条件。这个新国家的边界是沿着圣劳伦斯河和北部的五大湖，以及西部的密西西比河划定的。西班牙继续拥有佛罗里达以南从大西洋到密西西比河河口的土地。

美国宪法的通过——指挥与英国作战的联盟被证明无法胜任管理 13 个独立州的任务。在这些州中产生了互相嫉妒和争执，他们似乎无福消受这些新获得的自由成果。而分裂会使美国人被他们在欧洲的头号敌人任意摆布。1788 年，美国联邦宪法的通过保证了这个年轻的国家能够继续自由发展。宪法的宗旨概括来说就是各个州将公共福利所需的全部权力都交给中央政府，但同时在地方事务上保留了自治的全部权力。宪法规定了两院即众议院和参议院为立法机构。行政权被授予总统，总统每四年重新选举一次。最高法院受理所有不能在州法院解决的案件。宪法为这个国家的统一建立了良好的基础，此后这个新生的国家便被称为"美利坚合众国"。美国新的首都华盛顿以第一任总统乔治·华盛顿命名，至今仍然纪念着这位伟人。

第二编　政治革命的时代

第二十九章　翻天的革命：法国大革命

　　引言——法国大革命在政治历史上的地位与宗教改革在宗教历史上的地位类似。宗教改革是对天主教会精神压迫的反抗，法国大革命则是一场对暴君专制压迫的可怕起义。法国大革命推翻了基于"君权神授"信条的君主制政府，并为人民的宪政政府的崛起开辟了道路，宪政政府完全或者部分建立在"主权在民"的基础之上。推翻旧的法国王朝那样的君主制政府，从而建立民众权利的理念已经几乎为整个欧洲所接受，最近日本也采纳了这种理念。

　　法国大革命的起因——前文已经指出导致这次大革命的几个原因。下面将这几个原因和其他原因结合在一起来做一个概括：

　　（1）法国国王摧毁了人民原来所拥有的权利，并实行极端的个人专制主义。路易十五其人无能而且邪恶，他的继任者路易十六，虽然和蔼可亲又心地善良，但在治国上同样无能。

　　（2）大贵族和上层神职人员那种奢侈又懒惰的生活，全靠牺牲人民的利益来维持。封建贵族不再承担以前的兵役负担，但却保留了他们中世纪的那些特权。他们几乎不交任何税，反而用各种强征暴敛使农民们痛苦不堪。最可恨的是狩猎法，它禁止农民接触任何野生动物，而贵族们却可以骑着马打猎取乐。

（3）中下层阶级在财富和智力方面都有了很大的提高。法国的农民比欧洲大陆其他国家的农民要好一些，中世纪的农奴制在那些国家几乎从未被改良过。然而，与现在最贫穷的农民需要的权利相比，当时大多数法国农民的处境仍十分艰难。税收的巨大负担主要落在了农民身上。贵族的享乐和特权也是农民的耻辱和负担。在18世纪，法国的农民已经不再那么愚钝，他们无法理解为什么自己的处境如此不公。他们越渴望改革，对贵族的仇恨就越强烈。

中产阶级在法国被称为"布尔乔亚"，主要由工场主和商人组成。他们中间很多人出任政府官职，所以他们能完全理解专制政府的腐败。巨额的公共债务沉重地压在中产阶级资本家身上，他们是政府贷款的主要认购者。他们预见到，法国政府将无力偿还从他们那里借来的巨额款项，同时无法公正地要求政府为其财政管理负责。

（4）18世纪是一个自由质疑和大胆批判的时代。一切制度和学术的所有分支都被视为新的理性之光。学术界倾向于抛弃所有与理性不一致的看法和传统。在宗教和政治领域，这一思想运动产生了一种革命文化，它建立了新的人权和政府职责的理论。当统治者仍然坚守"君权神授"这面大旗时，他们的臣民却被教导说，政府是建立在人民的意愿之上的，而被压迫的人民有权反抗压迫他们的人。伏尔泰是一位学识过人的天才哲学家，同时也是一位才华横溢又机智诙谐的作家。在动摇旧的观念和传统的根基上，他做出的贡献最大。卢梭的著作无论是在巴黎的上流社会还是在乡村的农民之中都被津津乐道，它们教导所有的人都是平等的，而人为造成的阶级差别是邪恶的。卢梭认为，人应该回到自然的状态，那里既没有富人也没有穷人，也没有人能够压迫他的同胞。

（5）美国革命成功的例子鼓舞着人们相信同样的革命也能为法国人民带来自由的社会制度。

（6）饥荒在法国一些地区司空见惯，已经驱使不满的人们开始暴动。在1788年和1789年的政治危机期间，饥荒在法国蔓延。饥饿使巴黎大量的暴民陷入疯狂，这种愤怒给革命带来了极其可怕的一面，也使近现代欧洲其他所有的社会动荡看起来都显得相对温和。

三级会议（1789年）——法国国王路易十六竭尽全力来改善人民的状况，并减少公共债务。他的一位大臣杜尔哥提出了明智的改革方案，但是因为那些自私自利的上层阶级拒绝承担他们理应承担的那一部分公共责任，改革失败了。作为最后的手段，国王召集了三级会议。这是一个代表三个阶级的会议，贵族、神职人员以及平民。被称为第三等级的平民自从 1614 年以来就没有被法国国王召唤过。根据古老的规则，每个阶级都被视作一个统一的团体进行投票。于是贵族和神职人员所拥有的两票便可以阻止平民阶级进行任何改革。在一系列激烈的辩论之后，第三等级只能抛开贵族和神职人员独自行事。通过一项革命性的措施，他们宣布成立国民议会，并宣称自己是这个国家的正当代表。许多贵族和神职人员最终也加入了这个新的立法机构。

攻陷巴士底狱（1789 年 7 月 14 日）——巴士底狱是巴黎的一座堡垒，是关押政治犯的监狱。成百上千无辜的人们被关在黑暗的牢房里，仅仅因为一些政府中的高官不想让他们自由行事。人们将巴士底狱视为暴政的化身。

一群狂热的暴民在巴黎的枪械店中夺取了武器，袭击了巴士底狱。那里的守军被杀死，囚犯都被释放了，堡垒在人民狂喜的欢呼声中被夷为平地。欧洲各地的自由主义人士都对这个事件表示欢迎，并认为这是一个更加自由时代的开始。人民成功地维护了他们的权利，而专制主义受到了致命的打击。

> 暴民的第一次胜利对大革命未来的走向产生了可怕的影响。下层阶级现在已经意识到他们的力量，很快就采取了进一步的暴力行动。

国王被带到巴黎——在攻陷巴士底狱之后不到三个月，巴黎民众要求国王到首都来。

> 有传闻说国王正在密谋用军队对付革命者。由于仇恨和饥饿的驱使，一支浩浩荡荡的游行队伍带着一种毫无目标的兴奋从巴黎游行到凡尔赛宫，而这种兴奋总是会让无知的民众变得危险无比。玛丽·安托瓦内特是法国王后，她的傲慢点燃了下层阶级的愤怒。一群民众冲进凡尔赛宫，企图杀害王室成员。国民卫队的队长拉斐特也无法保护他们。

民众把国王和整个王室都带到了巴黎。国民议会当时也不得不把会议地点从凡尔赛宫搬到了巴黎。从此，民众便明目张胆地对国民议会的工作不断施加更大的压力。对民众暴力的恐惧使温和派噤若寒蝉，而极端的激进分子则被群众的掌声所鼓舞。

国民议会的工作——国民议会彻底与过去决裂，建立了基于卢梭和其他理论家学说的新制度。

1789 年 8 月 4 日，贵族的所有头衔和特权都被废除。因此，法国的整个社会秩序都被这一项决议所颠覆。国民议会制定了新的宪法，使政府成为一个有限的君主政体，其中大部分权力都属于国民议会的立法机构。旧的省份被废除了，国家重新被划分为以河流和山脉命名的行政区域。

贵族的移民和国王的企图逃走——当时，许多省份的农民已经崛起，他们杀死贵族，焚毁贵族的城堡。数千名法国贵族逃离边境，向外国政府寻求帮助，来对抗他们追求民主的同胞。东边的三个大国，奥地利、俄罗斯以及普鲁士，都一心扑在瓜分波兰的事务上面，无暇关注法国的事务。但是欧洲所有的专制统治者都对法国的民主革命感到十分震惊，因为他们害怕自己的臣民也效仿法国的例子来推翻自己。

只要那些兴奋的巴黎暴民没有真正把法国国王当成囚犯，这些欧洲国家就不会向革命者宣战。法国王室一直在筹划着逃亡计划，最后他们决定选择越过莱茵河的逃亡路线。假如行动迅速，国王和王后可以很容易地和他们带着骑兵卫队的朋友们会合。然而，宝贵的时间被浪费掉了，王室成员在去往边界路上的一个村庄里被抓住了。

此后国王受到严密的保护。许多人宣称国王企图逃跑的行为等于宣布了放弃王位，而某个大政党则认为他是背叛国家的叛徒。国王倍感恐惧，不久之后就发誓说要遵守那个几乎剥夺了他所有特权的新宪法。

《皮尔尼茨宣言》和瓦尔密战役——1791 年 8 月 27 日，普鲁士国王腓特烈·威廉二世联合神圣罗马帝国皇帝，在皮尔尼茨发表了一份宣言，他们威胁要对法国的革命者采取措施。革命者被外国干涉法国内政的行为激怒了，强迫路易十六宣战。在接下来的战役中，没有受过训练的法国新兵一开始屡战屡败，但他们对自由事业的热情很快就阻止了普鲁士和奥地利联军的继续前进。普鲁士和奥地利联军在瓦尔密战役（1792 年 9 月）中遭遇了法国军队炮火的猛烈袭击，担任联军指挥官的普鲁士将军一开始并不把法国军队放在眼里，结果不得不狼狈地下令撤退。这就是欧洲国家和大革命的法国战争的开始，最终，法国的军事篡位者拿破仑成为整个欧洲的独裁者。

外国干预对大革命进程的影响——1791 年 10 月，新宪法所规定的国民议会举行了选举。在《皮尔尼茨宣言》所造成的刺激之下，大多数民主主义人士当选。温和派民主党的成员被称为"吉伦特派"，而激进的共和党人则被称为"山岳派"，因为他们坐在议会大厅里较高的长凳上。丹东、罗伯斯庇尔和马拉是山岳派的领袖。

国王仍然有权行使否决权来暂停他所认为不好的法律。但是当国王否决了立法会议的一些暴力法令时，吉伦特派却煽动武装的暴徒攻击了王宫，并要求废除国王的否决权。

国王和王室成员不久之后就被监禁在一座名为"圣殿"的古老建筑里。因此，王权的最后残余也被摧毁了。

与此同时，法国军队在战场上遭遇了失败，普鲁士军队正在向巴黎进军。当时的司法部长丹东下令对囚禁在巴黎监狱的神职人员和贵族进行大规模处决，以此恐吓保皇党及其外国盟友。在"九月大屠杀"中，大约有 1000 人丧生。

共和国宣言；路易十六被处死——1792 年 9 月 21 日，立法议会被解散，其地位一度被国民公会所取代。同一天，国民公会宣布法国为共和国。当法国的将军们沿着瓦尔密战役胜利的步伐，继续征服奥地利属尼德兰地区（今比利时）以及莱茵河沿岸的一些国家之后，国民公会决定将革命扩展到其他欧洲国家。他们散发着一份法令传单，法令承诺向所有渴望自由的人们提供博爱和援助。而这种承诺对邻国政府来说是非常危险的，因为很多人都急于效仿法国大革命的做法，摆脱专制主义和封建压迫的束缚。各地的自由主义人士都对大革命表示同情。

但是当国民公会试图以叛国罪将法国国王送上断头台① 的时候（1793 年 1 月 21 日），这种同情就变成了恐惧和厌恶。处死国王既是一种犯罪，也是一个重大的政治错误。法国大革命国外的支持者在发生"九月大屠杀"之后已经开始感受到革命的恐怖，而处死国王更是大大加剧了这种恐怖。

反法同盟——当时的公众舆论，尤其是英国的公众舆论，都敦促政府与法国开战。出于纯粹的政治原因，这场战争也是有必要的，因为法国对尼德兰的恐怖征服

---

① 这是一种可以快速并无痛苦地将罪犯斩首的装置，以最早提倡广泛使用它的约吉坦医生的名字命名。

对英国的贸易和海上力量也构成了威胁。在杰出的首相小威廉·皮特的领导下，英国和法国在海上和陆地上开始了战争，并和一个又一个的欧洲国家结成了同盟，目的是迫使法国退回到最初的边界。第一次反法同盟包括荷兰、西班牙、奥地利、普鲁士以及许多较小的欧洲国家，1793年，他们从三面进攻法国，开启了战争。法国军队被打败。

图73　小威廉·皮特

公共安全委员会——国民公会以惊人的能量和热情迎接了这场危机。与激进的山岳派争执的吉伦特派被一群武装闯入议会大厅的暴徒下令逮捕。于是山岳派成了唯一的掌权者，他们成立了一个秘密的"公共安全委员会"，这个委员会在全国范围内拥有绝对的权力。这个名义上的共和国政府也因此变成了寡头政治。罗伯斯庇尔是公共安全委员会的主席。

公共安全委员会中最能干的成员是卡诺，他也许是历史上最伟大的国防部长。他组建了庞大的军队，任命了将军，并策划了战役。不到一年，他就清除了法国的外敌，为后来拿破仑的辉煌胜利奠定了军事基础。

恐怖统治（1793年6月—1794年7月）——公共安全委员会强制服从命令的方法既简单又可怕。无论谁表现出不忠或者不服从的迹象，都会被处以死刑。断头台的处决成了巴黎暴民中邪恶分子喜爱的一种日常奇观。1794年7月，巴黎的日斩首数量上升到196人。受害者中有王后玛丽·安托瓦内特和21名吉伦特派的领袖。

图74　玛丽·安托瓦内特

一位名叫夏绿蒂·科黛的年轻爱国女子希望能通过刺杀一个主要领导来停止这种恐怖行为。她走进马拉的房间，并将他刺死。但是这次和往常一样，刺杀也无济于事。恰恰相反，马拉的同僚们对暗杀行为进行了变本加厉的残酷报复。

由于篇幅所限，本书无法清楚地解释那个动乱的年代。那些新的人物和新的思想，有些是真正伟大的，也有些是空想或是盲从，这些人和思想一个接一个飞快地来到人们面前，使人眼花缭乱。在恐怖统治时期，旧的历法和基督教信仰都一起被废除了。整个社会秩序在所有方面都将在一个全新基础上开启新的篇章。在那些明智的改革中，公制的度量衡一直延续至今，并在整个文明世界中成为公认的统一标准。

罗伯斯庇尔的倒台；恐怖统治的结束——罗伯斯庇尔将他在国民公会中的反对者，尤其是丹东，送上断头台之后，便使自己成为独裁者。罗伯斯庇尔宣布，他希望建立一个以兄弟般的友爱、自由和平等为基础的理想政府。他谴责无神论，认为否认上帝的存在是不道德而且邪恶的，并领导国民公会通过了一项法令，把对"上帝"的崇拜作为国家信仰。所有反对派都被处以死刑。在6周内，共有1366人被处决。最后罗伯斯庇尔的同僚们开始害怕他的野心会把他们也送上断头台。他们突然转而反对罗伯斯庇尔，并指责他是国民公会的叛徒。第二天，罗伯斯庇尔被送上了断头台，而这个断头台正是他3个多月统治的象征和工具。他的死也结束了恐怖统治。法国民众也对一直以来被革命者煽动的兴奋感到了厌倦，他们希望重回平静而正常的生活。

督政府时期（1795年）——国民公会后来拟订了一项新宪法，行政权力被授予一个由5名督政官组成的督政府。新的立法机构分为上下两个议院，而之前大革命各个时期的三个立法机构都是单一的议院。1793年的选举权（即投票权）是建立在普选权基础之上的，而这次的选举权被限制在缴纳了一定数额税款的公民中。这项决议和其他一些措施激怒了巴黎的暴民。10月5日，一群武装的暴民试图袭击国民公会的会场，但是，一位年轻的炮兵军官用霰弹迎接了这些暴民。当这位军官用大炮瞄准这些暴民时，他们便惊慌地逃走了。这位军官是第一个明白如何击败暴民的人，他的名字叫拿破仑·波拿巴。

第三十章 让整个欧洲大陆都臣服在自己脚下：拿破仑

拿破仑的早年生平——1769 年，拿破仑·波拿巴出生在科西嘉岛的首府阿雅克肖。他是贵族波拿巴家族的次子。在他的童年时代，科西嘉岛被法国人征服，于是波拿巴家族成了法国的臣民。拿破仑在布里耶纳的军校表现出了非凡的才能。1793 年，当土伦与英国联合起来反对法国革命政府时，拿破仑在派来镇压这个港口城市的军队中担任一名炮兵军官。由于主将采纳了拿破仑的计划，土伦很快就被迫投降。虽然他当时年仅 24 岁，但是已经名声大噪。在接下来的一年里，他成了一位炮兵将军，并在政府的主要首脑中赢得了一些影响力。

拿破仑的第一次意大利战役（1796 年—1797 年）——在督政府的领导下，拿破仑被任命为一支前往意大利与奥地利军队作战部队的最高统帅。

> 那些年长的将军们起初对他们这位年轻的统帅并不信任，甚至心生嫉妒。但他们很快就认识到拿破仑是一位精通战争艺术的天才，并对他钦佩不已。拿破仑总是知道如何赢得他的士兵们狂热的献身精神。他那激动人心的演讲才能在他的第一个宣言中展露无遗："士兵们，你们吃得不好，穿得也不好。政府亏欠你们很多，但却无能为力。你们的忍耐和勇气使你们值得尊敬，但是这些既没有给你们带来荣耀，也没有给你们带来好处。而我，将要带你们进入世界上最肥沃的平原，那里有巨大的城市和富裕的省份；在那里，你们将赢得尊敬，赢得荣耀，赢得财富。在意大利的士兵们，你们会缺少勇气吗？"

接下来发生在意大利的战役，是自汉尼拔以来最引人注目的战役。奥地利军队在各个方面都完败于拿破仑卓越的战争天才。1797 年春天，拿破仑兵临奥地利都城维也纳城下，神圣罗马帝国皇帝不得不主动求和。根据《坎波·弗米奥条约》，奥地利属尼德兰地区被割让给法国，同时法国接受将莱茵河作为东部边界。意大利北部依照法兰西共和国模式被改造成两个新的国家，称为奇萨尔皮尼共和国以及利古里亚共和国。

远征埃及（1798 年—1799 年）——在羞辱了奥地利之后，法国最大的敌人还有英国。拿破仑提出了在印度攻击英国的冒险计划，那里是英国巨大财富和力量的来源。由于英国舰队控制着海洋，法国远征军不得不取道陆路。埃及可以作为进一步向东方进军的基地。督政官们很高兴地同意了拿破仑的计划，因为他们担心拿破仑留在国内会成为一个政治对手。拿破仑亲自逃选了远征军成员，同时还带了许多学者去研究东方的古老遗迹。拿破仑的舰队幸运地避开了在地中海巡航的英国舰队，在埃及安全登陆。法国军队以很小的代价征服了下埃及。但是，拿破仑的成功在英国无比强大的海上力量面前变得毫无意义。英国海军上将纳尔逊袭击了停泊在阿布吉尔湾的法国舰队，将其彻底摧毁。这场著名的尼罗河海战切断了埃及和法国之间的联系。后来，在拿破仑回到法国之后，他的远征军被全部消灭。

拿破仑成为第一执政官——在拿破仑远征埃及期间，法国督政府陷入了困境。英国和一些欧洲国家结成第二次反法同盟。法国军队被打败，失去了意大利，法国现在还面临着外敌入侵的危险。而在国内，保皇党和极端的共和党人也给督政官带来了巨大的压力。

当拿破仑听说这些麻烦事的时候，他就下决心回去夺取政权。他将远征军留在埃及，自己赶忙回到巴黎。拿破仑的巨大声望使他轻而易举地结束了督政府的统治，并于 1799 年起草了新的宪法。这份新的宪法授予 3 名执政官 10 年的执政权。拿破仑作为第一执政官实际上拥有唯一的绝对权力，另外两名执政官只不过是他的工具。当新宪法的通过需要法国人民投票时，有 300 万人投了赞成票，只有 1500 人投了反对票。

第二次反法同盟的失败——国内事务被迅速解决之后，拿破仑立刻准备夺回法国之前所遭受的军事损失。通过秘密而迅速的行动，他成功地率领一支军队穿过了阿尔卑斯山，而正在波河流域西部作战的奥地利军队对此毫不知情。拿破仑的军队似乎从天而降，令奥地利军队惊慌失措。在马伦戈战役中，拿破仑将奥地利军队彻底击溃，一举夺回了意大利。奥地利很庆幸能按照与《坎波·弗米奥条约》相同的条件来恢复与法国的和平。1802 年，英国和法国签订了《亚眠条约》，条约规定英国必须将开战以来所占法国领土的绝大部分归还给法国。

拿破仑在和平时期的工作——拿破仑对国家的治理表明他也是一位天才的政治家和管理者。繁荣与秩序很快就回归法国。在拿破仑所有的改革中，他所投入的精力和高效几乎都是无人可及的。其中最有益的改革是他的新法典——《拿破仑法典》。

这部法典由一些法国最著名的法学家编写而成，是大革命期间引入的那些法律改革的总结。它在很大程度上基于古老的法国法律和罗马法，也被称为《法国民法典》。这部法典至今仍是法国现行法律的组成部分，而其他一些国家，如阿根廷、墨西哥以及意大利的法律或多或少都是以《拿破仑法典》作为蓝本来制定的。拿破仑在圣赫勒拿岛禁闭期间曾经这样说过："我真正的荣耀不是赢得了 40 场战役的胜利，滑铁卢将抹去那些胜利的记忆。但是，我的《民法典》是没有任何东西可以抹杀的，它将永垂不朽。"

图 75 拿破仑

拿破仑加冕称帝——第一执政官旨在使拿破仑的统治变得永久并且世袭。1802年，拿破仑被任命为终身执政官，然后在 1804 年，他把是否同意他加冕称帝的问题抛向了法国人民。几乎所有的法国公民都投票赞成将法兰西共和国变成一个帝国。在几乎和查理大帝一模一样的加冕仪式上，拿破仑戴上了皇冠。这位新加冕皇帝的权力实际上与一个军事独裁者是没什么不同的。

如果法国人民真的已经具备了实行民主政治的条件，那么拿破仑就不可能如此迅速地一步登天。拿破仑一开始的目标就是君主专制，这一点从他 1799 年的一番言辞就能看出端倪，他是这么说的："……一个共和国……是法国人所迷恋的幻想，但这种幻想会像其他所有幻想一样随着时间而消逝。他们想要的只是荣耀和虚荣心的满足；至于自由，他们对此没有任何概念……国家必须有一位领袖，一位被辉煌的荣耀所粉饰的领袖。"

欧洲再次陷入战争——如果拿破仑能遏制自己的野心，那么他或许可以好好享受他的胜利果实。但他不断地干涉其他国家的事务，并计划建立一个法国殖民帝国，包括印度和美洲的部分地区。英国因此与法国重新开战。俄罗斯、奥地利和瑞典联合英国，组成了第三次反法同盟（1805 年）。拿破仑为入侵英国做了充分准备，军队和运输船在布洛涅迅速集结就绪。如果英国人哪怕有一天对英吉利海峡放松了警惕，就有可能遭受灭顶之灾。英国海军上将纳尔逊在直布罗陀海峡附近的特拉法加海角击败了法国和西班牙的联合舰队（1805 年），这场著名的胜利消除了英国的危机。

　　海军上将纳尔逊下达了这样的命令："英国期望每个人都恪尽其责。"这条命令永垂不朽。这位英勇的海军上将在激烈的海战中不幸牺牲。在特拉法加海角战役之后，英国人成为绝对的海上霸主。

图 76　纳尔逊

　　在陆地战役中，拿破仑表现得比之前更加出色。通过急行军，他在多瑙河上游的乌尔姆俘虏了 3 万名奥地利士兵。法国士兵说，皇帝不需要用他们的武器，只需要用他们的腿就能赢得战争。在维也纳附近的奥斯特里茨，奥地利军队和俄罗斯军队都遭到了惨败。普鲁士被彻底击败，法国军队耀武扬威地穿过了柏林。俄罗斯军队仍在继续这场战争，并在 1807 年 2 月的埃劳战役中和法国军队展开了最艰苦卓绝的战斗。几个月后，俄罗斯军队在弗里德兰战役中遭遇了决定性的失败。最后，沙皇亚历山大一世签订了《提尔西特和约》（1807 年），他和法国议和有一部分原因是出于对拿破仑天才的钦佩。欧洲大陆的两位主宰者在两军之间涅曼河上停着的一个木筏上进行了会见。

《提尔西特和约》——拿破仑在提尔西特提出让俄国沙皇和他一起来瓜分整个欧洲。普鲁士几乎失去了一半的领土，瑞典和土耳其的一部分将并入俄罗斯。实际上，瑞典不久之后就将芬兰割让给了俄罗斯。俄罗斯西边那些没有并入拿破仑帝国的国家，不是被拿破仑的亲戚统治着，就是被迫和他结盟。拿破仑最小的弟弟热罗姆·波拿巴是威斯特伐利亚国王，威斯特伐利亚就是之前的西普鲁士。他的三弟路易·波拿巴是荷兰国王。意大利的王位属于拿破仑自己，并任命他的继子欧仁·德·博阿尔内为意大利总督。他的长兄约瑟夫·波拿巴被封为那不勒斯国王。在拿破仑的保护下，德意志西部的贵族们建立了"莱茵联邦"。

通过这些改变，旧的神圣罗马帝国被瓦解了。因此，弗朗茨二世放弃了神圣罗马帝国皇帝的头衔，改称"奥地利皇帝"。

大陆封锁体系——在欧洲新的恺撒大帝面前，只有英国拒绝俯首称臣。因为拿破仑的军队无法登陆英国，所以他决定打击英国的贸易。他在柏林发布敕令，禁止所有欧洲国家与英国进行任何交流。英国的船只和货物进入任何欧洲大陆港口都将被没收。这一措施给英国的劳工、工场主和海运行业带来了巨大的痛苦，而欧洲的人民同样不堪忍受。进口商品的价格猛涨，除了富人之外谁也买不起。欧洲各地的贸易都毁了。俄罗斯所需的布料和其他一些商品几乎完全依赖于从英国进口，而大陆封锁体系所带来的种种不适很快就使拿破仑的联盟变得越来越不受欢迎。与此同时，拿破仑不可能盯着整个欧洲的海岸，英国人建立了一个庞大的走私体系，继续秘密地出口大量的货物。

西班牙半岛战争（1808 年—1812 年）——1808 年，拿破仑干涉了西班牙和葡萄牙的事务，因为这些国家继续向英国商人开放港口。他将那不勒斯国王约瑟夫·波拿巴封为西班牙国王，而他的妹夫穆拉特则成了那不勒斯国王。西班牙人一直是一个骄傲和爱国的民族，他们立刻奋起反抗。他们的抵抗比拿破仑所遇到的任何一次都更加危险，因为当时的西班牙几乎全民皆兵。当平息了一个省的反抗之后，立刻又有另一个省重新开始斗争。威灵顿公爵率领一支英国军队前来帮助葡萄牙和西班牙的爱国者。法国军队渐渐被逐出了比利牛斯山。法国为西班牙战争耗费了大量的人力物力，这场战争也破坏了拿破仑在欧洲的威望。英国在西班牙半岛上胜利的消息鼓舞了拿破仑的其他敌人，也最终导致了拿破仑的失败。

　　远征俄罗斯（1812 年）——除了大陆封锁体系所带来的困难之外，还有另外几个原因令俄罗斯沙皇亚历山大对自己与拿破仑达成的协议感到后悔。拿破仑不允许俄罗斯吞并土耳其。另外，拿破仑还曾向沙皇亚历山大的妹妹求婚，然而还未等沙皇回复，他就突然与奥地利女大公玛丽·路易莎结婚了①。

　　1812 年，俄罗斯在日益加深的痛苦中对法国宣战。拿破仑几乎掌握了所有西欧国家的资源，他组建了一支将近 50 万人的军队，其中 1/3 是法国军队。同年 6 月，拿破仑的"大军"越过涅曼河，入侵俄罗斯。俄罗斯的将军们明智地避免了与这位战无不胜的军事家之间展开正面激战，并在入侵者到来之前撤退到东部，他们一路坚壁清野。在离莫斯科不远的博罗季诺，俄罗斯军队曾试图阻止拿破仑的前进。经过可怕的战斗，他们被拿破仑打败了，但完成了有序的撤退。拿破仑以征服者的身份进入了莫斯科这座古都，并期望沙皇亚历山大很快就能接受自己的停战条件。但是莫斯科已是一片火海，城里的居民都逃离了家园，拿破仑的大军无法在这个被俄罗斯人抛弃的城市中安顿下来。3 天之后，这座城市几乎全部化为灰烬。这时，拿破仑却犯了一个致命的错误。他在莫斯科的废墟里等了 5 个星期，一直希望沙皇前来求和，直到 10 月 19 日他才下令全军撤退。那一年俄罗斯的冬天比往年来得更早，拿破仑的大军遭到了大雪和严寒天气的可怕袭击。而俄罗斯士兵对严寒则习以为常，他们从四面八方骚扰着饥寒交迫的拿破仑的军队，于是撤退变成了一场无休止的战斗。拿破仑的军队战死、饿死以及冻死的共有 25 万人，还有 13 万人被俘。拿破仑的大军在这场欧洲历史上最可怕的战役中，只有可悲的 17000 人得以生还。

　　拿破仑退位——（1814 年）在过去的 6 年里，普鲁士政府对所有的部门机构都进行了彻底的改革。法国大革命的许多社会改革措施都被引进，军队也按照从拿破仑那里学来的路线重建。新的社会自由以及对法国统治者的憎恨结合在一起，激起了普鲁士人们心中一种强烈的日耳曼爱国主义。

---

　　① 拿破仑的第一任妻子约瑟芬是法国将军博阿尔内的女儿。她和拿破仑没有生育，但是拿破仑十分渴望自己的王位后继有人。他的虚荣心也促使他寻求与一个古老的王室联姻。后来拿破仑与约瑟芬离婚，另娶了奥地利皇帝的女儿玛丽·路易莎为妻。玛丽·路易莎给他生了一个儿子，出生后不久就被封为"罗马王"。

普鲁士举国上下都等待着一个合适的时机来赶走外来统治者。

当拿破仑大军覆灭的消息传到德意志时，普鲁士人民强迫他们的国王向拿破仑宣战。拿破仑在法国又组建了一支庞大的军队，这支军队几乎都由未成年的少年组成，因为这个国家的成年男子已经在征战欧洲的几十场战役中牺牲殆尽了。双方在萨克森进行了几次激烈的交战之后，奥地利军队也加入到了反对拿破仑的联盟。在3天的时间里，莱比锡周围进行了一系列战斗，法国军队寡不敌众，被人数占优的盟军包围并击败。盟军跨过了莱茵河追击拿破仑，与此同时，英国和西班牙的军队也越过了比利牛斯山。拿破仑准备战斗到最后一刻，但是他的将军们拒绝服从命令。拿破仑被迫退位，并很快被流放到一个叫作厄尔巴的小岛上。他被允许在那里继续做一个小小的统治者，身边有一些忠实的追随者。

百日王朝和滑铁卢战役（1815 年）——波旁王室的路易十八是已故法国国王路易十六的弟弟。他被盟军选定为法国国王。他是一个迟钝的人，曾经这样说过："波旁王朝没有学到任何事情，但是也没忘记任何事情。"这句话也被很好地践行了。他和他的政府试图让法国回到大革命之前的状态。人们很快就倍感不满，渴望重回拿破仑的统治之下。

法国民众的心声传到了拿破仑的耳朵里，他带着一些追随者从厄尔巴岛逃了出来，并在法国南部海岸登陆。拿破仑所到之处，那些老部下们都纷纷投奔到他的麾下。当之前的皇帝在众人的欢呼中进入巴黎的时候，波旁王室不得不赶紧逃亡。

反法同盟立刻宣称拿破仑是"一个扰乱了世界和平的敌人"。当他们的军队快速前往法国时，拿破仑以他惯有的能量和速度很快又组建了一支新的军队。他先是击败了普鲁士军队，然后又向威灵顿公爵率领的英国军队发起了进攻。当时，威灵顿公爵的军队正驻扎在离布鲁塞尔不远的滑铁卢高地上的坚固阵地里。双方的军队都以难以置信的勇气战斗了一整天。快到晚上的时候，拿破仑认为他将取得胜利，但普鲁士的布吕歇尔将军在最后一刻率军出现在拿破仑的侧翼。拿破仑的军队彻底溃败（1815 年 6 月 18 日）。

图 77　威灵顿

诸多因素共同决定了这个近代历史上最重大的一场战役。当天早晨，地面因下雨而变得松软，拿破仑直到下午晚些时候才把他的大炮移到最好的炮位上。因此，那场阵雨也可以说是导致这位科西嘉巨人倒下的原因之一。威灵顿公爵和布吕歇尔将军在这场胜利中获得了同样的荣耀。威灵顿公爵后来被称为"铁公爵"，这是对他面对法国骑兵发起的致命冲锋时坚定不移地守住了自己阵地的褒奖。而布吕歇尔将军率领一支刚刚被击败的普鲁士军队完成了一次精彩的行军，并帮助英国军队扭转了战局，几乎在已经被击败的局面下成功获得了决定性的胜利。

拿破仑的最后岁月（1815 年—1821 年）——滑铁卢战役之后，拿破仑再次被迫宣布退位。假如他继续留在欧洲或附近的地方，会被认为是对世界和平的一种威胁。因此，他被英国人流放到位于南大西洋中的圣赫勒拿岛。在流放期间，他撰写了历史回忆录。

拿破仑的评价——拿破仑是近代史上最伟大的军事天才之一，也是最伟大的执政者之一。但他近乎超人的才能和精力主要放在了自私的目的上。他的个人野心在侵略欧洲的过程中没有受到任何限制，因此也导致了他的最终垮台。但是他所引起的一切混乱和流血最终也显现出了一些长久的益处。通过他的征服，社会公正和自由主义的思想传遍了整个欧洲。1815 年，当那些统治者们重建欧洲时，他们其实希望重建专制制度，但是他们发现拿破仑的统治已经将自由主义深深地根植于人民的思想之中。在德国和意大利，拿破仑消灭了许多管理不善的小国，他向这些国家的人民展示了政治团结的好处，而此后他们始终渴望着国家能够团结。换句话说，拿破仑实际上加快了近代德意志和意大利统一的步伐。至于法国，这个国家从拿破仑那里获得了永恒的荣耀和短暂的帝国统治。但是法国也用人民的鲜血为那些征服付出了沉重的代价，而拿破仑的垮台也使法国的领土变得比大革命之前还要小。

第三十一章 一直在进步：18 世纪以来全世界物质文明和精神文明的发展

引言——在继续研究近代史之前，我们必须停下来，在纯粹的政治史之外去思考某些特定的发展阶段。

国王和政治家们的行为在很大程度上取决于他们的臣民们所处的环境。人民越是无知和贫困，政府的统治就越是专制和压迫。为了维持温饱，人们必须苦苦挣扎，对公共事务不感兴趣。日复一日的辛劳使他们的身体疲倦，更使他们的思想失去活力。他们默默地承受着，似乎这些负担是他们生命中理所当然的一部分。

18 世纪末以来，欧洲的平民百姓要求越来越多地参与政府管理，他们也获得了这些权利。法国大革命以后，人民权利的原则已经开始生效，这是对特权阶级排他性统治的可怕抗议。我们在前文中已经了解到，法国大革命的前奏是对哲学的自由探究以及知识在法国人民中间的普遍传播。19 世纪的历次革命和改革都受到知识进步的推动。近现代政治和社会变革的根本原因在于精神文明和物质文明的显著发展，而这一点正是这 100 年与人类历史上其他所有时期的区别所在。因此，本章将简要介绍最近几次最著名的发明、发现以及社会进步。

科学的发展——科学是所有近代发明的基础。化学家和物理学家为发明蒸汽机和数以千计的改进生产制造方法的知识体系做好了准备。生物学家和动物学家、研究动植物的学者，为了人类的利益，把大部分发现都应用于提高医学水平上来。

现代科学的发展始于弗朗西斯·培根爵士，他是归纳法的创始人（大约在

1600 年）。在培根爵士的时代以后，知识一直缓慢但稳定地增长。到 18 世纪下半叶，欧洲已经有了大量的科学人员。德国哲学家康德和法国数学家及天文学家拉普拉斯是那个时代的知识巨人。在法国，一批学者在狄德罗的领导下编写并出版了一套囊括了所有人类已知知识的 28 卷本著作（1751 年—1772 年）。这套书叫作《百科全书》，因此，它的作者们也被称为"百科全书派"。

尽管拿破仑试图阻止政治智慧在民间传播，但是他对科学人员一直持鼓励态度。他曾这样说道："真正的、唯一使人不留遗憾的征服，就是那些对无知的征服。"拿破仑时代结束以后，每一个科学领域都激荡着不断增长的热情。许多投身于追求真理的人们付出了充满激情的努力，使人类得以掌控自然的力量，正如一些人梦想的那样。通过科学，人类真正成为自然的主人。要选出其中最杰出的人物是十分困难的，因为伟大的人物太多了。假如依照他们为自己同胞所创造的幸福来评判，德国化学家李比希和法国化学家巴斯德或许应该被列在第一位。德国化学家李比希（1803 年—1873 年），因他的众多发现和发明，被称为有机化学之父。当一家巴黎报社组织了一场民众投票，来评选谁是 19 世纪最伟大的法国人的时候，化学家巴斯德获得了第一名。

对后世思想影响最为深刻的人是英国人查尔斯·达尔文。经过多年的研究，在环游世界之后又致力于钻研动物学、植物学以及地质学，达尔文在 1859 年发表了他的著作《物种起源》。在这本著作中，他证实并扩展了旧的理论，该理论认为现有的植物和动物都是从较低的形态逐渐发展而来，而且可能都起源于某种最原始的形态。这个过程叫作进化。关于达尔文的理论所展开的辩论比以往发表的任何观点都要激烈得多。但是现在，他的观点几乎被整个科学界所接受。进化的概念被用来解释万物的生长。这不仅为自然科学开启了一个新的时代，对历史、法律、哲学以及教育这些领域来说也是如此。

纯科学的道德价值——接下来我们将会提到一些科学工作的具体成果，以及它们在实际生活中的应用。但是首先要说的是纯科学的知识价值和道德价值。那些全身心投入到探索科学真理的人们所追寻的正是人类所能达到的最崇高的目标。他们为推动人类向更高水平发展所做出的贡献，比那些征服者、立法者以及宗教导师在过去 1000 年里所做的还要多。他们理应获得比宗教领袖或政治领导者更高的声望，但是事实并非如此，因为他们的工作性质并不能被大多数人理解。但是他们的榜样使越来越多的人清楚地认识到，真理才是最崇高而且最安全的道德理想。

蒸汽机的发明——1776 年，英国人詹姆斯·瓦特发明了第一台蒸汽机。由此，他发现了一种使用自然力量的便捷方法——将热能转化为动能，从而代替完成一些以前人们必须通过体力完成的工作。蒸汽机很快被完善，并与别的机器相结合，一起应用于生产制造。其中最引人注目的是英国人的两项发明——织工哈格里夫斯发明的珍妮纺纱机（1767 年），以及牧师卡特莱特发明的动力织布机（1785 年）。如果采用手控制纺锤的原始方法，一个人一次只能处理一支纱线，但是使用改良之后由蒸汽驱动的纺纱机，一个操作工处理 12000 支纱线也用不了多长时间。

图 78　瓦特

　　工厂制——只要保持原始的手工劳动模式，大多数工匠就都会在家里工作。这些"家庭产业"只需要极小的资金，因为每次只会购买很少的原材料。而机器是很昂贵的，机器投入生产需要大量的原材料。因此，有资本的人开始了"工厂生产"，他们雇佣工人来工厂挣工资。很快，一个雇主就能雇佣几百个挣工资的工人，依靠他的管理来生存。工厂在煤和铁获取方便的地方成倍增长。在英国，像兰开夏郡的一些社区，过去人烟稀少，现在诸多人口稠密的城市迅速崛起。成千上万的人突然涌入了这些新的工业中心，而在此之前，他们都居住在空旷的田野上。

　　机器制造的商品价格比传统方式生产的更便宜。因此，所有那些继续从事家庭产业的人不得不降低他们产品的价格，并陷入贫困。特别在纺织产业中，从旧的方式到工厂制的过渡时期，给很多人带来了可怕的痛苦。

　　英国的工商业霸权——我们通常所说的"工业革命"，首先发生在英国。当法国和其他国家之间的战争阻碍了欧洲大陆制造业发展的时候，英国却成了世界的工厂。英国的纺织品和铁器对俄罗斯农民、美国拓荒者以及印度贵族来说都是不可或缺的。英国的工商业霸权一直持续到 19 世纪下半叶，但现在面临着美国、德国以及法国的激烈竞争。

　　铁路——平行木制轨道组成的道路自古以来就有使用。铁轨上用马拉的矿车最早出现在威尔士的一些矿井里，用来将煤炭运送到港口。1804年，工程师特里维西克发明了第一辆用来拉这些矿车的蒸汽机车。10年之后，也就是1814年，乔治·斯蒂芬森制造了一个改良的火车头，但他这个发明的价值仍然没有打动人们。他继续完善他的发明，在1825年，他又制造了一辆火车头，这个火车头能以每小时11英里的速度行驶。5年之后，他为利物浦和曼彻斯特铁路制造的"火箭号"火车头的时速达到了35英里。这一成功在整个英国掀起了铁路建设的热潮。1840年，英国的主要城市都通过铁路连接起来。

> 欧洲的主要国家和美国迅速效仿英国的做法。在美国和加拿大修建的铁路贯穿了整个北美大陆，建造这条铁路如同建立一个帝国，而且其效率超过了世界历史上任何一支军队。欧洲过剩的人口被分散到这片还未被破坏的广袤荒野上。繁荣的城市和快乐的农田在这片野兽出没的古老土地上以不可思议的速度迅速崛起。

铁路建设的影响——铁路为所有国家开启了一个新的时代。货物运输变得便宜、快捷而且可靠。农场种植的农产品，矿山开采的矿石，工厂的产品，这些都可以很容易地运往全国各地。穷人的食物变得越来越便宜，饥荒的恐怖也一去不复返。书籍和报纸可以送达每一个村庄，教育比以往任何时候都能得到更广泛而且有效的传播。以前国外旅行的种种不舒适和危险也消失了，人们现在很容易就可以去其他国家旅游，会发现那些陌生人也有许多优秀的品质。种族偏见——无知最糟糕的产物之一，现在也遇到了铁路这个天敌。

蒸汽轮船远航——1807年，美国人罗伯特·富尔顿制造的第一艘蒸汽船在哈德逊河进行了试航。1819年，富尔顿还建造了第一艘横渡大西洋的轮船。他从美国萨凡纳航行到英国利物浦花了26天。现在，英国和德国一流蒸汽轮船公司的快速班轮横渡大西洋只需要5天。廉价和快速的海洋运输所带来的影响使远东地区也变得触手可及。从欧洲到中国和日本的旅程不到一个月就能完成。巨型蒸汽轮船完成了亚洲的原材料和欧洲商品之间的贸易，同时也将西方的新观念带到了亚洲。引进了新的理念，这些理念很快就转变了那些古老而且牢不可破的东方社会体制。1869年苏伊士运河的开通，使印度以及远东地区与欧洲之间联系变得更加紧密。亚洲的贸易又一次通过其历史性的通道，如同之前通往热那亚这样的地中海港口的航线一样，进入了一个新的繁荣时期。

电报和电话——所有的新发明中最奇妙的就是电报。早在 19 世纪，人们就开始做相关的实验，但是美国人塞缪尔·摩尔斯发明了用于发送和接收信息的实用仪器（1844 年）之后，电报才被普遍使用。经过几次失败，付出了巨大的人力物力之后，电报电缆终于被放置在海底，连接了英国和美国。现在，电报电文可以传送到世界各地。1896 年，意大利人伽利尔摩·马可尼发明了一种无线电报系统。"马可尼式无线电报"现在仍然不断地在英国和美国之间传送着讯息。船舶在高速穿越海洋的同时，也保持着与各个陆地电台之间的通信。

1877 年，美国人贝尔发明了以他的名字命名的完美仪器，在那以后，电话便开始普遍使用。无线电话，已经被美国海军采用，这是最近一个被应用于战争的科学奇迹（1907 年）。还有一个发明比之前这些更加引人注目，虽然这个发明不是那么重要，它就是 1907 年发明的传真，实现了用普通电报线来传输图片。所有这些发明将各个国家凝聚在一起，成为一个大家庭。现在从巴黎到北京之间的距离比一个世纪之前巴黎到伦敦还要近。

1 便士邮资和万国邮政联盟——直到 19 世纪初，将世界上的某一个地方的信件寄到另一个地方还是非常困难的。即使在某个国家国内寄信，邮资也十分昂贵，而且只有较大的城市之间才有定期的邮政联系。1830 年，一封信件从伦敦寄到爱尔兰仍需花费 1 先令的邮资。1837 年，英国议会通过了一项决议，规定每封信件的邮资统一为 1 便士，英国的例子很快就得到了所有文明国家的效仿。在旧的制度下，每个英国人每年平均寄 4 次信件；而在 1900 年，则达到了每人每年平均 56 次，也就是说，整个英国一年内共寄了 2324 万封信件。

在德国的建议下，22 个国家于 1874 年加入了"万国邮政联盟"。在 1878 年的第二次邮政联盟代表大会上，参加联盟的国家代表了全世界 7.5 亿居民。现在，整个文明世界都被万国邮政联盟所接纳，所有国家为邮政的目的组成了一个国家。现在从东京寄一封信到柏林所需的邮资要比 70 年前从巴黎寄到马赛便宜得多。不同国家间的通信增加了上百倍。

报纸的发展——1702 年，世界上第一份日报在伦敦问世。公共媒体的现代化发展始于英国并非偶然。1702 年是英国国王威廉和玛丽统治的最后一年，他们在 1689 年签署了《权利法案》。政治自由，包括言论自由和新闻自由的权利，一直都是孕育充满活力的公众舆论的温床。在古希腊民主时代，印刷术还没有出现，于是自由与公共演讲完美地结合在一起。而在近现代社会，新闻是自由的，还是受压制的，是衡量一个政府开明还是专制的忠实反映。

在美国，共和政体的各种机构对公共事务一直有着广泛的兴趣，1902 年，美国一共出版了 20156 种报刊。与此同时，专制统治下的俄罗斯在 1900 年仅仅出版了 826 种报刊。另外，在 1777 年，专制统治下的法国出版了第一份日报，而且也是当年唯一的一份；而在法国大革命期间，上千种政治报纸和期刊突然之间涌现出来，这个情况非常值得注意。

> 新闻界是最强大也是最有影响力的教育媒介。近现代大量的报纸给人们带来了来自世界各地的电报新闻，并向读者解释了所有难以理解的东西。报纸的撰稿人声称他们通过对各种公共事件的公开批评表达了那些读者们的观点。他们也在很大程度上形成了公众舆论，这一点从公民如何投票选举议会代表和官员上面就可以看出来。从政治的角度来看，新闻界实际上可以被称为一个更大的议会。

历史加速发展——蒸汽机、铁路、巨大的远洋轮船、电报、邮政系统以及报纸，这六者是现代社会的主要创造者。它们结合在一起加速了历史的发展，并使其达到了 1 个世纪之前不可想象的速度。过去需要几百年才能完成的改革和变革，现在只需要一代人就能完成。在最近所发生的快速变化中，最引人注目的是日本按照西方路线的改造、非洲的分区和产业开发以及美国和加拿大西部的移民。所有这些事件我们接下来会有更详细的讲述。

教育和人道主义事业的发展——现代西方文明有时会被指责过于专一地追求物质的目的。有人认为财富和权力是现代西方文明唯一的目标。但是，从现代西方文明在普遍的教育和道德上所取得的进步来看，这种观点并不是完全公正的。

公共教育——在法国大革命之前，欧洲一半以上的人口都是文盲。腓特烈大帝在普鲁士推行小学义务教育（1763 年），但是过了很长一段时间之后，他这个英明的榜样才被欧洲国家广泛效仿。在德国，现在很难找到一个不会读书写字的年轻人，在其他大多数西方国家里，文盲也很少。

> 教育的普及使人民的生活变得更加自由且更加有趣。迷信已经在人类

身上产生了如此大的影响，但是现在它不得不让位给启蒙运动。宗教不容异己是欧洲苦难的根源，但是现在几乎所有的地方都接受了更宽容同时更人性化的宗教观点。政治智慧的增长也为人们提供了参与自由宪政政府的机会。此外，有经验表明，受过教育的、聪明的工人比文盲工人的生产效率要高得多。因此，在公众教育上花费的钱被普遍繁荣所带来的巨大利润返还给了国家。

奴隶制的废除——自远古时代以来，奴隶制在世界各地都存在，那里的农业或者其他产业需要劳动力。我们都听说过腓尼基的奴隶贸易，以及晚期罗马共和国对奴隶的残酷对待。基督教教导人们要对奴隶仁慈，但并没有禁止奴隶制作为一种制度继续存在。贩卖奴隶和战俘盛行于整个中世纪，其中撒拉森人对此尤为热衷，罗马是主要的市场之一。然而到了 13 世纪，奴隶制度被抛弃，奴隶们逐渐变成了农奴。

但是这一变化只是出于经济便利而非仁慈的目的，这可以从发现新大陆之后非洲奴隶贸易的发展得到证明。然而我们不能认为是白人首先残酷地虐待了黑人。葡萄牙人发现奴隶制度和奴隶军队在黑人部落中十分常见。在 16、17 以及 18 世纪，葡萄牙、西班牙和英国都参与了非洲奴隶贸易。在《乌得勒支和约》（1713 年）中规定英国的奴隶商人有权在 40 年内将 14.4 万名黑奴贩卖到西班牙殖民地。

在 18 世纪末期，一些英国议员开始谴责奴隶贸易是残酷和野蛮的。他们获得了追随者，并且成功通过了保护奴隶免受过度虐待的法律。1808 年，英国通过了一项废除英国奴隶贸易的法案。在接下来的几年里，其他国家也被要求采取措施反对罪恶的奴隶制。

1833 年，英国人民为他们在奴隶问题上的仁慈和无私做出了最高尚的证明。在那一年，英国议会通过了一项法律，命令解放所有在英国殖民地上的奴隶，共有 63.9 万名奴隶恢复了自由。英国政府则用公共资金向之前的奴隶主支付了 2000 万英镑。法国殖民地的奴隶在 1848 年被全部解放，6 年之后，整个法国永久废除了奴隶制度。因为奴隶制问题而引发的可怕的美国内战，我们接下来将会提及。自从非洲落入欧洲国家的控制之后，那些在非洲有利益的大国就签订了在该大陆所有地区都废除奴隶贸易的协定。

红十字会——在古代和中世纪的战争中，战争的残酷往往超出其实际的需要。不仅战俘会被杀害、虐待或者被作为奴隶贩卖，而且他们自己军队中受伤的士兵也只能得到最基本的医疗救助。16 世纪以后，一些欧洲国家成立了一些私人社团，目的在于战后救助伤员。在现代，同情受难的人们已经成为整个人类更普遍的一种品质。人们已经学会理解战争是国家或政府之间的斗争，而不是人与人之间的斗争。既然战争还不能被完全消除，那么人们至少应该设法减少个人在为国家服务时所遭受的苦难。为了这一目的，1864 年在瑞士日内瓦召开了国际会议，许多国家缔结了《日内瓦公约》。这个国际公约要求所有的缔约国政府允许医生和护士在战场上服务。所有医护人员，以及他们的马车、帐篷等，都以一个带有红十字图案的白色徽章或标志来区分。他们是中立和不可侵犯的，同时救助双方的伤员。各地很多救助伤员的协会都联合起来加入了国际红十字会。成千上万被救助的人们都心存感激，要是在过去，他们都会在战场上悲惨地死去，红十字会是对现代文明人文精神的最好致敬。

医学水平和公共卫生的进步——科学发现使疾病的预防和治疗水平得到了惊人的完善。人类已经变得更健康、更强壮而且更快乐，现代的医生无论在哪里都能扩大他们的工作所带来的福祉。

第一个值得注意的现代医学发现是将天花接种作为预防天花的措施。天花接种就是人为地将天花病毒接种到人身上，它在古代就被人们所熟知，现在（1908 年）的中国也很流行。天花接种于 1718 年从土耳其传入欧洲。这也是非常危险的，因为接种过的病人有可能会将天花传染给其他人，有时候他自己也可能会因病情加重而死。1796 年，英国医生爱德华·詹纳发现，人们可以接种患有牛痘的牛身上的病毒。这种"牛痘疫苗"只会使病人产生很少的脓疱，但能使他对天花免疫。自从爱德华·詹纳发现牛痘疫苗之后，疫苗接种已经变得绝对安全。它已被证明是医学史上最伟大并且最有益的发现之一。天花以前经常在欧洲肆虐，一个国家一年就有数万人死于天花。在强制接种疫苗的德国，1898 年死于天花的仅有 15 人，而全国人口总数则为 53753140 人。

1850 年以来，城市的公共卫生设施就开始系统地建造。最近建造的净水供给和污水处理工程在许多情况下都超过了著名的古罗马水利系统的尺寸和建造难度。通过各种各样的预防措施，特别是通过强制城镇执行最严格的清洁工作，那些先进的国家已经使瘟疫和霍乱的蔓延变为不可能，而这些传染病在过去常常导致欧洲人口锐减。

医学进步的历史重要性——尽管所有这些医学进步对历史的影响无法直接估量，但毫无疑问是非常深远的。它们提高了人们在各种工作中的效率，消除了过去由于传染病所导致的公共事业中断的情况。这些国家也变得更加富有，目标也更加坚定。

　　修建巴拿马运河可以显著地说明目标坚定的意义所在。在苏伊士运河建成一段时间后，一家法国公司开始修建巴拿马运河。但是法国人的尝试以失败告终，主要原因是巴拿马地峡的致命气候。热病和痢疾夺去了数百人的生命。后来美国政府着手修建巴拿马运河时，首先派出了一个专家委员会来改善当地的卫生条件。这个委员会的成功堪称一座 20 世纪初医疗科学胜利的纪念碑。热病和痢疾几乎在运河区彻底绝迹。工程师们可以继续投入修建运河的工作，因为没有任何传染病会推迟或中断他们的计划。

第三十二章　欧洲政治的现代化（一）：法国、西班牙、瑞士、比利时、荷兰以及斯堪的纳维亚诸国

引言——推翻拿破仑的国家们相信它们同时也终结了革命时期的自由主义制度。它们支持君权神授，并对所有鼓动争取民众权利的言行采取压制态度。但是法国大革命的思想已经在人民中传播开了，没有任何力量可以将其消灭。随着人们在教育和政治智慧上的进步，他们最终迫使政府承认了宪政规则。因此，1815 年—1848 年这段时间，充满了进步人士与保守派政府之间长期不懈的斗争。

I. 法国

法国波旁王朝复辟和七月革命（1815 年—1830 年）——滑铁卢战役之后，路易十八再次回到了法国，他的统治符合极端贵族和神职人员的愿望。

不仅共和党人在法国受到迫害，甚至一支法国军队也被派往西班牙越过比利牛斯山去帮助那个邪恶的西班牙国王斐迪南七世，推翻了他已经宣誓支持的西班牙宪法。也许保皇党最糟糕的错误就是处决了内伊元帅，他是拿破仑时期最受欢迎的将军。在俄罗斯战役中的英勇表现为他赢得了"勇士中的勇士"的光荣称号。

1824 年，路易十八的弟弟查理十世即位，他是一个极端的保守派。当自由派通过选举获得议会的多数席位时，查理十世试图通过宣布选举是非法的，并压制所有的自由派报纸来维护他的君主专制。于是巴黎民众奋起反抗（1830 年 7 月），经过 3 天的巷战，国王查理十世不得不离开法国流亡国外。

路易·腓力一世的统治（1830 年—1848 年在位）——这位新国王通常被称为"中产阶级国王"，因为他的王位是靠富裕的中产阶级的支持而得来的。

> 他属于波旁家族的年轻分支。第一次大革命之后，他在瑞士当了一名教师，并游历过美洲和欧洲。他放下了家族的傲慢，并愿意以立宪君主的身份执政。但是农民和工匠们讨厌路易·腓力一世，因为他只喜欢有钱人。在他统治后期的几年里，他几次差点被刺身亡。对暗杀的恐惧使他颁布了一些压制性的法律，这使得他的统治越来越不受欢迎。

1848 年 2 月，巴黎民众武装起来，要求成立共和国。路易·腓力一世化名"史密斯先生"逃到了英国。1830 年和 1848 年的法国革命是欧洲各地掀起自由革命的信号。

第二共和国（1848 年—1851 年）——伟大的皇帝拿破仑·波拿巴的侄子路易·拿破仑·波拿巴，即拿破仑三世，被推选为新的共和国总统。他不是一个真诚的共和主义者，他的目标只是复兴他叔叔的"恺撒主义"。从一开始，他就利用各种政治花招来赢得个人的追随者。拿破仑式专制统治的支持者被安置在所有重要的职位上，军队全部陷入了体制性的腐败。

1851 年的武装政变，以及第二帝国的建立——通过精心的策划，共和党领导人突然在一夜之间全部被捕，所有的抵抗都被武力镇压，路易·拿破仑成为拥有10 年任期的总统。这种夺取政权的阴谋被称为"武装政变"，这是一个法语的专有名词，现在国际上已经通用。一年后，路易·拿破仑让法国人民投票决定是否愿意让他成为法兰西皇帝。近 800 万张选票投了赞成票。于是，他加冕成为法兰西皇帝拿破仑三世[1]。

拿破仑三世是一个颇有才干的人，他带给法国 18 年的内部和平。

> 农业和工业都蓬勃发展，全国各地修建了许多铁路，而昂贵的公共建筑维持着帝国的外在辉煌。巴黎花费了巨额的成本彻底重建，现在成为一

---

[1] 拿破仑·波拿巴的儿子在奥地利患病早逝，他的称号是拿破仑二世，所以路易·拿破仑·波拿巴称拿破仑三世。

座世界上最美丽的首都。

关于拿破仑三世远征俄罗斯和意大利的成功，我们将在适当的地方加以叙述。他发动的这些侵略战争一时之间使法国上升到一等强国的位置。巴黎也成了欧洲的政治中心。

但在他执政的后半期，拿破仑三世在外交政策上犯了很多错误，最终导致了普法战争，并带来了可怕的灾难。

随着时间的推移，他的统治充斥着歪门邪道，尤其是军队，已经彻底腐化堕落。

普法战争的起因——普鲁士首相俾斯麦经常在外交上把拿破仑三世玩弄于股掌之中。在普奥战争（1866年）之后，拿破仑三世意识到，普鲁士领导下的日耳曼国家正在变得强大，如果不能将其遏制，它必然会成为和法国势均力敌的一大强国。他提出普鲁士应该放弃莱茵河沿岸的一些土地，因为普鲁士从德意志获得了好处，所以法国也应该分一杯羹。俾斯麦知道当时法国军队还没有为战争做好准备，于是拒绝了拿破仑三世的要求。许多法国人都很嫉妒普鲁士，都在等待一个借口来发动战争。

图79　俾斯麦

1870年，西班牙临时政府提议由霍亨索伦家族的利奥波德亲王来继承西班牙王位，他接受了。当时的普鲁士国王威廉一世是霍亨索伦家族的首领，法国人担心西班牙因此会与德国紧密地联合在一起。法国政府要求这位霍亨索伦家族的贵族不得继承西班牙王位，普鲁士国王答应了。然而后来拿破仑三世命令法国驻德国大使要求普鲁士国王公开宣布利奥波德亲王永久放弃西班牙王位的候选人资格。

没有人相信普鲁士政府会屈从于这种要求，普鲁士国王威廉一世自然也不会同意，法国的激进派认为这就是发动战争的由头。然而大多数法国人不想打仗，拿破仑三世自己也犹豫不决。但是俾斯麦知道普鲁士和法国之间的冲突是不可避免的，他希望日耳曼军队处于最佳状态的时候和法国开战。他公布了普鲁士国王和法国大使会见的会议记录，法国大使似乎在会见中受到了侮辱。法国议会立刻投票支持战争，国防部长这样说："一切都准备好了，甚至连士兵们绑腿上的最后一颗扣子也扣好了。"

普法战争的第一阶段——当双方宣战的时候（1870 年），普鲁士的总参谋部已经有了一个完整的动员计划。向莱茵河挺进的每一个细节都是在陆军元帅老毛奇的指导下完成的——他是史上最伟大的战略家之一。不到两个星期，就有近 40 万普鲁士军队集结到了边境。

而在法国方面，整个战役从一开始就毫无章法。

在拿破仑三世执政期间，贪污腐败和挪用公款已经成了法国的公害，如今不得不吞下这个可怕的恶果。整个法国军队中有 10 万人是吃空饷的，只有 25 万人可以立即投入战场。法国的军官们竟然没有自己国家的精确地图，而部队的后勤补给是如此混乱，边境的一些士兵因为缺乏食物几乎都要挨饿。

普鲁士军队节节胜利。法国元帅巴赞指挥的一支 14 万人的军队在梅斯要塞被强大的普鲁士军队包围。1870 年 9 月 1 日，经过一系列巧妙的行军和激烈的战斗之后，老毛奇元帅的将军们在色当完成了对法军的合围。法国皇帝拿破仑三世和他的 10 万名士兵不得不在第二天正式向普鲁士投降。

第三共和国，以及普法战争的第二阶段——在色当的灾难性惨败之后，巴黎人废黜了拿破仑三世，宣布成立第三共和国。当法国和普鲁士议和时，普鲁士人要求法国割让阿尔萨斯，但是法国人决心战斗到底也不愿放弃哪怕一寸土地。一支普鲁士军队包围并炮击了巴黎。然而法国首都的防御工事是如此坚固，恐怕只有饥荒才会迫使这座城市投降。在 4 个多月的时间里，被围困的 200 万巴黎居民与外部彻底隔绝，只有通过热气球和信鸽与城外联系。

各省都以极大的热情和精力招募并武装新的军队。保卫国家的精神领袖是莱昂·甘必大。他乘坐热气球从巴黎逃了出来，并在这些省份建立了军事独裁统治。在他的指挥下，法军孤注一掷，试图突破一直围困巴黎的普鲁士军队。如果不是因为巴赞元帅的叛变，莱昂·甘必大可能已经成功了。这个臭名昭著的叛徒在梅斯要塞按兵不动，想以此来为自己赢得权力。当他所有的阴谋都失败之后，便向普鲁士投降了，就这样放弃了还在和普鲁士交战的 17 万名法国士兵以及他们的军官，并交出了所有的武器弹药。他的投降使近 20 万普鲁士军队能够转而投入到对莱昂·甘必大的进攻。

1871 年 1 月，巴黎不得不投降。3 个月后，《法兰克福条约》彻底地结束了这场战争。法国被迫将阿尔萨斯以及洛林的一部分割让给普鲁士，并支付 50 亿法郎的巨额战争赔款。这场战争最终导致法国损失了 150 亿法郎。

1871 年之后的法国——1871 年以来，法国和德国之间几乎要重新开战的情况已经发生了好几次。即使是现在，仍有相当大一部分法国人因为那场耻辱的失败而耿耿于怀，仍然渴望着复仇并夺回当初割让出去的阿尔萨斯 - 洛林地区。法国国内现在非常繁荣。所有欧洲人都惊讶地见证了法国如何从 1871 年可怕的财政损失中恢复过来。保皇党和独裁主义者试图控制法国政府，但是，共和国已经以更大的生命力接受了种种考验，共和国作为法国政府的形式似乎注定要存在很长一段时间。

目前的法国政府——目前的法国政府是在 1875 年国民议会通过的共和国宪法的基础之上建立的。总统由参议院和众议院选举产生，选举总统时参议院和众议院将联合组成国民议会。总统的任期是 7 年，他可以提出新的法律，或者换句话说，他拥有立法的"提案权"。他必须密切注意法律是否得到了正确执行（简单地说，总统是"执行者"）。他管理军队，任命所有的文职官员和军官。

参议院和众议院也拥有立法的"提案权"。一项法律的提案只有在获得了这两个议院的多数同意后才能正式成为法律。参议员必须年满 40 周岁，由间接选举产生，任期为 9 年。实际上，众议院的权力远远超过了参议院。众议院议员必须年满 25 周岁，由普选产生，任期为 4 年。

另外，由 11 位部长组成内阁来辅助总统。他们都是由总统任命的，但必须得到众议院的多数票通过。对于选举总统和内阁，他们也要对自己的行为负责。通过对部长人选的控制，众议院实际上拥有法国的最高权力。

II. 西班牙

从君主复辟和革命到宪政——19 世纪西班牙的内部历史一直是专制主义和自由主义的斗争史。1814 年，被拿破仑·波拿巴驱逐出境的西班牙国王斐迪南七世回到西班牙复辟。他发现当时西班牙已经有了自由主义的宪法，还有一个选举产生的立法机构，叫作议会。他推翻了宪法，对议会的爱国领袖进行了残忍的迫害，并对神职人员给予了充分支持，甚至中世纪的宗教法庭也在西班牙复活了。

经过 6 年的专制统治之后，一场大范围的起义迫使斐迪南七世接受了宪法，并成立了议会。但是在 1823 年，法国国王路易十八派出一支军队到了西班牙，通过武力恢复了专制主义。西班牙在这个世纪余下的政治斗争在这里就不加叙述了。在 1873 年和 1874 年，西班牙成为共和国。

从那时起，西班牙就一直是君主立宪制国家，国王由波旁王朝的成员世袭。国王和议会共同拥有立法权。议会包括由贵族和富人组成的参议院，以及由公民选举产生的众议院。

西班牙国王和天主教会长期以来的压迫，使得这个国家的人民比其他任何一个俄罗斯以西的国家都更加贫穷和无知。

殖民地的损失——在拿破仑·波拿巴统治的初期，西班牙的殖民地仍然包括几乎所有的中美洲和南美洲地区，只有巴西属于葡萄牙。拿破仑·波拿巴将其长兄约瑟夫·波拿巴封为西班牙国王之后，西班牙在美洲的殖民地拒绝承认约瑟夫·波拿巴作为他们的统治者。斐迪南七世复辟后，这些殖民地愿意再次效忠斐迪南七世，同时也要求他批准各种自由的条件。当斐迪南七世拒绝了这些条件时，他们宣布了独立。西班牙军队无法控制那些宣布独立的殖民地。法国急于帮助西班牙解决这一问题，但英国首相坎宁不允许任何其他欧洲国家干涉美洲的事务。1824 年，西班牙正式承认了布宜诺斯艾利斯、哥伦比亚以及墨西哥的独立。

西印度群岛的古巴和波多黎各，以及菲律宾群岛，在 1898 年前一直处于西班牙的统治之下。古巴人处于一种长期的反抗状态，西班牙军队无力镇压。由于持续的混乱一直损害着美洲的商业，最后美国政府要求西班牙允许古巴获得独立。西班牙的拒绝导致了战争。在菲律宾马尼拉和古巴圣地亚哥港的两场战役中，西班牙装备落后的舰队被美国海军歼灭。菲律宾和波多黎各被美国占领，而古巴则获得了独立。除了加那利群岛和非洲一些无关紧要的领地之外，以前查理五世和腓力二世那强大无比的世界帝国现在已经土崩瓦解。

III. 瑞士、比利时和荷兰

瑞士——拿破仑建立并扶持了一个赫尔维西亚人（瑞士人）的共和国，并在 1814 年宣布成为一个独立的国家。当时的瑞士是一个由一些小国家组成的松散联盟，叫作州联盟。1848 年，一场宗教和政治争端导致了瑞士州联邦之间的内战。这次战争的结果构建了瑞士现在的宪法，其中之前的"联盟"变成了"联邦国家"。瑞士联邦是一个更紧密的联邦，同时中央政府拥有更大的权力，这是迈向建立统一国家的一大步。但瑞士宪法仍然规定，22 个州"拥有独立主权，其主权不受联邦宪法的限制"。

瑞士联邦立法机构由两个议院组成，一个是各州议员代表，一个是普选的人民代表。行政权力掌握在联邦议会的 7 名成员手中，任期为 3 年，他们由两个议院选举产生。从某些方面来看，瑞士政府是一种完全的民主政治。比如"全民复决"就是一个很好的例子，立法机构通过的法案还要经过全体公民的投票复决。只有大多数的瑞士公民投票赞成这些法案，它才能正式成为法律。

比利时和荷兰——1814 年，反法同盟将尼德兰南部与荷兰统一为一个国家，希望借此在欧洲东北部建立一个强大的邻国来抗衡法国。然而这个方案并不完全受欢迎，因为比利时人主要是天主教徒，他们都说法语，但是荷兰人都说荷兰语，而且他们都是新教徒。1830 年，当比利时人得知巴黎起义的消息时，他们立刻起义，并赢得了独立。1831 年，欧洲列强承认了比利时是一个独立的国家。自那以后，比利时的政府一直是君主立宪制。

荷兰和瑞士作为国际会议中心获得了很多荣誉。红十字会和万国邮政联盟都是在瑞士成立的。在荷兰召开了海牙和平会议，所有欧洲国家的代表为了达成限制军备的崇高目标而团结一致。1899 年，在俄罗斯沙皇的提议下举行了第一次和平会议，并于 1907 年举行了第二次和平会议。但不幸的是，这两次和平会议表明，削减军备的崇高目标仍然任重道远。

IV. 斯堪的纳维亚国家

挪威和瑞典——在《提尔西特和约》签订之后，俄罗斯从瑞典手中夺走了芬兰。1814年，欧洲列强同意瑞典应该通过吞并挪威来弥补这一损失。瑞典和挪威这两个斯堪的纳维亚国家成为一个邦联，但仅仅只是由两国共同君主形成的一个"个人联盟"。他们在一个国王的统治下形成了两个君主政体。外交关系是一体的，而在所有的民政事务中，两国政府是各自分开的。1905年，挪威举行了全民公投，几乎全票通过，于是两国之间的联合和平解除了。挪威现在是一个独立的王国，有着完全民主的宪法。

丹麦——在拿破仑战争之前，丹麦的领土包括挪威。丹麦国王错误地决定与拿破仑·波拿巴结盟，于是英国海军上将纳尔逊在哥本哈根港口摧毁了丹麦舰队。正如上文所述，后来挪威被并入了瑞典。1864年，丹麦将南部的两个省石勒苏益格和荷尔斯泰因割让给了普鲁士，因为这两个省的人口中有部分是日耳曼人。丹麦是君主立宪制国家，立法机构由两个议院组成。

第三十三章　欧洲政治的现代化（二）：德国和意大利的统一

I. 德国

梅特涅的权势——奥地利首相梅特涅作为灵魂人物领导了政府近 40 年。他的政策完全是反动的，作为极端保守派，他反对宪政、新闻自由以及与革命有关的所有自由主义制度。他在外交上的聪明使奥地利在普通欧洲事务中的意见变得十分重要。在他的鼓动下，不仅奥地利实行了专制主义统治，德国和意大利也是如此。

> 梅特涅推动奥地利、普鲁士以及俄罗斯缔结了"神圣同盟"，这是由不切实际的空想家俄罗斯沙皇亚历山大所提出的联盟，旨在通过仁慈的基督教准则来统治整个欧洲。除了英国国王、土耳其苏丹以及教皇之外，所有欧洲国家的统治者最终都加入了"神圣同盟"。这个同盟成了梅特涅消灭从俄罗斯到西班牙的自由主义的最佳工具之一。

1815 年的德意志联邦——在拿破仑·波拿巴垮台之后，欧洲各国的政治家聚集在奥地利首都举行了著名的维也纳会议，目的是处理欧洲事务。维也纳会议使欧洲的政治版图回到了和法国大革命之前几乎完全相同的局面。

根据维也纳会议，日耳曼国家组成了一个松散的德意志联邦，由奥地利担任主席国，共有 39 个邦国。德意志联邦的事务由 39 个邦国政府代表组成的议会来管理。爱国者们希望能看到一个统一的德意志国家从联邦中诞生。但是，奥地利和普鲁士之间的对抗，以及较小邦国对失去主权的恐惧，使德意志国家的完全统一往后推迟了半个多世纪。

关税同盟——共同的贸易利益使德意志联邦各邦国结成了关税同盟。为了商业目的，参加这个同盟的各国就像一个国家，而在这个国家里，货物可以不用付任何关税就可以转运到各地。但是当奥地利希望加入时，普鲁士拒绝了。普鲁士在关税同盟中占有天然优势，因为普鲁士有更多的人口和广泛的贸易。不受阻碍的商品交换大大推动了德意志联邦的物质繁荣，而商业统一的建立也为德国后来的政治统一奠定了良好的基础。

1848 年的革命——在梅特涅的体制之下，所有自由主义的愿望都在德意志和奥地利受到了压制。但是广大的人民，对政治自由的渴望依然强烈，他们对专制主义的仇恨也在与日俱增。当巴黎革命的消息传到德意志联邦首都的时候，几乎所有的人立刻揭竿而起，并要求实行宪政。梅特涅从维也纳逃出来的时候，几乎丢掉性命。奥地利皇帝也逃离了他的首都。在柏林，普鲁士国王的军队和民众之间发生了血腥的冲突。宪政在任何地方都得到了承认。但是在普鲁士和奥地利，专制政府竭尽全力地维护着统治。虽然立法机构是由人民选举产生的，但君主仍然拥有国家的真正权力。

与丹麦的战争，以及七星期战争（普奥战争）——1864 年与丹麦爆发战争的主要原因是日耳曼人强烈的民族感情。他们再也不能忍受石勒苏益格和荷尔斯泰因的日耳曼同胞们继续被丹麦国王统治。在短暂的战役之后，奥地利和普鲁士的联军迫使丹麦政府放弃了石勒苏益格和荷尔斯泰因。两年后，这两个省被并入普鲁士。

这就是这个问题的最终解决方案，这个方案也带来了奥地利和普鲁士之间的长期冲突。

普鲁士首相俾斯麦认为解决普奥两国之间竞争的时机已经成熟，并将使普鲁士成为德意志联邦无可置疑的领袖。他确信自己可以取得胜利，因为普鲁士军队已经非常完善了，而且他们的总指挥是老毛奇元帅。意大利与普鲁士结盟，而南方的日耳曼国家则站在奥地利一边。"七星期战争"（1866 年）是一场普鲁士军事组织和战略连续胜利的战争。这场战争的决定性战役是萨多瓦战役（亦称克尼格雷茨战役）。奥地利被迫放弃了德意志联邦的领导权，普鲁士成为新的"北德意志联邦"的领袖。南方的德意志国家也被排除在联邦之外，其中最大的国家是巴伐利亚。这些南方国家大都是天主教国家，而普鲁士则是新教国家。

普鲁士国王威廉一世和首相俾斯麦——德意志帝国的重建将永远与普鲁士国王威廉一世和他的首相俾斯麦紧紧联系在一起。国王威廉一世的伟大在于选择了才能卓著的大臣，并且诚心诚意地信任和支持他。他的目标是通过军队使普鲁士强大起来，并利用军队建立一个统一在普鲁士领导之下的德意志帝国。他的首相俾斯麦成功地实现了这个计划。

> 作为君权神授的支持者，俾斯麦一开始被自由主义者所深恶痛绝。俾斯麦的睿智和充沛的精力都胜过了他的所有对手。他知道人民还不能立即学会如何很好地使用政治权利，但是从专制统治到人民政府的转变必须循序渐进。为了支持重组普鲁士军队，俾斯麦曾经这样说过："这个时代的重大问题并不是通过演讲和多数人决议来决定的……而是通过鲜血和钢铁来决定的。"后来的事实表明，"铁血宰相"的称号对于俾斯麦来说是实至名归的。

建立新的德意志帝国（1871 年）——普法战争的胜利激起了德意志人民心中的爱国主义，这种强烈的爱国主义使俾斯麦得以完成国家统一的伟业。在围困巴黎期间，日耳曼国家在凡尔赛宫加入了德意志帝国。普鲁士国王威廉一世加冕为德意志帝国皇帝。

统一的影响——在新的政治秩序下，德意志帝国以其不可思议的迅速进步震惊了整个世界。其钢铁业和纺织业现在都能够与英国竞争。德意志帝国制造的蒸汽轮船在世界各地港口的数量仅次于英国。德意志帝国军队使全世界感到钦佩和畏惧。柏林、耶拿、海德堡和其他一些德国城市的大学被认为是最优秀而且最重要的学术中心，吸引着来自世界各地的学生。

> **德意志帝国政府**——25 个各自拥有独立法律和政府的国家组成了德意志帝国，但是它们都不能与德意志帝国的法律相悖。1871 年以来，所有有关帝国共同利益的事务都稳步地走向统一。
>
> 行政权力属于德意志联邦参议院和皇帝。联邦参议院由各个独立政府的代表组成，属于上议院的一种。皇位由霍亨索伦家族成员世袭，也就是说，普鲁士国王也是德意志帝国皇帝。

联邦参议院以及由德国人民选举的代表所组成的帝国国会共同负责立法的工作。

外交事务、驻外领事馆以及陆军和海军，则完全在皇帝的控制之下。

1866 年之后的奥匈帝国——在 1848 年这个混乱的时期，匈牙利试图获得完全的独立并建立属于他们自己的自由政府。在那些冒着生命危险追求国家自由的热情爱国者之中，拉约什·科苏特永远都是最著名的人物之一。匈牙利起义被奥地利政府在一支俄罗斯军队的帮助下镇压了。俄罗斯沙皇非常高兴地帮助了奥地利政府，因为他不想在自己的边界附近发生成功起义的例子。

1867 年，奥地利皇帝弗朗茨·约瑟夫一世承认了匈牙利人的新宪法。他们有自己的议会，自己的法律，甚至还有自己的国王。弗朗茨·约瑟夫一世在古老的都城布达佩斯加冕为匈牙利国王。自那以后，奥匈帝国一直是一个二元帝国，这个国家的统一主要依靠统治者本人，因为奥地利帝国皇帝同时也是匈牙利国王。两国在教育、工业以及人民福利方面都取得了很大的进步。但是两国政府一直对其统治下多个民族之间的利益冲突而倍感困扰。日耳曼人、波兰人、捷克人、意大利人以及马扎尔人，他们都希望自己的语言和民族愿望能够得到特殊的尊重。因此，奥地利议会的激烈争论成为一种普遍现象。

II. 意大利

早期的统一尝试（1815 年—1850 年）——在意大利，就像在德国一样，成千上万的爱国者渴望着国家的统一和宪政的实施。但是那不勒斯国王、教皇以及奥地利人统治着伦巴底和威尼西亚，他们镇压了所有可能会威胁到他们延续统治的运动。

一个名为烧炭党（大都是烧炭工人）的秘密组织在意大利迅速发展起来，只要是爱国者他们就吸收入党，无论男女老少，无论身份地位。在奥地利军队的帮助下，他们的多次起义都被镇压。一时间，政府的间谍遍布全国，所有被怀疑是革命者的人都会被随意关押甚至处决。历史、政治以及自然科学的教育都被禁止开展。在罗马，甚至禁止接种疫苗，因为这会让人想起法国的自由主义政府。

1830 年—1848 年，"青年意大利党"的奠基人、才能卓著的爱国者马志尼试图建立一个意大利共和国，但是始终未能成功。1849 年，他终于将教皇逐出了罗马，建立了新的罗马共和国。加里波第是为意大利争取自由的人民英雄，为了保卫新的罗马共和国，他率军与强大的法国军队顽强作战，后来兵败，加里波第中弹被俘，几乎失去了生命。

意大利王国的建立（1859 年—1864 年）——1850 年以来，意大利只有唯一一个宪政国家——撒丁王国。这个国家的领土包括了波河流域西部的皮埃蒙特，都城都灵也在那里。撒丁王国的国王维克托·伊曼纽尔任命伟大的政治家加富尔伯爵出任首相。加富尔伯爵的勇气和远见卓识比肩俾斯麦，他曾派遣一支军队参加克里米亚战争，帮助英国和法国对抗俄罗斯，并以此赢得了英国和法国的友谊。拿破仑三世在青年时代就对意大利喜爱有加，他转而帮助加富尔伯爵对抗奥地利。

1859 年，奥地利向撒丁王国宣战。撒丁王国和法国的联军在三场大会战中击败了奥地利，其中决定性的战役是在伦巴底的索尔费里诺战役。伦巴底被并入皮埃蒙特。意大利中部的一些国家也反抗他们的专制统治者，进而加入了撒丁王国。

1860 年，富有冒险精神的英雄加里波第率领一支 1000 人的志愿军突然在西西里岛登陆，并在那里发动了推翻那不勒斯国王的起义，西西里岛正是他的领土。随着加里波第的节节胜利，他最后迫使那不勒斯的最后一位波旁王朝的国王退位。

意大利南方与北方走到一起。1861 年，维克托·伊曼纽尔宣布即位为意大利王国国王，于是意大利爱国者 50 年的统一梦想终于实现了。

只有罗马和威尼西亚还想推翻这个新生的意大利王国。一支法国军队驻扎在罗马维护教皇的地位，因为拿破仑三世希望帮助他的天主教臣民们的教皇，并以此维系他们对自己的支持。威尼西亚是奥地利帝国的一个省。

意大利完成统一；教皇世俗权力的终结——在 1866 年的七星期战争中，意大利与普鲁士结成了联盟，后来意大利得到了威尼西亚作为回报。意大利军队在陆上和海上都被奥地利军队击败，但他们迫使奥地利不得不在南方部署军队，从而使普鲁士军队获胜变得更加简单。正是普鲁士的胜利，罗马才得以成为完全统一的意大利王国的首都。1870 年，拿破仑三世从罗马撤回了他的驻军，而罗马教皇延续了 1000 年的统治也宣告终结。随后的罗马教皇庇护九世拒绝放弃他世俗的权力。庇护九世一直装扮成一名囚犯住在梵蒂冈他那庄严的宫殿里面，直到死去。他的继任者迄今为止都坚持着同样的理念。

1870 年之后的意大利——在意大利，就像在德国一样，国家统一对各个方面都是大有裨益的。人口增长迅速。修建了公路和铁路，农业得到改善，新兴的产业也开始了。

多年以来，意大利与法国的关系都很紧张，因为法国占领了非洲的突尼斯，而意大利则希望保持自己对突尼斯的影响力。1883 年，意大利与奥地利和德国结成了三国同盟。这个同盟平衡了法国和俄罗斯的两国协约。这两国协约还在生效（1908 年）。根据三国同盟的义务，意大利被迫维持着非常昂贵的陆军和海军，军事开支引起了人民很大的不满甚至骚乱。意大利王国政府建立在之前撒丁王国于1848 年宣布的宪法的基础之上，是一个包括两个议院的君主立宪政府，下议院由人民选举产生。

第三十四章　左右开弓的俄罗斯

亚历山大一世和尼古拉一世——俄罗斯沙皇亚历山大一世是一个意志薄弱的空想家，他很容易受到周围环境的影响。1815 年之后，他开始推行自由主义的改革，甚至承诺制定宪法。当希腊人试图从土耳其苏丹的统治下夺回他们的自由时，亚历山大一世支持了他们。后来梅特涅向他指出，欧洲各地的革命正在危及法律和秩序，于是亚历山大被说服并重新回到了专制主义的道路上。希望破灭的俄罗斯自由主义者策划了一个秘密计划，要谋杀沙皇并宣布成立共和国。就在这时，亚历山大死了（1825 年），他的弟弟尼古拉一世（1825 年—1855 年在位）继承了他的皇位。尼古拉一世在圣彼得堡镇压了一场叛乱，并在他的统治期间继续坚持专制统治。

希腊争取自由的斗争——16 世纪初以来，希腊人一直处于土耳其统治之下。法国大革命的榜样重新唤起了他们心中对自由的热爱。他们组成了秘密的爱国主义团体，并于 1820 年发动了一次公开起义。在接下来的 10 年里，希腊在最残酷的战争中变得满目疮痍，爱国者们在这场战争中展现出了杰出的英雄主义。俄罗斯、英国和法国最终介入，土耳其舰队在纳瓦里诺战役（1827 年）中被盟军摧毁。1830 年，土耳其苏丹被迫承认希腊王国的主权独立。

俄罗斯和土耳其之间的战争（1828 年—1829 年）——土耳其苏丹将希腊的叛乱归咎于俄罗斯，这给了俄罗斯沙皇一个很好的机会来向土耳其宣战。当时的土耳其军队处于混乱不堪的状态，俄罗斯轻松赢得了胜利。他们本可直扑土耳其当时的首都伊斯坦布尔（即过去的君士坦丁堡），但是又不希望引起其他列强的嫉妒。根据《亚得里亚堡条约》，土耳其将黑海东部海岸割让给了俄罗斯，同时俄罗斯得到了各种权利和特权，这极大地增强了俄罗斯在黑海的影响力。

俄罗斯的海权需求——彼得大帝第一个认识到，如果想要开发俄罗斯的资源，就需要很多海港。他的政策直到 19 世纪还在继续执行。一支强大的舰队守卫着俄罗斯在波罗的海的贸易。

黑海长期处于土耳其的控制之下。只要土耳其封锁博斯普鲁斯海峡和达达尼尔海峡，那么俄罗斯船只就无法驶入地中海。君士坦丁堡是俄罗斯南部天然门户的关键，而那把钥匙目前掌握在一个腐朽的国家手中。俄罗斯的政治家消灭土耳其的计划是不可避免的，夺取伊斯坦布尔就能为俄罗斯打开一条通往海洋的坦途。

与英国的利益冲突——俄罗斯在中亚向印度挺进的行为震惊了英国。1869 年以来，英国和印度之间的通道是苏伊士运河。如果土耳其垮台，那么俄罗斯舰队将很快控制地中海东部，这会危及苏伊士运河的自由通行。然后，俄罗斯就能通过陆路和海上同时威胁印度。因此，英国决心阻止俄罗斯消灭土耳其。

东方问题——土耳其将会变成什么样子？这个问题就是困扰整个欧洲的"东方问题"。并不是只有俄罗斯和英国才关心这个问题，奥匈帝国是土耳其的近邻，自然不会对可能影响其利益的问题坐视不管。法国也必须尽最大可能保留自己在地中海地区的海军力量。而土耳其亚得里亚海沿岸地区的未来走向，对于意大利的商业和海权来说也是至关重要的。最后，德意志帝国在土耳其领土上发展了广泛的贸易，并希望德意志帝国能成为小亚细亚半岛和美索不达米亚的主导力量。德意志帝国已经找到了一个权宜之计，那就是由德国军官帮助土耳其重建并训练一支军队。

东方问题对欧洲和平来说是一种持续的威胁。希腊的革命，以及 1828 年—1829 年俄罗斯和土耳其的战争只是一个时间早晚的问题。我们现在要介绍的是接下来发生的两场战争，克里米亚战争和 1877 年—1878 年的俄土战争。

克里米亚战争（1853 年—1855 年）——希腊天主教会和罗马天主教会对耶路撒冷一些圣地的所有权问题发生了争执。拿破仑三世为了赢得法国天主教政党的支持，对罗马天主教会的主张表示支持，而俄罗斯沙皇尼古拉一世作为希腊天主教会在俄罗斯的领袖，在俄罗斯帮助希腊天主教徒。尼古拉一世最终要求土耳其苏丹承认俄罗斯沙皇是土耳其统治下所有希腊天主教徒的保护者。依靠西欧国家的帮助，土耳其苏丹拒绝了尼古拉一世的要求。俄罗斯人立刻展开了敌对行动，在黑海摧毁了一支土耳其舰队。

法国和英国都站在土耳其苏丹一边。撒丁王国的加富尔伯爵也派出了一支军队支持土耳其，目的是为了获得法国和英国对统一意大利的支持。至于拿破仑三世，他主要的目的是为自己的王朝赢得荣耀。

盟军围困俄罗斯在克里米亚的塞瓦斯托波尔要塞长达11个月。冬季战役十分可怕，双方都因为物资匮乏和疾病而损失惨重。当塞瓦斯托波尔要塞最终被攻陷，同时俄罗斯几乎被昂贵的战争拖垮时，《巴黎和约》（1856年）的签订终止了这场战争。

根据《巴黎和约》，俄罗斯和其他国家都禁止在黑海保留任何海军力量。黑海沿岸也不能保留海军船坞和兵工厂。俄罗斯的边界从多瑙河撤回。欧洲列强保证尊重土耳其的独立和领土完整。

> 他们的目标是保护土耳其，并使其继续成为抵御俄罗斯的堡垒。但在随后的几年里，由于土耳其政府自身的无能，其他国家对其内政的进一步干涉是不可避免的。面对成千上万毫无恶意的基督徒在土耳其被他们的伊斯兰教同胞们屠杀，欧洲列强不可能袖手旁观。

> 多瑙河以北的罗马尼亚人在战争结束之后建立了独立的罗马尼亚公国。

> 1871年，在法国战败之后，英国无法阻止俄罗斯再次宣称有权在黑海拥有要塞和海军。

俄土战争（1877年—1878年）——土耳其针对基督徒的持续暴行激起了俄罗斯人民的愤怒。因为担心俄罗斯向南方推进，英国阻止了欧洲大陆强国对土耳其进行改革的努力。在土耳其人中间，种族主义和宗教狂热被外国干涉所煽动。在保加利亚，种族仇恨最终演变为极其可怕的大屠杀。

由于土耳其政府固执地排斥所有改革的建议，英国无法继续阻止俄国宣战。土耳其军队英勇地战斗，但最终还是被俄罗斯军队击败，不是被俘就是溃逃。（围攻和占领普列文以及突袭希普卡山口。）俄罗斯军队兵临伊斯坦布尔城下。如果土耳其首都被俄罗斯人占领，那么在博斯普鲁斯海峡待命的英国舰队立刻就会开战。一时之间，俄罗斯和英国之间的战争一触即发。

柏林会议（1878年）——欧洲各国代表在柏林举行了会议，并最终达成了一项英国和俄罗斯都感到满意的协议。土耳其失去了相当大一部分在欧洲的领土。波斯尼亚省和黑塞哥维那省被置于奥地利政府的管辖之下。黑山、塞尔维亚、保加利亚以及罗马尼亚都成了独立的国家并得到承认。希腊得到了色萨利和伊庇鲁斯省，从而使王国的面积增加了一倍。俄罗斯在这场战争中名利双收，其边界又一次越过了多瑙河河口，在高加索南部还占有了坚固的卡尔斯要塞和位于巴统的宝贵海港。英国向土耳其政府承诺，如果俄罗斯试图在小亚细亚侵占更多的土耳其土地，英国将出手相助。作为回报，土耳其苏丹将塞浦路斯岛割让给了英国。

20 世纪初的东方问题——在奥斯曼帝国时期，基督徒与伊斯兰教徒之间始终争执不休。为了维持马其顿的秩序（这个省几乎就是亚历山大大帝的父亲腓力二世最初的马其顿王国），欧洲列强迫使土耳其苏丹雇佣外国警察。但是想要使欧洲恢复平静，看来最好的办法就是将土耳其人逐出欧洲；然而进一步驱逐土耳其人，很可能会导致欧洲爆发战争。

俄罗斯征服中亚——16 世纪末期，当哥萨克人完成了对西伯利亚的征服之后，他们便开始把目光转向中亚。对希瓦两次大规模的远征（1717 年和 1839 年）几乎使他们全军覆没。此后，俄罗斯将军们采取了一种缓慢但是可靠的征服方法，逐步建立起一系列防御工事来步步为营地推进。1847 年，吉尔吉斯的游牧民族俯首称臣。1855 年，哥萨克人在伊犁河以南，沿着天山脚下一些肥沃的山谷里定居下来。向南方的推进有条不紊地进行着，1865 年，重要贸易城市塔什干被突袭而来的俄罗斯军队占领。布哈拉的埃米尔竭尽全力想要驱逐侵略者，但他一次又一次地被俄罗斯军队击败。1868 年，俄罗斯人又占领了撒马尔罕。

与此同时，希瓦可汗持续不断的骚扰激怒了俄罗斯人。他的国家在1873 年被俄罗斯人精心策划的攻击所征服——三支军队兵分三路会合到希瓦的绿洲，然后突袭了这座城市。

俄罗斯与中国之间的冲突（1881 年）——19 世纪 60 年代，中国的西北发生了动乱，这给俄罗斯人提供了很好的侵略机会。他们乘乱暂时占领了位于伊犁河上游的固尔扎（伊犁旧称，1871 年）。动乱被平定后，中国人便试图恢复他们的统治。他们要求俄罗斯人撤离固尔扎，于是俄罗斯人开始准备与中国人开战。但是他们后来认为放弃固尔扎更符合政治利益，就将其归还给中国，同时保留了固尔扎 1/6 的土地。

占领帕米尔高原；俄罗斯的军事地位——1891 年，俄罗斯占领了帕米尔高原，完成了对中亚的征服。1895 年，英国和俄罗斯共同成立了一个委员会，协商确定了俄罗斯在中亚和阿富汗之间的边界。俄罗斯修建了两条铁路之后，其军事地位得到了加强，这两条铁路在塔什干附近会合，其中一条铁路的起点在里海，另一条在乌拉尔的奥伦堡。俄罗斯军队现在可以在两周之内从欧洲抵达中国或者印度。

西伯利亚的发展——俄罗斯人在 17 世纪上半叶征服西伯利亚之后，这片幅员辽阔的土地上的殖民地发展速度非常缓慢。整个世界都认为西伯利亚是一片极其寒冷和贫瘠的土地，而俄罗斯政府则将罪犯和政治犯流放到那里。1800 年—1850 年期间进行的一些科学考察探明了西伯利亚的真正价值，这片广袤的土地上蕴含着巨大的农业和矿产资源。自那以后，来自俄罗斯欧洲领土上的移民稳步增加。1902 年，西伯利亚的人口超过了600 万，其中 61% 是俄罗斯人。西伯利亚的南部毗邻中国边界，也正在迅速发展。

1891 年，俄罗斯沙皇亚历山大三世发布了一条敕令，要求修建一条横跨西伯利亚的铁路。这个历史上最大的铁路建设事业于 1903 年完工，连接俄罗斯和中国的铁路穿过了中国的东三省，标志着这条过境铁路的正式开通。一位旅行者乘坐火车可以在 17 天之内从伦敦抵达北京，而海上的路线则需要 5 个星期。俄罗斯在中国东北问题上的态度完全是由这条跨国铁路的开通所决定的，接下来我们将会介绍这一点。此后，大量的军队可以从欧洲和西伯利亚运送到远东地区。

俄罗斯在远东——之前我们已经了解到，俄罗斯越过黑龙江（阿穆尔河）继续侵略的企图被《尼布楚条约》（1689 年）阻止了将近 200 年。1854 年，东西伯利亚的总督穆拉维约夫指挥一支较小的俄罗斯舰队沿着黑龙江顺流而下，占领了黑龙江左岸的土地。当时的中国政府刚刚在北京被英法远征军击败，同时又处于太平天国起义的危险之中，内忧外患的中国政府虚弱不堪，根本无法阻止俄罗斯人的侵略。根据 1858 年和 1861 年签订的条约，中国将黑龙江左岸以及乌苏里江右岸的所有土地都割让给了俄罗斯，一直到朝鲜的边界。

根据 1895 年签订的《马关条约》（也称《下关条约》），日本占有了辽东半岛。俄罗斯联合德国和法国共同反对日本帝国的这一次领土扩张，于是日本转而要求增加战争赔款作为补偿。俄罗斯政府为中国提供了贷款，作为这次战争赔款的第一期赔偿款付给日本。作为回报，中国政府同意了俄罗斯在东三省拥有一些军事利益。

3 年后（1898 年），中国政府被迫与俄罗斯签订了新的条约。大连湾的一些海港和旅顺口（亚瑟港）被租给俄罗斯 25 年，俄罗斯还得到了修建一条铁路的权利，这条铁路穿过东三省使这些港口和西伯利亚铁路连接起来。

在义和团运动期间（1900 年—1901 年），东三省全部被俄罗斯军队占领。俄罗斯驻北京的外交大臣试图通过谈判达成一项新的条约，迫使中国承认俄罗斯拥有对中国东北的主权。但其他列强认为这一举措对他们不利，因此在 1902 年签订的条约中，俄罗斯认为承诺将东北地区归还给中国是更好的方案。

日俄战争的起因——因为西伯利亚的发展，俄罗斯政府需要在太平洋上建立一个不冻港。海参崴（即符拉迪沃斯托克）并不能令人满意，因为这个港口每年冬天有两个月是结冰的，在此期间，航行必须通过破冰船来维持，这种方式太困难了。而中国的旅顺港为俄罗斯提供了一个上佳的不冻港，俄罗斯军队立即开始大规模地加强这个港口的防御。在邻近的大连湾，俄罗斯人花费巨资修建了大连这个商业港口。

　　充满活力的日本是一个正在崛起的大国，人口增长迅速。这个国家需要在更多的领域扩展它的事业，也需要新的疆土。1895 年《马关条约》的胜利果实被剥夺之后，日本就对强大的俄罗斯在对岸大陆上的活动感到惊恐和愤怒，这种感觉与日俱增。俄罗斯的成功将永远把日本压制在一个小小岛国的地位上。俄罗斯人开始干涉朝鲜的事务，并且在反复承诺撤离的同时，不断加强他们对中国东北的军事控制，这时候日本和俄罗斯之间的局势便陷入了危机。

俄罗斯和日本的备战情况——战争爆发时，俄罗斯在远东的军队共有 15.8 万人，但是驻防在旅顺港和海参崴的守军大大分散了远东军队的兵力。援军正在从西伯利亚的铁路上赶来，但对俄罗斯指挥官迫切的需要来说，他们还是太慢了。

日本拥有一支 20 万人的常备军和一支 10 万人的预备队。另外还要加上一支 10 万人的第二预备队。能够立刻投入战场的共有 165844 人。

至于海军力量，日本则拥有压倒性的优势，大部分俄罗斯海军都在波罗的海的海军船坞和港口里，还未进入战备状态。

这场战争对于俄罗斯来说来得太快了，由于完全没有做好备战工作，战争的走向也大大出乎了俄罗斯人的意料。

日本掌握了制海权——日本舰队突然展开了卓有成效的敌对行动。1904 年 2 月 9 日的午夜，当旅顺港的俄罗斯守军正在享受一些庆祝活动时，日本海军的鱼雷艇进入港口并击伤了三艘俄罗斯军舰。第一次胜利作为榜样很快带来了之后的胜利，直到仅存的几艘俄罗斯军舰再也无法在海上露面。日本海和黄海现在处于日本的控制之下，运输船可以安全地将部队和物资运送到战区。

陆上战役的开始——在鸭绿江的俄罗斯次等部队被日本击败；辽东半岛以及旅顺港与中国东北的俄罗斯主力部队之间的联系被切断了。旅顺港本来是一座坚不可摧的堡垒，但是还没有完工，而且供应不足。日本委任乃木希典将军率领一支独立的军队来完成夺取旅顺港的任务。

辽阳战役——库罗帕特金将军率领的俄军主力主要集中在东三省南部城市辽阳附近一个牢固的阵地上。这支俄罗斯军队大约有 20 万人。针对这支俄军，三支日本军队大约 20 万人，全部由陆军元帅大山岩指挥。经过 6 天的试探性交战之后，双方展开了一场持续了两天的激烈战斗（1904 年 8 月 30 日至 31 日）。3 天之后，库罗帕特金将军不得不下令撤退。在这 10 天的战斗中，日本损失了 2.16 万人，俄罗斯损失了 1.6 万人。

图 80　大山岩

攻陷旅顺港——与此同时，旅顺港的围攻战正处于十分惨烈的状态。据守各种堡垒和防御工事的俄罗斯士兵与前来攻击的日军展开了殊死的战斗，双方都展现出了同样的决心。但俄罗斯的将军们并不能对接下来的战术达成一致。旅顺港的俄军总司令斯托塞尔的指挥既软弱又犹豫不决，看起来几乎像是叛国。1905 年 1 月，他向日本投降了。乃木希典将军的军队现在可以加入正在奉天（沈阳的旧称）进攻库罗帕特金将军的日军队伍了。

奉天战役——在辽阳取得胜利之后，日本的将军们缓慢而谨慎地追击着俄军。冬季到来的时候，俄军固守在奉天，日军在俄军防线的南部停了下来。任何大规模的行动都因为严寒而无能为力，直到春天来临才有可能。与此同时，库罗帕特金将军得到了来自欧洲的俄罗斯部队的增援，现在由他直接指挥的军队大约有 35 万人，这还不算分散在其他地方的俄军。陆军元帅大山得到的补充更多，除了来自日本的新兵之外，之前围攻旅顺港的日军现在也由他指挥，日军的总数超过了 40 万。

日军的计划是从侧翼包围俄军阵地，同时保持正面进攻。经过两个星期的可怕战斗，这个计划几乎成功了。3 月 10 日，俄罗斯沙皇收到了库罗帕特金的电报，上面说"我被包围了"。但是俄罗斯政府最担心的事情最终没有发生。经过一场匆忙的撤退，被击败的俄军残余在日军彻底将他们合围之前成功逃跑了。双方各损失了约 10 万人。奉天战役参战双方投入的兵力、双方牺牲的生命以及最后的结果，这些都将使这场战役被称为历史上规模最大而且最可怕的战役之一。

日本海战役——只要日本控制了制海权，日本军队就能得到来自本土源源不断的补充。切断日本与亚洲大陆之间的联系是俄罗斯取得最终胜利的唯一方法。俄罗斯从波罗的海调遣了两支庞大的舰队来执行这个关键任务。而日本海军大将东乡平八郎率领的日本舰队正在日本南面入口的对马海峡等待着俄罗斯舰队。

图 81　东乡平八郎

1905 年 5 月 29 日，报纸上这样写道："自特拉法加海角战役以来最伟大的战役……发生在朝鲜海峡。俄罗斯海军上将罗日杰斯特文斯基庞大的'无敌舰队'被彻底摧毁，几乎所有的俄罗斯战舰被击沉，或是被俘虏。"而日本的损失则非常轻微。

《朴次茅斯和约》（1905 年 9 月 5 日）俄罗斯和日本的全权代表在美国的朴次茅斯达成了《朴次茅斯和约》。和约第二条这样写道："……从政治、军事以及经济的角度来看，俄罗斯承认日本在朝鲜拥有更多的利益，而且……不会反对任何……日本认为有必要对朝鲜实施的控制。第四条这样写道："……旅顺港和大连港的租约……将完全让渡给日本……"第九条这样写道："……俄罗斯将库页岛南部割让给日本……"①

俄罗斯战败的原因——这个问题可以在日军的优点和俄罗斯陆军和海军组织的缺陷中找到答案。在这场战争爆发之前的许多年里，俄罗斯政府

---

① 本书最后一章的结尾将讨论《朴次茅斯和约》的意义。

内部一直充斥着腐败的罪恶，这种情况在独裁统治的官场中屡见不鲜。许多俄罗斯军官根本不称职，就像1870年拿破仑三世手下的许多军官一样。至于海军上将罗日杰斯特文斯基，这个人在到达东方战场之前就在西方饱受嘲笑。一些海军评论家之前就预测他会失败。日本海军大将东乡平八郎和他的舰队所获得的荣耀不仅仅是战斗的胜利，更是科学完备性的胜利，这正是多年以来日本人远见卓识并且高效率的准备工作的结果。

改革派与保守派之间的内部斗争（1855年—1905年）——俄罗斯沙皇亚历山大二世（1855年—1881年）宣布解放了2300万农奴，这标志着俄罗斯从中古时代向现代迈出了重要一步。虽然这些农奴们现在是自由人，但是他们的经济状况仍然十分糟糕。由于对独裁统治的不满，人们成立了一个秘密组织，被称为"民粹主义者"。他们的计划是通过暗杀来迫使俄罗斯政府改革。而政府的对策是将数千人流放到东西伯利亚。1881年，沙皇亚历山大二世签署了一条敕令，准备进行君主立宪制改革。就在这条敕令即将宣布的时候，亚历山大二世被一个民粹主义者投掷的炸弹炸死了。

亚历山大二世的继任者以流放和监禁的手段继续实施独裁统治。目前的俄罗斯沙皇尼古拉二世在他统治的前10年里也继续着类似的路线。

1903年，通过大臣谢尔盖·维特的影响，发表了一份自由宣言。对所有宗教派别都给予了宽容。同时对省级和地方行政部门进行了改革。但几个月之后，大臣普勒韦又使旧的秩序卷土重来，作为保守派，他视谢尔盖·维特为敌人。那时的俄罗斯几乎每天都会发生政治暗杀和地方暴乱。1904年7月，普勒韦被谋杀，他被认为是改革的头号敌人。

俄罗斯革命（1905）——当与日本的战争揭露了官僚主义无耻的自私自利和腐败时，愤怒的人民爆发了公开的革命。

与此同时，著名的改革家托尔斯泰伯爵谴责战争是野蛮的，并告诉人民他们应该拒绝参军。政府军不得不镇压了工人的罢工和预备役军人的暴动。这时候黑海最大一艘军舰上的士兵发动了叛乱，而其他军舰上的士兵拒绝向他们开火，局势变得十分危险。

最后，沙皇尼古拉二世听从了他的大臣们的诚挚建议，签署了一条敕令承诺进行改革。

该敕令的部分内容是："在上帝的帮助下，朕决定召集那些最得民心并通过人民选举的人，并由他们参与制定和审议立法措施。"

建立国民议会——1905 年 8 月 18 日，沙皇尼古拉二世同意了一部宪法。在这部宪法的第一段这样写道："建立杜马（即俄罗斯议会）的目的是根据基本法律来初步研究和讨论立法提案，然后提交给拥有最高权力的帝国委员会。"只有拥有一定数量财产的人才能获得选举权。例如在莫斯科和圣彼得堡，每 100 人中只有 1 个人有权投票。自由主义者对此是不满意的。

第一届杜马会议——1906 年 5 月 10 日，尼古拉二世在圣彼得堡的冬宫召开了第一次杜马会议。在开幕典礼上，人民代表们对沙皇的观点表示了反对和敌意。尼古拉二世仍然要坚持独裁，而杜马则希望看到他成为一位真正的立宪君主。意见的冲突仍在继续，然后杜马于 7 月解散，除了证明革命时代还没有结束之外，这次杜马会议并没有取得什么成绩。尼古拉二世的顾问们再次将他推回了保守主义的老路上。

第二届杜马会议于 1907 年 3 月 5 日召开，然而也失败了。同年 6 月，沙皇解散了杜马。尼古拉二世仍然是所有俄罗斯人唯一的独裁君主。相比前两届杜马，1907 年 11 月的第三届杜马更加顺从沙皇的意愿。同年 12 月，俄罗斯首相宣称当俄罗斯的安全需要时，俄罗斯沙皇的专制统治将作为俄罗斯的最高权力，而第三届杜马接受了这个声明。

第三十五章　强者瓜分世界：列强在全球的殖民地

引言——"大英帝国"这个词通常是指大不列颠本土及其殖民地和保护国。我们在简单介绍现代大英帝国历史的时候应该使用这个词更完整的概念，将其本土和殖民地都包括在内。

大英帝国在拿破仑战争结束时的权力——我们已经了解到，葡萄牙、法国以及西班牙在各自鼎盛时期所拥有的属地都比英国要多。但是当英国人最终将精力投入到发展殖民地之后，他们就逐渐超越了他们的对手。1713 年，西班牙王位继承战争结束时各国签订了《乌得勒支和约》，根据这个和约，法国将纽芬兰、新斯科舍省以及哈德逊湾的美洲殖民地割让给了英国。西班牙则将直布罗陀海峡割让给了英国。在七年战争（结束于 1763 年《巴黎和约》的签订）中，英国战胜了法国，又得到了加拿大，并确定了英国在印度的霸权地位（参看第二十六章）。

图 82　库克船长

1768 年—1779 年，詹姆斯·库克船长发现了澳大利亚①和新西兰的海岸，并宣称这些土地属于英国。在维也纳会议上（1815 年），英国对得到几片较小的土地感到满意，其中马耳他岛是最值得关注的。从那时起，这个岛就成了英国在地中海的海军力量的重要支柱。

---

① 奥地利（Austria）和澳大利亚（Australia）这两个词非常容易混淆。奥地利在德文中写作"Osterreich"，意思是东方（相较其他日耳曼国家而言）王国。澳大利亚的名字来源于这片土地最初的拉丁语叫法"Terra Australis"，意思是南方的土地。

英国权力的基础——大英帝国的胜利主要是通过英国海军的优势获得的。在与拿破仑规模浩大的斗争中，英国水手们成功地证明了"大不列颠统治着海浪"。而反过来说，英国繁荣的工业和世界范围内的商业支撑着昂贵的海军舰队。

要找到大英帝国成功的根本原因，就应该深入研究英国的地理位置、人民的品质以及他们的政治体制。假如没有海洋这个天然屏障，英国早就被拿破仑所征服，所以英国作为岛国的地理优势不言自明。

大英帝国殖民地的建立和发展更多是一种私人自发的行为，而不是一种政府行为。那些先驱者和商人们把英国的影响力带到了世界各地，通过他们锐意进取、不畏艰难以及公平交易的精神走出了一条属于他们自己的道路。无论他们走到哪里，身上都带着自己祖国那种正义和诚实的精神①。

19 世纪初的英国政府——从理论上讲，英国议会是由人民代表组成的。然而，实际上英国议会是一个属于国王和贵族家族的寡头政治机构，平民根本没有资格参与政府事务。这种情况看起来似乎与英国的自由传统截然相反，这确实需要一些解释。

之前我们在有关英国国王乔治三世的章节中已经介绍过（第二十七章），乔治三世通过手段高明的贿赂和许以官职为自己在议会里赢得了多数席位。这样的做法后来在政治上甚至被认为是合法的权宜之计。在议会中购买一个席位并不是什么可耻的事情，甚至连保密都不需要。许多议会席位成了某些权势家族公认的财产。在工业革命时期（参看第三十一章），一些新的人口中心兴起，而其他一些地区的人口几乎在减少。但是，这个时候议会选举的投票权却仍未改变。像曼彻斯特这样的大城市没有投票权，而那些被称为"腐败选区"（专指 1832 年英国议会改革之前，那些选民很少但仍然在议会占有席位的选区）几乎荒无人烟，却能够在议会中占有两个席位。选举议会代表只是虚有其表罢了。

　　幸运的是，那些具有很高政治能力和爱国主义精神的英国贵族占了上风。18 世纪的英国议会和部门完全能够与罗马共和国衰落之前的元老院相提并论。二者都以睿智而且高效的方式指引了一个帝国的政策。英国议

---

① 这并不意味着所有英国人都是正义和诚实的，但是这个民族的这些卓越品质确实明显高于那些竞争对手。在 18 世纪，正义和诚实的标准比现在要低。

会中最伟大的领导人就是威廉·皮特父子。查塔姆伯爵老威廉·皮特（1708年—1778 年），也被称为"伟大的平民"，他在七年战争中以无穷的精力引领着英国的政策。他雄辩的口才使他成为下议院的独裁者。老威廉·皮特的第二个儿子小威廉·皮特（1759 年—1806 年），24 岁的时候已经出任英国财政大臣。后来作为英国首相，小威廉·皮特组织了第二次和第三次欧洲反法同盟来对抗拿破仑。

制度的缺陷；美洲殖民地的损失——18 世纪英国议会代表制度的捍卫者坚持认为，每一位议会成员都代表着整个大英帝国，而他的代表资格是由帝国哪个地区选举出来的并不重要。既然议会代表着整个大英帝国和殖民地，那么由议会审议通过的法律在殖民地也是有约束力的。然而生活在美洲的英国人则持有完全相反的观点。这些人认为，只有各个地区自己选出的代表能在议会中拥有席位，才能真正代表他们自己。而且他们声称，假如他们没有这样的权利就不能被征税（参看第二十八章）。围绕这个原则的争论最终导致英国丧失了最有价值的殖民地，也导致了美国的独立。在英国，有相当一部分人同意在美洲的同胞们的意见，并希望看到下议院的代表制度改革。

改革滞后的原因——英国人一向重视法律和秩序，而不是优秀的政治理论。他们在政府的更迭中缓慢而谨慎地走了过来，因此也躲过了自法国大革命以来其他所有欧洲国家遭遇的动乱。

当"自由、平等、博爱"的呼声在法国响起的时候，英国正准备推行改革。起初，法国的例子加速了自由主义运动的发展。但是，法国人对国王和统治阶级的过分行为，在英国引起了一种彻底的反感。由于不愿看到英国民众被法国人的那种狂热所感染，英国选择了一种反改革的策略来维持国内秩序。

《改革法案》（1832 年）——走向更加公正的政治权利分配制度的第一步发生在 1828 年和 1829 年。首先是不从国教的新教徒（那些反对建立教会的新教徒），然后是天主教徒，他们都从某些宗教障碍中得到了解放，而在之前，他们都是没有资格得到政府职位的人。经过上层阶级长时间的抵抗，民众也爆发了一些骚乱，英国最终在 1832 年通过了著名的《改革法案》。腐败选区被废除，新兴的制造业城市从此有权利选举代表进入下议院。《改革法案》"完成了巨大的权力转移，有利于城镇的中产阶级。虽然这次改革还没有建立一个民主国家，但已经朝着这个方向迈出了很大一步"。①

宪章运动——英国的工人们对《改革法案》并不满意，因为这个法案仍然没有赋予穷人选举权。他们的领导人起草了《人民宪章》，几经修改之后提出了这样的要求，废除议会议员的财产资格限制、同意成年男子普选制度以及向下议院成员支付工资。然而，对改革的热情只是局限在一些小群体之中，在1848年举行的一次大规模游行示威之后，宪章运动就消失无踪了。

从贸易保护到自由贸易——英国政府同其他国家一样，经常对所有种类的进口商品征收很重的关税。征收关税的主要目的是避免国外商品对国内产业的竞争冲击。但是对民众来说，贸易保护关税却是一种负担，因为这等于人为地提高了生活必需品的价格。最沉重不堪的是《谷物法》。只要粮食在英国市场上能以一定的高价出售，英国政府就会对进口外国小麦进行限制。《谷物法》使土地所有者受益，但却使广大贫苦的劳动者在挨饿的临界点上挣扎。

图83　罗伯特·皮尔爵士

理查德·科布登和约翰·布莱特二人领导成立了一个反《谷物法》联盟。通过演讲和发放宣传册，他们持续鼓动着人们，并说服了工场主和劳动者支持废除对粮食征收的关税。1841年，罗伯特·皮尔爵士出任英国首相，他支持反《谷物法》联盟。1846年，《谷物法》被废除。其他一些关税也很快被废除。"1842年，英国港口对1200种商品征收关税。短短几年之后，征收关税的商品只剩下12种，而且这些仅仅只是为国家收入保留的关税。"

此后，英国一直坚持自由贸易。这意味着在英国进出口的货物可以不用缴纳任何关税。在自由贸易的原则下，英国商业得以蓬勃发展。

许多经济学家认为，目前英国应该至少在某种程度上回归一种贸易保

---

① 摘自《英国史学生读本》，S.R. 加德纳著。

护制度，因为自理查德·科布登时代以来，商业环境已经彻底改变了。当时的英国在工业上没有任何竞争对手。而如今，德国和美国都征收贸易保护关税，这两个国家已经成为强大的竞争对手。

进一步的政治改革——1867 年，选举权得到了进一步扩大，从而使富裕的工人也可以参加选举。1884 年以来，英国议会成员选举只保留了一项微不足道的财产资格，这一点仍然与其他民主国家实行的全民普选制度有所不同。

爱尔兰的难题——爱尔兰人民从未对英国政府感到满意过。他们属于凯尔特民族，信奉天主教，不愿意接受政府的控制。在与法国战争期间，极端的爱尔兰政党曾经寻求法国军队的帮助，计划建立一个独立的爱尔兰共和国。威廉·皮特曾试图解决这个问题，他的提议是将爱尔兰纳入英国议会，从而将两国政府联合起来（1800 年）。但是爱尔兰人的不满并未结束。

1845 年之后，爱尔兰问题再次变得尖锐起来。在那之后的几年里，由于雨水过多，爱尔兰人遭受了严重的饥荒。截至 1850 年，爱尔兰的人口因为移民和饥荒减少了 200 万。政府也因此受到指责，同时爱尔兰人对英国统治的仇恨也越来越强烈。

所谓的"芬尼亚会"的成员试图通过武力赢得爱尔兰独立，但他们很快就被镇压了。自 1870 年以来，一个爱尔兰的爱国者联盟一直要求"地方自治"，即建立独立的爱尔兰议会。长期以来，这个问题都是摆在英国议会面前的主要问题之一，而且在 1893 年，时任首相的格莱斯顿对此表示支持。地方自治运动失败的主要原因是爱尔兰政客之间的争执。

1903 年，英国政府通过了一项宽容的法律即《爱尔兰土地改革法案》，旨在改善爱尔兰的社会状况。这个法案的细节过于复杂，在此暂不介绍。这足以说明，直到现在（1907 年）英国政府为恢复爱尔兰社会和平所进行的努力还没有完全成功。爱尔兰现在仍然是"大不列颠与爱尔兰联合王国"一个麻烦的伙伴。

在印度的英国人——人们将会记得，拿破仑曾致力于推翻英国在印度的势力。1798 年，当理查德·韦尔斯利作为东印度公司的总督来到印度时，他发现法国军官正在为当地的贵族训练军队。他立即废黜了那些对法国人有好感的印度贵族，消除了危险。当时马拉地人的部落联盟已经越过了德干高原北部扩张到了恒河流域。这得益于一个聪明的法国人的帮助，他按照欧洲的模式帮马拉地人组建了一支庞大的军队。马拉地人曾多次被一位英国将军击败，这位将军是总督理查德·韦尔斯利的弟弟亚瑟·韦尔斯利，他便是后来滑铁卢战役的胜利者——大名鼎鼎的威灵顿公爵。马拉地人被瓦解以后，几乎整个印度南部都落入了东印度公司的手中。

征服缅甸（1824 年—1826 年）——当罗伯特·克莱武领导东印度公司开始征服孟加拉的时候（1753 年），缅甸人正准备建立一个新的本土帝国。"在将近 70 年的时间里，来自恒河流域的英国人和来自伊洛瓦底江流域的缅甸人同时用武力和谈判推动着他们各自的征服，直到双方相遇。他们不可避免的竞争很快就导致了战争。"①英国人不得不在进攻和允许自己在印度的统治地位受到质疑之间做出选择。他们派出了一支远征军前往伊洛瓦底江流域。这是一支由蒸汽轮船组成的舰队——也是蒸汽轮船有史以来第一次用于战争。经过两年的艰苦战斗，缅甸人被迫向英国人投降。

仁慈统治的开始——印度总督威廉·本廷克（1833—1835 年在任）的统治是英国人热爱正义和秩序的一个绝佳例子。在加尔各答有一尊威廉·本廷克的雕像，历史学家麦考利在这座雕像上写下了铭文，这是对威廉·本廷克的统治最好的注解："他废除了残酷的仪式；他抹去了耻辱的歧视；他允许公众自由地表达意见；他始终致力于提高这个国家的智力和道德品质，将此视为己任。"威廉·本廷克最应该被人们铭记于心的改革是废除了"寡妇自焚"。这在当时的印度是一个普遍的习俗，一个信奉印度教的男人去世后，他的遗孀应该活活烧死自己来殉葬。威廉·本廷克对他印度臣民的福祉十分关心，这也是一个光荣的传统，他的大多数继任者都遵循这个传统。

第一次阿富汗战争和喀布尔大屠杀（1838 年—1842 年）——大约在这个时期，英国人开始担心俄罗斯在阿富汗的影响力。当时的印度总督得到了错误的情报，贸然决定将英国的一位朋友扶上阿富汗的王位。他派出了一支大约由 1.5 万名士兵组成的军队，向阿富汗首都喀布尔进军，他们几乎没有遇到什么困难就完成了任务。但在冬天开始的时候，阿富汗人突然发动了叛乱，迫使英国人不得不撤退。在穿过荒山野岭的逃跑途中，英国士兵几乎全部被屠杀。第二年夏天，另一支英国军队再次占领了喀布尔，恢复了英军的威望。

———————————

① 摘自 C. 赖特所著的《通俗英国史》。

导致印度民族大起义的事件和形势——印度总督达尔豪西勋爵（1848年—1856年在任）对印度当地凡是不符合他英国式是非观念的做法和状况都没有耐心。他效仿了威廉·本廷克勋爵仁慈社会改良的那些例子。如果印度总督认为一个印度本地王公的统治很不好，那么他就会被废黜，他的邦也将纳入英国政府的统治。

印度人民热爱他们那些古老的社会和宗教传统。因为外国人阻止了一些印度普遍的习俗，例如寡妇自焚，所以他们愤怒不已。东印度公司官员对基督教传教士不遗余力的资助更是让印度人尤为反感。有人谣传在印度各地修建铁路和架设电报线会带来十分可怕的后果，一时间人心惶惶。所有印度人都进入了一种随时可能爆发大规模起义的状态。

那些被废黜的印度王公们竭尽全力煽动着印度人民的激动情绪，并策划着从英国人手中夺回他们权力的阴谋。

在英国人指挥的印度本土军队的帮助之下，英国人在印度最终建立起了一个帝国。1856年，在印度按照现代欧洲模式训练并武装起来的军队共有30万人，其中只有4.3万人是英国人。

爆发民族大起义的直接原因——1857年初，孟加拉军队引进了一种新型步枪。"由于这种步枪必须使用上油润滑的子弹才能达到最佳效果，所以这些上过油的子弹和步枪被一起发放到了士兵手中。一份所谓的报告立刻流传开来，说那些子弹上使用的润滑油是用牛和猪身上的脂肪制成的——而牛是印度教崇拜的对象，猪则是伊斯兰教最深恶痛绝的东西。"① 对这些谣言的反驳以及对本土士兵的安抚都是毫无效果的。起义的号召像野火一样很快蔓延到了印度所有的省份。

印度民族大起义（1857年—1858年）——这次兵变一时之间似乎要结束英国在印度的统治。包括妇女和儿童在内的英国居民遭到了可怕的屠杀，而这只是彻底消灭外国人计划中的一部分。在这个危机中，英国人一直保持着惊人的冷静。一支只有7000人的英国军队突袭了有城墙保卫的印度城市德里，而那里有10万名按照现代欧洲模式训练并武装起来的印度士兵。在勒克瑙，一支人数很少的英国驻军面

---

① 见《历史学家的历史》第二十二章，第168页（摘自《英国通史》，C.麦克法兰和汤姆森著）。

对拥有绝对优势的敌军顽强坚守了三个月，直到援军到来。又过了一年，这场起义的余烬终于也被扑灭了。

英国政府直接统治印度（1858 年）——由于这次起义，英国议会结束了东印度公司在印度的统治。在伦敦的内阁中增设了一位国务大臣来管理印度事务。与他有联系的是一个印度事务委员会，由在印度事务上有丰富经验的人组成。印度总督是由英国政府直接任命的。1877 年，维多利亚女王宣布成为印度女皇。

阿富汗战争（1878 年—1880 年）——1878 年，英国政府阻止了俄罗斯进军伊斯坦布尔。作为报复，俄罗斯派遣了一名特使前往阿富汗会见阿富汗的埃米尔。同时印度总督也派遣了一名特使前往阿富汗，但是埃米尔把他遣送出境。为了使英国的利益能够得到妥善的保护，英国派遣了三支远征军进入阿富汗。除了英国和俄罗斯两国之间的事情之外，关于阿富汗王位继承的争斗让阿富汗问题变得更加复杂。最后阿富汗国内的亲英派势力获得了胜利。

和平时期的印度统治——自从起义以来，政府一直小心翼翼地避免造成印度人民的偏见。在许多情况下，特别是在预防流行疾病的卫生工作中，英国官员的良好意图受到了印度当地习俗和迷信的阻碍。这个国家的物质发展取得了巨大的进步，铁路、公路、运河以及灌溉工程的建设大大增加了印度的财富。由无法预估的气候和过于稠密的人口所导致的饥荒等灾难减少了很多，这得益于通信手段的改进。在改革后的法院保护之下，司法变得更加公平，人们的财产也变得更加安全。尽管印度仍有数百万人没有接受过教育，但是印度的教育还是得到了一些发展。

总体来说，在英国的统治下，印度比以往漫长的历史上任何一个时期都要更加繁荣。

印度国民的愿望——印度知识分子的觉醒为这个国家带来了一种新的民族情感，至少在受过良好教育的阶层中是这样。这首先体现在印度人要求得到与英国人平等地出任政府官职的权利上。除了印度最高的行政机构之外，现在印度人有资格在所有政府职位上任职。

最近人们经常听到要求成立印度国民议会的声音。1885 年成立的印度国民代表大会是印度迈向议会政府的第一步，每年国民代表大会都会在某个大城市举行几天的会议，讨论各种各样的公共问题。虽然没有行政权或立法权，但是国民代表大会的讨论对政府来说是非常有价值的。

目前（1906 年—1907 年），一个激进的民族党派通过建议驱逐所有的外国人并建立一个完全独立的印度国家，这在印度引起一些不安。幸运的是，这些鼓动者只是代表了受过良好教育阶层中的一小部分。关于这个问题，印度所有没有偏见的学者的观点是——外国指导的退出——对印度来说将是灾难性的。印度不是一个单一民族的国家，而是由许多不和谐的因素共同组成，只有在英国人控制性的统治之下才能维持各方的和谐。例如没有任何证据能够证明印度教徒和伊斯兰教徒有可能为共同的国家目标而奋斗；相反，他们的竞争会带来国家分裂或者内战。

澳大利亚的殖民地——澳大利亚最初被当作安置罪犯的殖民地。当人们得知澳大利亚的牧场是牧羊业的理想之地时，来自爱尔兰和苏格兰的穷人们便移民到这里。这些人反对继续将罪犯运送到澳大利亚。1851年，澳大利亚发现了富饶的金矿，这个消息突然引发了一阵移民潮。很快，英国便禁止继续将罪犯送往澳大利亚。到1860年，澳洲一共有7个独立的殖民地，包括塔斯马尼亚岛和新西兰。1901年，除新西兰外，其他殖民地都加入了"澳大利亚联邦"。英国政府任命的一位总督是澳大利亚联邦的最高长官。联邦议会由两个议院组成，他们通过的法律必须得到总督的批准，但实际上澳大利亚总督不太可能妨碍联邦议会的立法工作。澳大利亚联邦实际上是一个自治的国家，对祖国大英帝国的信赖不是基于武力，而是基于忠诚。

英国在远东的发展——1819年，英国人在新加坡建立了殖民地。他们在马来西亚半岛也逐渐建立了一些具有贸易点性质的殖民地。这些殖民地现在被统称为英属海峡殖民地，首府在新加坡。

与中国的"鸦片战争"（参见第三十七章）导致中国将香港岛割让给了英国（1842年）。1898年，中国政府同意将九龙半岛对面的另一个半岛租给英国，租期为99年。这两个区域总称维多利亚市，通常被称为香港，现在已经发展成为东方最重要的商业港口之一。它是一个自由港，也就是说所有货物通过的时候都不会被征收关税。

英日同盟（1902年）——在19世纪，中国成为英国制造业日益增长的消费国。随着这个国家的逐步发展，对国外商品的需求也必然会迅速增加。为了保护本国工场主和商人在中国的贸易，英国坚持在中国实施"门户开放"的政策。这意味着进口所有国家的商品都必须接受同样的条件。

但俄罗斯在中国东北地区的推进使开放政策受到了威胁。英国和日本都急于阻止俄罗斯的进一步发展，并组成了一个防御同盟。两个国家都同意帮助对方，当一方受到不止一个国家的攻击时，另一方就要出手相助。这个同盟所具有的历史意义很快就得到了证明。它将俄国和日本之间的战争限制在这两个国家之间的范围之内，同时保证日本将全部精力都投入到在中国东北的战役的时候，不会遭受其他可能存在的敌人的攻击。

英日同盟的延续（1905 年）——1905 年，英日同盟被延长并得到了加强。不仅是大英帝国和日本，而且还有中国，甚至某种意义上还包括俄罗斯，这几个国家都将永远把这个同盟视为各自历史上一个决定性的时期。英日同盟条约的序言中指出，它的目标是（a）维持和巩固东亚和印度地区的全面和平；（b）通过保证中国的独立和领土完整以及坚持门户开放的政策，来维护列强在中国的共同利益；（c）维护英日两国各自在印度和远东地区的领土权。缔约国同意采取共同行动，如果任何一方"在印度和远东地区遭到一个或者多个国家毫无理由的攻击或者侵略的时候"，另一方则应当参战，以捍卫上述的权利以及利益。

这个条约对现在以及未来的世界政治产生了极为深远的影响，远远超过其自身的历史意义，也超出了本书的研究范围。每个希望理解自身所处时代的学生都要牢牢记住这个条约中的条款。

近现代的波斯——我们已经了解到英国和俄罗斯之间展开的声势浩大的斗争，他们之间的斗争贯穿了从伊斯坦布尔穿过亚洲直到太平洋海岸这一线。波斯作为这条线的一部分，还有待论述。

近现代的波斯历史主要是由俄罗斯和英国的利益冲突所决定的。1797 年—1828 年间，俄罗斯夺走了波斯相当大的领土，波斯不得不允许俄罗斯军舰在里海巡航。英国和俄罗斯驻波斯的特使利用波斯王朝内部的争斗进一步实现了各自政府的目标。在这次外交竞争中，俄国人取得了胜利。他们成功地煽动波斯人对阿富汗发动了两次进攻，这导致了英国人的第一次阿富汗战争。多年以来，整个波斯政府都被"俄罗斯化"了。伊朗国王曾两次攻占了阿富汗的重要城市赫拉特，但每次他都被英国人在波斯湾的攻击所逼，不得不无功而返（1852 年—1857 年）。英国赢得了更多的优势，但是在 1900 年，俄国给予了波斯大量的贷款，这使波斯在经济上不得不依赖于俄国。从那时起，英俄两国签订了一项条约共同保证波斯的独立和领土完整。1906 年，波斯国王承认了一部宪法，服从了他臣民们的现代精神。

《英俄条约》（1907 年）——1907 年，英国和俄国政府在圣彼得堡就涉及两国在亚洲利益的各种问题签订了一项协议，据说这项协议已经结束了两国之间持续多年的漫长而痛苦的对抗。

英国在埃及的发展——苏伊士运河的建成使其建造者对埃及产生了直接的兴趣，因为一旦埃及陷入动乱就可能危及运河的自由航行。法国和英国联合起来对埃及的统治进行监督。在埃及人反抗外国人侵犯的时候（1882 年），法国保持着冷淡的态度，并允许英国单独恢复埃及的秩序。自那时起，英国军队就一直驻扎在埃及，而英国官员则一直指导着埃及政府的统治。

图 84　克罗默勋爵

克罗默勋爵出色地重组了埃及政府，这个杰出的表现使他声名鹊起。在阿斯旺的尼罗河大坝将永远是纪念英国效率的一座丰碑。这座大坝能将尼罗河汛期的多余河水储存起来，使埃及农民能够种植以前从未种植过的作物。英国人的控制在许多方面使埃及受益。但是尽管如此，许多埃及人还是不喜欢这样，因为他们深受共同的民族感情的影响，宁愿被埃及同胞压迫，也不愿意接受外国人的公平正义。

英属南非——在法国革命战争期间，开普敦殖民地被英国占领，这片土地原本属于荷兰，而当时荷兰被迫与法国结盟。最初的移民是荷兰的农民，他们叫作布尔人（"boer"是荷兰语，意为农民）。他们不愿意生活在英国的统治之下，便在更远的内陆建立了两个新国家，奥兰治自由邦和德兰士瓦共和国。

1885 年，人们在德兰士瓦发现了富饶的金矿，大量的移民涌入矿区。很快，外来移民的人数就达到了布尔人的 6 倍。布尔人对新产业毫无兴趣，只是征收重税来阻碍金矿业的发展。

外来侨民试图成为德兰士瓦共和国的公民，但布尔人固执地拒绝了他们参与任何政府事务的要求。由于大多数外来移民都是英国人，于是他们最终请求英国政府提供援助。

布尔战争（1899 年—1902 年）——谈判没有结果，英国对布尔人宣战。布尔人都是天生的战士，他们储备了战争物资，而英国人则在准备不足的情况下开始了这场战役。英国的将军们起初遭受了严重的挫折，但是援军不断地到来，训练有素的英军通过高超的战术扫荡了整个国家，而布尔人被迫投降。奥兰治自由邦和德兰士瓦共和国都被英国吞并。布尔人的损失得到了英国人最慷慨的补偿，他们中的大多数成为英属南非的公民。

加拿大自治领——加拿大的历史主要是一种和平的国内发展史。1867 年，许多殖民地省联合成立了加拿大自治领。加拿大自治领内政自治，并有自己的议会，渥太华是议会会议召开地点。加拿大自治领的总督由英国国王任命。加拿大拥有巨大的农业资源，沿着新铁路线不断增多的移民正在开发这些资源。

英国政体——现在的英国政府是一个君主立宪制的政体，在实际上非常接近于民主政治。英国王位是世袭的，王室的男性和女性都可以继承王位；国王必须是新教徒。自 1707 年以来，英国国王（或女王）从未行使过国王的否决权，国王其他的权力全部会在内阁的建议下行使。英国内阁由各部大臣组成，他们通常是下议院议员。内阁以其作为国王顾问委员会的职能，实际上拥有执政的权力。（Cabinet、Ministry 和 Government 都可以指英国内阁。）

内阁对多数人的依赖——英国首相一直由下议院的多数党领袖出任，而内阁的其他成员则是由他从党内最能干的追随者中挑选出来的。内阁在首相的任期内举行内阁会议，并向议会提交关于执政措施的报告。如果这个"内阁议案"被否决，也就是说如果它不能得到多数票通过，内阁就必须集体辞职。这种情况有可能发生，但是内阁成员仍然有理由相信他们的政策会得到除议会以外的大多数国民的赞同。在这种情况下，内阁可以要求国王解散当前的议会，并下令举行新的议会选举，从而确保在新当选的议会成员中获得必要的多数票。简而言之，内阁始终应该代表大部分人民的意志。

上议院的立法权受到限制。它既不能发起也不能修改任何一项财政法案。过去的经验也说明，上议院不能阻止一项下议院和人民坚持要通过的法案。

下议院在英国政府中拥有最大的国家权力。他们的意见左右着那些指引大英帝国命运的大臣。下议院共有通过不记名投票选举产生的 670 名成员，任期为 7 年。任何公民都有被选举的资格；但下议院议员没有薪水。

帝国联邦的计划——过去人们认为，那些大的自治殖民地，特别是加拿大和澳大利亚，将逐渐变得更加独立，他们可以通过和平发展最终获得完全的自主权。

在 19 世纪晚期，一个更大的帝国观念得到了人们的支持。1884 年建立了帝国联邦联盟。这个联盟的目的是为了实现一个"更伟大的英国",这是一种母国和殖民地之间非常紧密的政治联盟。

自 1893 年以来,已经建立了几个联盟,一部分是为了共同的帝国防御计划,一部分是为了帝国内部的关税同盟。1903 年,在经验丰富的政治家约瑟夫·张伯伦的大力鼓动之下,整个英国都对这个问题产生了兴趣。约瑟夫·张伯伦建议英国应该对来自国外的食品征收关税,同时免除殖民地同类商品的关税。而这些殖民地则应该对英国的商品征收很少的关税或者免税,然后提高外国商品的关税。因此,整个帝国将被共同的商业利益捆绑在一起,就像 1830 年之后德国关税同盟的国家被捆绑在一起一样。如果这个计划中的诸多困难能够被克服,那么未来"更伟大的英国"将是历史上最伟大的政治产物。

近现代的法国殖民帝国——尽管法国人在建立殖民帝国的事业上败给了英国人,但是他们从未忘记自己的野心。大约在 17 世纪中叶,他们占领了非洲西海岸的部分地区。在 19 世纪中叶,法国人开始征服阿尔及利亚,1881 年,突尼斯成为法国的保护国。在非洲西部,地中海和刚果河之间的大部分地区现在都被法国占领。1889 年,巨大的岛国马达加斯加宣布成为法国的保护国。

1862 年,在安南(今越南)的一些法国传教士被杀,作为报复,法国人占领了西贡。安南当时是中国的藩属国。普法战争之后,法国人继续在安南和东京(Tongking 是越南北部一个地区的旧称,并非日本东京)推进。后来因为东京的保护权之争,法国与中国之间爆发了战争。这次战争的结果是在 1885 年两国签订了《中法新约》,该条约承认了法国对安南的保护权。东京、安南、柬埔寨以及中国的交趾一起合并为法属"印度支那",首府在西贡。

法国的殖民地党也希望吞并整个暹罗(泰国古称),但 1896 年与英国签订的一项公约保证了暹罗中部地区的独立。1902 年,暹罗将湄公河沿岸的一些领土割让给了法国。

德国的殖民——当德国实现了统一,并开始显现出非常适合殖民事业的非凡能量时,几乎所有适合殖民的国家都已经被占领。德国的过剩人口移民到了北美洲和南美洲,但是他们一直都没能高举祖国的旗帜。德国的商人和船主为这个国家在全世界赢得了声望，但他们不能像他们的英国前辈那样得到新的土地。只有在非洲，那些几乎完全不适合白人移民生活的热带国家仍然没有主人。德国人只有在占领这些土地的时候，才不会卷入和其他列强之间纠缠不清的冲突。它在欧洲列强中间给出了要完全瓜分非洲的信号。

在1895年的中日战争之后，一时之间，中国似乎也将被列强瓜分。德国不甘落后，占领了山东省的青岛港，中国政府被迫将青岛港租给德国人99年，并承认德国人在山东省的各种特权（1897年）。

法国和德国在摩洛哥的竞争——征服摩洛哥将使法国在非洲的帝国拥有西非最理想的地区。法国承认了英国在埃及的权利，作为回报，英国也同意了法国在摩洛哥的任何行动。法国对这个国家的最终吞并似乎已经板上钉钉。但是正当法国的同盟国俄国将全部精力投入到与日本在中国东北的较量以及解决国内革命的时候，德国突然做出承诺要保护摩洛哥的苏丹。

一时之间，法国和德国似乎马上就要爆发战争。军队已经整装待发，但是日俄两国在中国东北的战争过于恐怖，列强都倍感震惊，所有国家都希望能和平解决争端。1906年，在直布罗陀海峡附近的西班牙小城阿尔赫西拉斯召开了一次国际会议。这次会议达成了一项协议，摩洛哥继续保持门户开放的政策。这个国家保持了独立。摩洛哥的治安和财政都受到欧洲的影响。法国维持这个国家秩序的任务非常艰难而且危机重重。摩洛哥已经变成了那些一心想赶走外国人的狂热非洲部落的战场。

欧洲小国的殖民地——西班牙和葡萄牙在非洲还有一些殖民地。当非洲大陆即将被瓜分完毕的时候，比利时国王利奥波德在列强的允许下成功地建立了刚果自由邦。这是一个中立并且独立的国家，向所有国家的开放贸易。之前糟糕的统治爆出了不少丑闻，这也导致了刚果被比利时吞并（1907年）。

意大利人在红海海岸建立了殖民地，并与好战的阿比西尼亚（今埃塞俄比亚）人发生了冲突。意大利人被击败，并不得不承认阿比西尼亚王国的独立。阿比西尼亚国王现在是非洲唯一一位独立自主的君主。

荷兰在东印度的殖民地由荷兰东印度公司于1602年建立。除了当地人偶尔的反抗，他们对这片殖民地的所有权并没有引发太严重的争端。那里物产丰富，出产咖啡、香料、烟草、橡胶等资源，这些商品使荷兰在东印度的殖民地成为除印度以外最有价值的热带殖民地。

第三十六章　美洲人的美洲

I. 美国

　　乔治·华盛顿执政（1789 年—1797 年）——美国总统华盛顿巧妙地解决了将美国宪法（参见第二十八章）付诸实施的问题。他在大多数政府部门中都开了先河，这些先例一直被沿用至今。

　　他在工作中得到了一些才能卓著的部长们的帮助。国务卿托马斯·杰斐逊和财政部长亚历山大·汉密尔顿展现了他们非凡的组织天才。亚历山大·汉密尔顿在一个看似无望的条件下建立了美国财政的基础。在一系列的报道中，他仍然被盛赞为管理公共财政的不世之材，他指引美国迈向了一条健全的国民经济之路。

　　华盛顿在第二届总统任期满后拒绝连任第三届总统，此后所有的美国总统都效仿这个榜样。他在"告别演说"上这样说道："我们真正的政策是避免与世界上任何国家结成永久同盟……"然后又说，"从政治、人道主义以及利益这几个方面来看，都要求我们和谐并自由地与其他所有国家交往。"直到现在，华盛顿的这个建议一直都是美国外交政策的核心。

　　购买路易斯安那州（1803 年）——在托马斯·杰斐逊担任美国总统期间，拿破仑发动了与英国的战争。他从西班牙手中夺取了密西西比河以西路易斯安那的大片土地。由于拿破仑知道他可能无法在英国海军的威胁下长期拥有这些土地，所以他宁愿将它们卖给美国（1803 年）。这片土地几乎是现在美国在密西西比河以西领土的一半，拿破仑卖给美国的价格是 1500 万美元。当时这片土地大部分都是荒无人烟的原野。

　　与英国的战争（1812 年—1814 年）——拿破仑战争对美国商人和船主来说是非常有利可图的。但是，为了加强对欧洲港口的封锁，英国对中立国的船只采取了严厉的制裁措施。尽管美国人提出了抗议，但是英国的巡洋舰在公海上还是扣留了美国船只，并搜查了他们的货物，如果有类似战争禁运的货物就会予以没收。英国军官还会经常强征美国水手，并声称他们是英国海军的逃兵。几年以来，美国政府一直试图避免卷入战争，但美国民众的愤怒最终还是使国家陷入了这场冲突。

美国人完全措手不及。但是美国的军舰英勇作战，击败了同等吨位的英国军舰，并因此而声名鹊起。然而总体来说，这场战争对美国来说是很不光彩的。一支英国军队一直挺进到美国首都华盛顿，并放火烧了这座城市。在这场战争末期，美国人证明了他们只需要适当的军事组织，就能成为优秀的士兵。安德鲁·杰克逊将军指挥 5000 名民兵在新奥尔良击退了 1.2 万名英国正规军的进攻。

1814 年，拿破仑的倒台消除了这场战争的起因。英美两国签订的和平条约对双方都没有什么特别的好处，但是美国的商船几乎都被毁了。

蓄奴州和自由州——在詹姆斯·门罗的总统任期内，奴隶制问题成了美国一个重要的政治问题。在殖民地时期，南方的社会和经济状况与新英格兰不同。新英格兰主要由工业和贸易团体组成。而在南方，大量的烟草、棉花以及甘蔗种植园都是使用奴隶来劳动的。而且南方和北方之间的差异变得越来越大。那些自由州倾向于征收保护性关税来鼓励他们的工业，而纯农业的州则更喜欢自由贸易。

《密苏里妥协案》（1820 年）——蓄奴州和自由州两派都不希望对方在政治势力上得到增强。当一个新成立的州加入美国的时候，一个问题总是随之而来：这到底是一个蓄奴州还是一个自由州？直到 1819 年，亚拉巴马州（蓄奴州）被承认为美国第 22 个州的时候，两派的势力才得以保持平衡。但是，承认作为蓄奴州的密苏里州获得美国州地位的问题引起了人们强烈的骚动，最后双方签订了《密苏里妥协案》，为了平衡蓄奴州的增长，作为自由州的马萨诸塞州北部的缅因州也获得了美国州的地位。与此同时，还通过了一项法案，在北纬 36 度 30 分以北的所有地区永久废除奴隶制。

门罗主义——门罗总统还面临着一个危险的外交关系问题。俄罗斯人已经在北美大陆定居，他们穿过西伯利亚来到了阿拉斯加①。俄罗斯的势力继续向南延伸，并威胁要进入美国本土。而当时法国和西班牙正计划对那些新成立的南美共和国采取强制行动。

---

① 1867 年，俄罗斯将阿拉斯加卖给了美国。

门罗勇敢地支持美洲的权利。1823 年，他在向国会发表的国情咨文中这样阐明："……美洲大陆……从此以后再也不是任何欧洲国家未来殖民统治的对象。"而关于那些南美共和国是这样说的："……我们认为任何欧洲国家以操控那些南美共和国的命运为目的，对其施加任何形式的干涉，都将被视为对美国存有不友好倾向的表现。"

英国当时的首相坎宁也支持美国的政策。（参看第三十二章，西班牙部分。）

安德鲁·杰克逊和政党分赃制——在安德鲁·杰克逊将军出任美国总统时期（1829 年—1837 年），他的党派激情演变成了致命的毒瘤。安德鲁·杰克逊的追随者在南方势力最大，他们建立了民主党，而他们的政敌是共和党。政客们推动了杰克逊的当选，完善了邪恶的"政党分赃制"。这些政客们认为，成功帮助杰克逊获得选票的人理应在他当选总统之后得到官职作为回报。在杰克逊入主白宫后的 9 个月内，旧的政府部门中的 1000 名官员都被他的"朋友"所取代。"向得到战利品的胜利者致敬"是这些政客们的座右铭。彻底根除美国政府中的邪恶是不可能的。

南卡罗来纳州拒绝执行（1832 年）——南卡罗来纳州的人们对保护性关税中的某些部分感到特别不满。卡尔霍恩是一位才能卓著的政治家，在他的领导下，人们主张美国各州有权拒绝执行中央政府通过的那些令人反感的法律，或者"宣布无效"。换句话说，他们主张将单一的州的权利置于国家主权之上。

杰克逊总统在答复这种"拒绝执行"的行为时威胁，如果南卡罗来纳人坚持他们的路线，国家将会使用武力。他的结论是，拒绝执行中央政府通过的法律的目的是"分裂，而进行武装分裂就是叛国罪"。于是这个运动的领导人随后放弃了他们的计划，避免了流血事件。

废奴运动的开始——大约在 1831 年，北方的一个小政党积极地提出了全面废除奴隶制的要求，他们被称为废奴主义者。起初人们都对他们非常憎恨，但是他们的事业逐渐赢得了更多的支持者，并最终促使美国走向了内战。

吞并得克萨斯州；以及与墨西哥的战争（1845 年—1848 年）——美国公民来到得克萨斯定居，这里是墨西哥共和国的东北部地区。这些美国人先宣布得克萨斯是一个独立的州，后来在 1845 年得到了美国的承认。于是一场关于得克萨斯边界的争执引发了美国和墨西哥之间的战争。墨西哥人作为实力较弱的一方，被美国人轻松击败。墨西哥不得不放弃了大片领土，包括现在的美国加利福尼亚州。

蓄奴州的分裂（1860 年—1861 年）——自由州人口和财富的增长比蓄奴州快得多。尽管蓄奴州的领土更大，而且南方拥有的自然资源也与北方相当，但南方落后的全部原因都在于奴隶制。所有欧洲的智者都已经认定奴隶制所包含的错误和危险，但是美国的奴隶主们对此视而不见，他们认为放弃奴隶制就会毁了他们。

在 1860 年之前，他们通常在国会里占据上风。但是现在北方反对奴隶制的舆论已经被完全唤醒，废奴主义者被授予荣誉。奴隶制的支持者将在投票中败北，奴隶可能得到解放。由于不愿面对如此惨败的风险，蓄奴州宣布脱离美国，组成了"美利坚联盟国"。北方似乎倾向于让美利坚联盟国和平地走向他们自己的路线。

美国内战（南北战争）（1861 年—1865 年）——亚伯拉罕·林肯当选美国总统（1860 年）促使南方走向分裂。当时林肯也愿意让美利坚联盟国走自己的路线，但是他不允许美国受到威胁。当南卡罗来纳州首府查尔斯顿的政府在他们的港口向一个美国的要塞开火时，林肯立刻颁布了战争动员令。

美国宪法允许总统在战争时期拥有几乎独裁的权力。林肯用令人钦佩的坚定和智慧行使了这些权力。

胜利的天平最初倾向于南方军队，他们的几位将军在墨西哥战争中积累了经验，而北方人民还不习惯军旅生活。但是在物质资源和人口方面，北方远胜南方，这场战争的结果其实从一开始就能预见到。这场姊妹州之间的可怕战争经历了许许多多行军、迂回、围攻以及会战，是一段很长的历史，本书无法在这里一一叙述。

有几位将军在军事上赢得了声誉。南方军队的罗伯特·李将军和托马斯·杰克逊将军，以及北方军队的尤利西斯·格兰特将军和威廉·谢尔曼将军，他们将永远作为历史上最著名的军事指挥官被人们铭记。

《解放黑奴宣言》；内战的结束——1863 年，林肯颁布了一项公告，宣布美国所有叛乱州的黑奴应该享有自由。两年之后，美国通过了一项宪法修正案，所有奴隶都被解放了。

这场战争只能由南方的彻底失败而告终。自由的和平的条款得以通过，南方军队只需要放下武器，不再采取进一步的敌对行动即可。

这场战争夺走了美国包括双方在内将近 100 万人的生命。财产损失加上战后付给军人的抚恤金和养老金，这场战争的损失总额约为 10 亿美元。

物质的进步——南北战争以后，美国的人口和财富得到了迅速增长。自建国以来，美国人口平均每 25 年翻一番。1890 年的美国人口是 6200 万。从 1880 年至 1890 年这 10 年间，大约有 500 万移民进入了这个国家，其中大部分是日耳曼人或凯尔特人。

这个国家的工业历史是由一种叫作托拉斯（垄断组织的高级形式）的庞大商业

组织所书写的。托拉斯经常试图垄断他们的贸易，并建立世界上从未有过的庞大的资本力量。例如，钢铁托拉斯拥有 5 亿美元的资本。

美西战争——战争发生于 1898 年，在前面的章节我们曾讲述过这次战争。对美国来说，这场战争开启了一个新时代，使美国拥有了一些海外殖民地（菲律宾群岛、波多黎各），并使美国跻身于那些能左右全世界所有政治问题的大国的行列之中。位于太平洋中部的三明治群岛（夏威夷群岛的旧称）刚刚被美国吞并，不是作为殖民地，而是成为美国的领土。

美国和中国的"门户开放"政策——中国爆发义和团运动之后（1900 年），美国热切关注中国领土完整的问题。这在很大程度上是基于美国的外交政策，当时所有列强都接受中国的门户开放政策。

II. 墨西哥；中美洲和南美洲

墨西哥——墨西哥是 1823 年建立的一个独立的共和国。在接下来的 50 年里，这个国家长期处于无政府和内战状态，权力通常掌握在独裁者手中。拒绝偿还欧洲国家的贷款使墨西哥陷入了困境。拿破仑三世利用这个机会征服了这个国家。法国军队将奥地利大公马克西米利安扶上了新的墨西哥帝国的皇位（1863 年）。这件事完全是一个政治错误。南北战争之后，美国政府提醒拿破仑三世重视门罗主义。于是拿破仑三世不得不召回他的军队，而所谓的墨西哥皇帝马克西米利安被愤怒的墨西哥人枪杀。从那时起，墨西哥就一直是一个共和国。波菲里奥·迪亚斯是一位才能卓著的总统，他结束了革命，并为这个国家开启了一个繁荣的时代。

自从西班牙和葡萄牙的统治被推翻以来，中美洲和南美洲国家的历史就是一系列的革命。大多数国家都建立了共和国政府，其中几个国家几乎照搬了美国的宪法。普遍的事实证明，南美洲人民的性格气质和受教育程度并不适合人民政府的高级形式。革命以可怕的频率一个接一个地发生，而独裁政权常常被建立起来。在巴拉圭，弗朗西亚博士建立了一种不同寻常的专制主义，他把自己比作恺撒，并且作为独裁者统治了 26 年（1814 年—1840 年）。自 1901 年以来，委内瑞拉的内部混乱一直是国际上的一个重要问题，因为委内瑞拉总统 C. 卡斯特罗实际上是一个独裁者，他拒绝向外国人偿还任何债务。德国和英国用军舰封锁了委内瑞拉的港口，从而强制执行了他们的索赔。这一事件还有更广泛的意义，当时德国为了避免与美国发生误解，正式承认了门罗主义（参看本章"门罗主义"一节）。巴西也开始对德国的殖民野心产生担忧，因为巴西南部有大量富有的德国人。

最近，教育的进步和对其他大国影响力的限制改善了中美洲和南美洲的政治状况。人民正在开始学习如何正确行使政治自由的权利。这种改善在阿根廷、智利以及巴西最为显著，这几个国家在中美洲和南美洲国家中贸易体量最大，纯种欧洲居民所占的比例也最大。

第三十七章　远东的转型

引言：本章概述

日本和中国早期对西方思想的态度——直到 19 世纪中叶，中国和日本一直延续着他们闭关锁国的孤立路线。假如不是永不满足的西方各国突然带来了一股同时蕴含着新的危险和新的好处的巨大潮流，陈旧的中国和日本仍将继续墨守成规，不会做出任何改变。第一个危险就是被其他国家藐视，然后很快国家独立就会受到威胁，而维护国家独立唯一的手段就是彻底改变国家政策。

在日本，少数几个富有远见的政治家立刻就认识到好处大于危险。他们预见到，如果迅速采纳西方的路线和理念，那么一种更有活力的国家面貌、新的权力以及新的财富将会很快从中涌现出来。他们的意见占了上风。现在日本已经开始得到回报。

中国政治家的表现则太过傲慢而且缺乏智慧。他们继续鄙视外国人，视其为蛮夷，而不是试图找出西方得以强大的原因。中国始终认为自己是最具智慧的，一直沉浸在自己的世界之中，而没有意识到正面临着一个它一无所知的世界里的智慧所带来的新秩序。中国政府保持着一种闭关锁国的傲慢态度。但是，这个国家的傲慢并没有掩盖住它在外国人眼中的弱点。

中国面临的危险——很快，中国就受到了威胁，这种危险是一个较弱的国家面对强国时注定要发生的事情——它面临着即将被外国统治的危险。中国的港口被占领，之前中国的附属国被吞并，列强的"势力范围"被标注在中国地图上。

中国得以维持独立的原因——两大原因共同阻止了中国的分裂。首先，最重要的是，外国政府无法就分裂中国的政策达成一致，除非进行一场欧洲战争才能解决这个问题。其次，他们认识到中国人的种族是强大的，只是他们现在的国家体制暂时软弱无力。他们的人口数量，他们的智慧，他们的产业，他们的团结，以及他们强烈的种族个性，这些结合在一起表明他们将永远是他们自己土地的主人。外国人可能会成为统治阶级，他们可以通过税收或者其他方式来剥削中国人；但是外国统治者除了能使用中国人的土地之外，无法得到任何其他的东西。

远东事件的历史重要性——日本和中国现代化转型的意义完全可以与世界历史上任何一个重要的事件或历史时期相提并论。在发现新大陆之后的 400 年里，欧洲已经成功地超越了所有新世界的国家以及大部分旧世界的国家。无论在哪里，他们遇到的都是逊于自己的对手，即使在印度，那里的人们在思想领域和欧洲人是平等的，但在政府和战争的艺术方面还是落后一些。在取得如此巨大的成功之后，白人难道不会更加自然地认为自己注定就是全世界的主人吗？

在 19 世纪末期，日本人的能力开始被认可，并得到了慷慨的赞扬。但是，这仍然是更优秀的老师送给他们好学生的赞扬。10 年之后，日本人证明他们已经掌握了新的强权手段。他们推翻了西方对白人拥有自然优越性的偏见，他们在世界大国之间建立了一种新的权力平衡。

随着远东的开放，历史已经具有真正的全球性。由于知识、商业贸易以及政治利益都交织在一起，现在世界上的每一个国家都与其他国家紧密相连。日俄战争影响着欧洲国家之间的平衡。上海的商人和柏林的商人都感受到了纽约的金融危机。简而言之，现在任何一个国家的命运都会受到世界上其他国家行动的影响，而且这种影响的程度前所未有。

I. 日本 [1]

封建制度在旧时日本的发展——我们首先要简单说明，1850 年之后日本突然爆发革命是由其内部变化所导致的。为了这个目的，我们必须追溯到日本中世纪开始的时候。

从理论上说，日本天皇一直是日本唯一的绝对统治者，但是 7 世纪以后，日本

---

[1] 接下来的内容主要是根据 W.E. 格里菲斯所著的《天皇的帝国》一书来展开，并引用了该书一些内容。对于想要进一步了解日本现代发展史的学生来说，这本书是最好的选择：《日本人自己的日本史·日本最高当局的调查研究》，阿尔弗雷德·斯特德编写，伦敦，1904 年。一些伟大的日本政治家和导师都为本书撰写了文章。

的宰相拥有实际上的政府大权。794年，日本天皇被劝说在京都建立了国都，直到1868年，天皇的皇宫都在那里。大臣们将很多浮华的排场和隆重的仪式安排在天皇周围。天皇与外界的联系完全断绝，直到人们将他视为居住在京都的人间之神。

与此同时，大臣们让他们的职位在自己的家族中世袭。中央政府被削弱了，而各省长官的权力却不断增强。因此，日本逐渐形成了一个封建君主制国家。那些统治各省的大名（日本旧时封建领主的称谓）或贵族都效忠于他们的共主——日本天皇，类似中世纪时法国或英国那些较大的封臣效忠于他们的君主一样。这些贵族们经常互相攻伐，有时候甚至反对天皇。

"二头统治"的形成（幕府统治）——日本历史上最著名的权力斗争是长期垄断着权力的平氏家族和源氏家族之间的斗争。后来平氏家族失去了所有的高位，最后在马关海峡的一场可怕海战中被彻底摧毁。1192年，日本天皇任命源氏家族的首领源赖朝为幕府将军（征夷大将军）。"从此，将军这个词有了新的意义。日本古代所有的军事将领都被称为将军，但是这个称谓现在有了一个新的重点，日本将军获得了越来越多的权力，直到外国人视他们为君主。然而天皇任命的这个下属自始至终——从1192年到1868年——只是日本天皇统治下的军事藩镇的一个将军。尽管他以强大的军事力量统治着这个国家，但这种统治名义上还是他以臣子的身份在为京都的天皇效忠。"

因为当时有两个统治者，一个是住在京都身份合法但软弱无能的日本天皇，另一个是篡夺权力的强大的幕府将军，所以幕府将军统治时期通常也被称为"二头统治"。

幕府统治的完善（1603年）——后来源氏家族不得不让位给其他家族，几次内战使日本变得满目疮痍。经过16世纪末的大混乱时期，德川家族的德川家康恢复了日本的秩序。他的家族也属于著名的源氏家族的一个分支。1603年，德川家康迫使日本天皇任命他为幕府将军。他在江户建立了自己的都城，即现在的东京，而日本天皇的皇宫继续留在京都。通过与那些强大的大名联姻，以及将重要的封地赐给自己的儿子，德川家康使德川家族在日本获得了至高无上的地位。德川家康和他一个才能卓著的孙子完善了封建政府制度，在这个制度下，日本得到了长达两个多世纪的和平与繁荣。

日本严格的闭关锁国——德川幕府时代的一个奇怪特征是法律禁止日本人离开他们的国家，否则将被处死。日本以前曾与东亚所有的海上国家建立过商业联系，但是现在所有想要和日本进行贸易的外国人都被彻底拒之门外了，只有荷兰人得以在长崎附近的出岛保留了一个很小的工厂。

德川幕府统治下的日本社会——日本人被划分为不同的阶层，但是并不像印度种姓制度那样被严格地隔离开来。

（1）大名，根据他们所拥有土地的多少分为各种等级的大名。

（2）武士，也有各种等级。他们是军官、政府官员和士兵。

（3）神职人员、学者、医师以及艺术家。

（4）农民。

（5）工匠、渔夫等。

（6）商人。

一般来说，一个儿子必须继承父业，无论是社会地位还是职业。商人们都生活艰难。"他们的社会地位是如此之低，以至于在任何情况下他们都没有权利抗议或者反对武士阶层。"

日本开放对外交往（1854年）——1853年，美国海军准将佩里率领八艘军舰航行到了日本。他带来了一封美国总统写的充满友好的信件，信中提出了订立美日两国之间商业条约的建议。第二年，幕府将军同意了这样一项条约，因此日本最终被拉入了与外部世界的关联之中。英国、俄国以及其他一些国家也纷纷效仿美国的做法。与此同时，禁止日本人出国旅行的法律也被废止。日本学生们立刻成群结队地涌入欧洲和美国，以期学习外国的科学和社会制度。

幕府统治垮台的原因——外国商人和外交官的到来，在日本内部事务上引发了重大变化，并最终导致幕府统治的垮台。其中最激烈的情况是一些日本高官宣称幕府将军无权与外国缔结条约，他们支持日本天皇的统治权。

实际上，日本人对天皇的忠诚从未被遗忘。早在17世纪的时候，日本学者阶层中就显露出了对幕府将军的不满。水户藩主德川家圆（"国"的异体字）（1628年—1701年）编纂了一部《大日本史》，这本书被广泛研究。"这本书的倾向是指引日本人民认识到天皇才是日本真正的唯一统治者，并指出了幕府将军是军事篡夺者的历史事实。"

另外，日本神道教在18世纪和19世纪上半叶得以复兴，这是天皇权力回归的第二个原因。神道的意思是"神明之路"，这个本土宗教在佛教出现在日本之前就已经存在了。神道教是对祖先和自然元素的崇拜，类似于中国古代的自然崇拜。它特别强调日本天皇的神圣血统，并要求日本人民将顺从帝国的统治作为第一道德义务。1870 年，神道教成为日本国教之后，这个宗教便体现出了政治意义。

与外国人之间的冲突——幕府将军与支持天皇为正统的党派之间展开了激烈的争斗，这导致了日本与西方列强之间的严重误解。当西方外交官第一次和日本签署那些条约时，他们相信幕府将军拥有完全的法律权力。但是天皇的顾问们突然否认了幕府将军签署的那些条约，并宣布了日本政府关闭港口的意图。与此同时，日本民众中反对外国人的情绪也被唤起，他们杀害了一些外国人。然后，一位著名的大名率军袭击了一些欧洲船只。于是那些西方国家决定联合起来使用武力解决日本问题。1864 年，一支由英国、法国、荷兰以及美国海军组成的混合舰队摧毁了马岛海峡的一些防御工事。使用武力被证明是有效的，日本政府承认了之前签订的那些条约。

1868 年的革命——1867 年，日本第一个也是唯一一个王朝的第 123 代天皇明治天皇即位。当时他只有 15 岁。他的顾问有两条方针：首先要与西方列强保持良好关系，并引进西方的改革；其次，将拥有古老权力的天皇变成日本唯一的统治者。当他们要求幕府将军德川庆喜为了国家的福祉放弃自己的权力时，幕府将军平静地辞去了职务。但是，将军的下属们都要求他不要辞职，并拿起武器对抗天皇。萨摩家族的大名和其他一些支持天皇的大名联合起来击败了幕府将军（1868 年）。虽然最后一位幕府将军德川庆喜已经逃到一个佛寺里隐居起来，但是大名之间的内战还是一直持续到了 1868 年底。

新时代的开启——日本帝国政府得以恢复之后的第一个行动就是要求所有的大名全部解甲归田，不再过问政事。他们立刻遵命照办，没有为捍卫他们的封建特权而再次发动战争。这些大名之中的大多数人只不过是寻欢作乐的人而已，完全没有他们祖先那种勇猛尚武的精神。从此，日本便从一个封建国家变成了一个专制的君主制国家。

在接下来的几年里，日本按照西方路线进行了一系列改革，建立现代化的邮局、统一货币、使用公历、强制进行基础教育，这些措施都得以实施，当然，将日本变成一个现代国家所采取的改革措施远远不止这些。

宪政政府的建立（1890 年）——1890 年，日本天皇自愿放弃了他的一部分特权，将其交给了人民代表。日本政府颁布了一部宪法，建立了由贵族院和众议院两个议院组成的帝国议会。贵族院是由皇室成员、贵族以及由天皇提名的代表组成，众议院则由人民选举产生的议员组成。

> 日本宪法规定选举人和候选人的最低年龄为 25 岁，同时规定选民的财产资格为每年向国家缴纳 15 日元的直接税。结果是这个拥有 4200 万人口的国家有 46 万人获得了选举权。
>
> 后来又通过了一项改革法案，选民的财产资格被降低为每年向国家缴纳 10 日元的税款，因此获得选举权的人数便达到了 80 万。

建立现代陆军和海军是日本新政府的首要工作之一。陆军先是由法国军官训练，1885 年之后改由德国军官训练。自 1895 年的战争之后，日本一直没有再请外国人援助，而是独立开展自己的军事工作。海军是按照英国的模式建立和组织起来的。

朝鲜问题——日本在 16 世纪末期就入侵了朝鲜。此后，每一任日本幕府将军即位的时候，朝鲜都会送来礼物以表达自己的尊重。然而在德川幕府倒台之后，朝鲜作为一个非常落后的国家，却拒绝与外国发展任何进一步的关系来拥抱西方文明。1875 年，朝鲜人向一艘日本军舰开火，这也使他们与外国彻底决裂。

日本的回答是将派遣一支强大的现代化舰队开赴朝鲜。这使朝鲜倍感恐惧，于是同意签署一项关于国际友好关系和商业的条约，开放了三个港口的对外贸易。这个"隐士王国"也因此最终向外面的世界敞开了国门（1876 年）。

朝鲜面对强大的日本海军，被迫屈服。当朝鲜屈服于日本之后，便与日本签订了一项条约，该条约的第一条就声明朝鲜是"一个与日本享有同样权利的独立国家"。随后，美国、英国以及其他列强也与朝鲜签订了一些条约。

日本在朝鲜的主导地位将威胁到通往中国北部港口的海上航线，进而威胁到北京，同时日本也可以很容易地进入中国东北。由此中日之间的矛盾愈发尖锐，直到一场战争不可避免。

中日战争即甲午战争（1894 年—1895 年）——1894 年，中日两个大国在朝鲜都保留了小规模的军队。两国之间的谈判一直在试图解决朝鲜的

地位问题，中国已经将其称为"藩属国"。一系列不平等条约的签订成为
战争的信号。

　　整个战役的过程是日本取得了一系列的胜利。中国装备落后且散漫混乱的军队
根本不是日本新组建军队的对手。在海上，中国人有更优秀的军舰，但日本有更优
秀的指挥官。11 艘日本军舰在鸭绿江口击败了由 14 艘军舰组成的中国舰队，鸭绿
江正是朝鲜和中国东北之间的分界线。在整个战争中，中国唯一一次顽强的抵抗是
英勇的海军提督丁汝昌率军在威海卫与日本海军展开的一次战斗。当丁汝昌的舰队
几乎全军覆没的时候，他自杀殉国了。

　　《马关条约》（亦即**《下关条约》**，1895 年）——
当日军总参谋部的将军正在考虑进军北京的时候，
中国政府派遣直隶总督李鸿章到日本进行和平谈判。
1895 年 4 月 17 日，李鸿章和日本首相伊藤博文签署
了一项条约。我们可以看看这个条约的主要部分：

　　中国割让台湾岛及其附属岛屿、澎湖列岛、辽
东半岛给日本；

　　中国向日本赔偿军费 2 亿两白银……

　　我们前面已经提到过（参看第三十四章），俄
国、法国和德国迫使日本将辽东半岛归还给了中国。

　　1895 年之后的日本历史和俄国及英国在远东
地区的事务之间有着非常紧密的联系。

图 85　伊藤博文

II. 中国

　　早期的贸易关系——在葡萄牙人之后，荷兰人也试图在中国的港口进行贸易。
1624 年，他们在台湾建造了一座要塞，作为中国沿海贸易的基地。然而荷兰人的
整个事业最后以一场灾难而告终。

　　英国东印度公司取得了更大的成功。1635 年，英国人开始把欧洲的商品运到
到广州、厦门和福州。不久，他们发现中国人喜欢抽鸦片，这种毒品逐渐成为中国
进口的主要商品。由于中国没有足够的茶叶和丝绸或者其他出口商品来平衡他们对
这种致命毒品的消费，于是他们使用白银来购买鸦片。

中英双方一直都对贸易情况深感不满。中国人鄙视那些异族的商人，因为他们唯利是图，只想赚钱；而东印度公司的人则经常抱怨自己总是受到中国人的侮辱，但是为了巨额利润，他们仍然继续经营。

清朝早期皇帝统治下的中国——清朝早期的几位皇帝都是才能卓著的统治者。他们在治国和战争中的高超技艺，与他们对艺术和文学的鼓励一样值得纪念。

康熙（1661年—1722年在位）首先通过在南方省份镇压一场可怕的叛乱（译者注：三藩之乱）证明了自己的强大。接着他又在海上驱逐了海盗，并将他们的据点台湾并入了大清帝国的版图（译者注：收复台湾）。俄罗斯在黑龙江的侵略被康熙坚决击退，1689年，中俄两国在俄罗斯尼布楚签署《尼布楚条约》解决了边界争端（参看第二十七章）。经过一系列精彩的战役之后，康熙征服了蒙古，清朝军队也进驻了西藏。

康熙同时也是一位杰出的学者，以他的名字命名的《康熙字典》至今仍然是汉语的标准著作。

康熙的孙子**乾隆**（1736年—1796年在位）也是一位杰出的皇帝，无愧于他伟大祖先的英名。他将中国的版图扩张到了遥远的中亚，在大胆的战役中收复了伊犁和新疆相当大一部分土地。虽然与缅甸的战争没有那么幸运，但是缅甸人最终承认了自己是中国的朝贡国。交趾支那的国王也对乾隆表达了敬意。来自尼泊尔的好战的廓尔喀人掠夺了西藏的寺庙，随后在中国军队的追击之下逃回了他们在高山里的堡垒。廓尔喀人最后俯首称臣，每五年将大象和马匹作为贡品送往北京。在这个时期，中国还拥有对朝鲜的宗主权。这些军事上的成功充分展现了伟大中国最后的辉煌。同时国内也是欣欣向荣的太平盛世。乾隆像他的祖父康熙一样，也是一位优秀的学者和诗人。

衰落的最后时期——在乾隆死后不久，发生了一系列的天灾人祸，再加上清朝的暴政，给中国带来了持续的衰退。各种反叛和混乱在此不加赘述。这些事情对整个历史的意义在于，在恰恰需要拿出足够的力量和勇气来应对国外复杂局面的时候，中国政府却变得软弱无能了。

第一位出使中国的英国使节——1792年，英国政府派遣卓越的外交官马戛尔尼伯爵出使北京，表示友好，以期与中国政府达成更好的相互理解。作为一位代表友好国家的大使，马戛尔尼伯爵保持着自己与中国皇帝的平等地位。当他朝见皇帝时，根据英国宫廷的习惯，只是单膝跪地，而不肯双膝跪倒。乾隆皇帝礼貌地接待了这位大使。但是马戛尔尼伯爵的任务没有取得任何进展。清朝的官员们根本没有理解这件事情的重要性，他们说英国人是来向中国进贡的。

第一次与英国开战的原因——现在中国鸦片贸易的价值已经超过了其他所有进口商品的总和。吸食鸦片已成了一种十分有害的恶习。中国皇帝曾下令禁止继续进口这种毒品，但是他的这项政令却推行不下去。在外国商人的支持下，中国大多数沿海地区的居民甚至包括政府官员，都参与了一场巨大的贸易走私。

1839 年，钦差大臣林则徐在皇帝的命令下采取了强硬措施。他下令将所有储存在广州的鸦片全部移交给中国政府，并将其公开销毁。这些鸦片的总价值约为 400 万英镑。这一行动以及紧接着发生的进一步争端，终于引起了中英两国之间的战争。

战争的道德方面——到目前为止，英国国内很多人都认为，出于保护鸦片贸易的目的而发动战争是完全错误的。美国人对这场战争的观点几乎是一致谴责的态度。如果今天的英国人再次面临同样的问题，是否能找到一小部分人来支持这场战争都是值得怀疑的。然而在当时，印度的大部分收入都来自鸦片的出口。

鸦片战争①，**以及《南京条约》**（1840 年—1842 年）——这场战争立刻暴露了中国在面对训练有素的欧洲军队攻击的时候的软弱无力。一支人数很少的英国军队能将庞大的中国军队打得四散溃逃，这样的故事在广州、厦门以及上海反复上演。在京杭大运河与长江交汇处的镇江，英军在这座城墙拱卫的城市遇到了更多的抵抗，他们攻陷这座城市之后对中国人进行了更加残忍的大屠杀。当英国人威胁要袭击南京时，中国政府被迫求和。

《南京条约》（1842 年）中规定中国必须对英国开放广州、上海以及其他三个贸易港口。香港岛被割让给英国，还要向英国支付 2100 万银元的战争赔款。两国官员之间的交流往来根据条约中两国平等的条款继续进行。鸦片战争由此也开启了中国的近代史时代，这是一个对世界各国都具有深远意义的时代。沉睡的巨人被粗暴地唤醒；但又过了半个世纪之后，他才完全清醒过来。

---

① "鸦片战争"这个词是一个误称，但是至今仍在普遍使用，因为人们认为鸦片问题是引发这场战争的原因。实际上，林则徐突然执行的严厉举措只是唤起了英国人心中积蓄已久的不满。《南京条约》中没有提到鸦片。

太平天国运动（1851 年—1864 年）——一场可怕的叛乱摧毁了中国南部和中部的省份，这场灾难持续了 13 年。太平军又称"长毛"，由一个宗教狂热者所领导，而这个领导者自称"天王"。在很长一段时间里，清朝政府的军队都很难把太平军镇压下去。在外国军官的帮助下，清朝政府终于平息了太平天国起义。

领事裁判权——在中国居住的外国人不受中国法律的约束。当欧洲人来到那些与自己国家法律不同的地方时，他们习惯于将本国的居民置于自己的领事管辖之下。之所以这样做，是因为西方国家不允许本国公民在当地法庭受到比如殴打或酷刑这样的待遇。在日本，领事裁判权在法律改革之后就被放弃了。目前（1907 年），居住在中国、土耳其以及摩洛哥的欧洲人都享有领事裁判权。

与英国和法国的战争（1856 年—1860 年）——1856 年，两广总督在一艘挂着英国国旗的中国式帆船上逮捕了一些中国水手。根据国际法，悬挂某国国旗的船只应当属于该国的管辖范围，因此中国政府把这些人从挂着英国国旗的帆船带走是不符合国际法的。然而，中国政府声称——而且他们很可能是正确的——中国当地的水手没有权利悬挂英国国旗。总之，这个案件非常复杂。它产生了恶感，并最终导致了战争。

法国也卷入其中，并派遣相当大的一支军队加入了英国。英法联军挺进到天津，迫使中国政府签订了《天津条约》，开放天津港的对外贸易。中国还要支付英法联军这次远征中国的军费。其中最重要的条款是，从今以后，外国有权在北京派驻大使。

在接下来的一年里，中国试图拒绝履行《天津条约》的义务，并准备重新开战。于是英国和法国决定继续战争，直到中国政府充分满足他们所有的要求。一支由 6000 名英国士兵和 5000 名法国士兵组成的远征军攻占了北京。额尔金伯爵代表英国政府，葛罗男爵则代表法国政府。中国军队无力保卫自己的首都。清朝皇帝不得不派代表在北京和英法两国签订了《北京条约》（1860 年），在《天津条约》的基础上增加了更大的赔偿。

中国与西方列强的其他冲突和俄国以及大英帝国的近代史有关。到 1899 年，中国失去了南方和北方的藩属国。而黑龙江流域、台湾、澎湖列岛、香港和九龙、胶州半岛以及辽东半岛这些中国领土，也都落入了外国人的控制之下。在旅顺被俄国占领之后，英国占领了山东省海岸对面的威海卫，以抗衡俄国在黄海的海军优势。

义和团运动（1900 年—1901 年）——外国势力施加给中国的屈辱激起了中国民众的爱国主义热情。一群爱国的拳师——在中国他们被称为"义和拳"——准备将所有外国人都逐出中国。

义和团席卷了天津和北京，他们打算将那里的外国大使馆全部摧毁。那些在天津的外国定居者一时之间都危在旦夕。大多数欧洲国家、美国以及日本都从本土派遣军队前往中国。天津很快就被外国军队占领了。北京的那些大使馆被围困了两个月，几近崩溃。

恢复秩序——在共同面对危机的时候，列强之间是和谐的，然而一旦危险被解除，各国政府之间想要达成一致的困难是显而易见的。俄国的政策旨在瓦解中国，而法国则希望将其领土扩展到中国南方。英国和德国之间的另一项条约挽救了中国的危局，英德双方同意维护中国的领土完整和"门户开放"政策。然而，德国同意俄国在中国东北随意行动。

我们之前已经了解到俄国在中国东北的计划是如何促成了英日同盟的。

列强迫使中国接受了以下条件：对义和团运动负责的中国官员必须受到严厉的惩罚，一些主要官员必须处决；中国政府必须支付 4.5 亿两白银的战争赔款；北京与渤海海岸之间的堡垒必须全部拆除，在北京的各国大使馆必须加强保卫并驻军防守。

改革运动——上面讲述的国家灾难以及最近发生在远东地区的一些事件最终说服了中国的统治者，只有通过内部改革才能挽救这个国家的命运。两位开明的政治家，李鸿章和张之洞已经表现了这一点。张之洞实施了李鸿章之前在直隶省进行的那些改革措施，他在所管辖的中部省份建立了学校、兵工厂和现代化工厂。

改革派现在得到了中国执政者慈禧太后的青睐。李鸿章死后，另一位改革家袁世凯继续并扩大了改善主要省份的计划。所有等级的学校成倍地增加，德国和日本的军官训练出了一支高效的军队骨干。成千上万的学生涌向日本、美国和欧洲的大学，在那里学习西学。这个巨人终于真正觉醒了。

英日同盟和日俄战争对中国的影响——英国与日本达成的协议以及《朴次茅斯和约》使中国得到了一个相对安全的时期。当然，中国东北的问题还没有确定下来。《朴次茅斯和约》第五条这样写道："俄国和日本政府同意在互利互惠原则的基础上，对所有国家采取的一般性措施不互相设置任何障碍，中国应该在其东北地区发展工商业。"对这个条款的解释至今仍然是一个悬而未决的问题。它可以解释为中国可以无条件恢复在东北的主权，但是也可能因为俄国和日本的经济利益而变得无效。

第三十八章　世界的分裂与大战

世界的分裂——雷诺夫教授把他对世界通史的梗概一直记录到了 1907 年。当他记录过诸如俄国沙皇第三次召集杜马，比利时正式吞并处于混乱的刚果自由邦，墨西哥在强力总统迪亚斯的统治下走向繁荣，以及袁世凯在中国实施了进步政策等一些重要事件之后便暂时搁笔。

然而，在那个决定性的一年里所发生的另一个重要事件却没有引起他的注意——俄国和大英帝国缔结条约。然而，他没有记录这件事一点儿也不值得大惊小怪。一方面，在他完成本书的时候，这一消息很有可能还没有传到中国；另一方面，甚至在欧洲也极少有人认识到这一事件的重要性。表面上看，似乎只不过是解决有关中国、阿富汗和波斯的一些琐碎纠纷，这些问题长期以来一直在英俄两国政府之间制造摩擦。实际上，它有更加深远的意义，但是这种意义在很久以后才逐渐显现出来。它最终被看作是代表列强重组、欧洲平衡的新调整、世界的一种新分裂。让我们来留意它到底是如何发生的。

英国、法国和俄国——在 1870 年至 1871 年发生普法战争期间，英国的公众舆论——由法院、大学、报界，以及伟大的文学家们主导——明显地站在德国人的一边。法国人被普遍认为是导致战争的罪魁祸首，他们的惨败被认为是对他们挑衅和侵略的惩罚。当时没有任何迹象表明这种判断有必要进行修改。

法兰西第二帝国的命运和法兰西第三共和国的建立并没有长久地改善英法两国之间的关系。由于拥有统治力量的德国禁止法兰西共和政府在欧洲进行冒险活动，于是法国的能量、法国的资本以及法国的野心寻求将海外事业作为另一个出口。特别是在非洲，法国十分活跃，而无论是在埃及还是在西非的黄金海岸，法国和英国的利益都发生了冲突。尤其是在一个关键时期，英法两国之间的世纪战争似乎迫在眉睫——那就是 1898 年一支法国军队占领了尼罗河上游的法绍达。

与此同时，英国和俄国之间的关系也很糟糕。俄国从来没有原谅过英国政府在1878 年将土耳其从彻底被征服中拯救出来。由于被《柏林条约》禁止进入地中海，俄国已经将其能量和资源向东方的印度边境进逼,同时寻求对中国东北的稳定控制。有两个情况：其一是 1885 年占领班吉的时候，其二是 1898 年夺取旅顺港的时候，当时纠纷的结果似乎只能用战争来解决。

因此，1898 年是英国与法国以及俄国最为交恶的时期，与此同时，英国仍然被德国和奥地利视为朋友。然而形势已经出现了一些为改变而做出的准备。让我们看看发生了什么。

三国同盟——德意志帝国 1871 年成立后，在俾斯麦控制的大约 20 年的时间里，是非常和平的。这位伟大的政治家，曾面对几乎不可逾越的困难实现了德意志的统一，他意识到为了使新的政府系统过渡到一种流畅运转的宪政政府就必须要安定。他最害怕的一件事就是列强结成联盟执意要在这个新帝国站稳脚跟之前摧毁它；他最渴望的一件事就是使德意志帝国成为维护缔约联盟的核心国家。根据俾斯麦高明的策略，一方面阻止法国、俄国和英国之间走向互相谅解，另一方面促使德国、奥地利和意大利结成一个强大的三国防御同盟。这个同盟的基础是 1879 年奥地利和德国之间的一个协议。1882 年意大利的加入，完成了三国同盟。这个三国同盟立刻被认为是国际政治中的主导因素：在英国，它被推崇为世界和平的可靠保证。直到 1914 年，三国同盟都是主导因素；然而，在此之前，它早已从和平的保障变成了最可怕的战争威胁。改造它的人是德意志皇帝威廉二世，他在 1888 年成功登上皇位，并于 1890 年命令俾斯麦辞职。

德意志皇帝威廉二世和他的计划——威廉二世即位的时候已经 29 岁了。他是一个永不安分的人，满怀着雄心勃勃的计划，确信德意志军队是不可战胜的，对日耳曼种族的优越性深信不疑，并决心使日耳曼民族（以及他自己）成为全世界的最高主宰。长期以来，他对前两位德意志皇帝的和平政策愤愤不平，并对俾斯麦的影响极其厌恶。当他刚刚摆脱了俾斯麦，就立刻开始了其侵略和冒险的政策。首先，他将注意力转向了近东：发展了与伊斯坦布尔的苏丹之间的友谊；试图在土耳其建立德意志帝国的影响力；努力为德国的贸易、金融以及铁路建设争取特殊的优惠；他还声称自己是叙利亚和巴勒斯坦穆斯林的保护者和庇护人。其次，他还是努力发展了 1884 年在非洲和大洋洲建立的德国殖民地——建立这些殖民地，俾斯麦当时是很不赞成的。威廉二世对迄今为止德国在海外扩张的地区感到十分不满。很快，他进一步获得殖民地的激进想法就显露无遗，尤其是在摩洛哥、安哥拉、南非、刚果和巴西这些地方所开展的行动，都被视为他急切欲望的展现。第三，他对帝国的工商业的发展表现出了非常浓厚的兴趣。摒弃了他祖先的贵族排他性传统，威廉二世和富商巨贾、工业巨头以及金融贵族交朋友。他支持这些人占领新市场的计划，提供高保护性政策来支持他们，他也分享了他们的活动所获得的巨大财富。最后，当他意识到他在东方的事业、他的殖民阴谋以及他的商业操作将不可避免地唤醒全世界的强烈反对时，便开始致力于扩充军备，并组建了一支强大的海军。

三国协约——这位年轻皇帝的种种阴谋诡计引起了深刻而广泛的恐慌，这并不令人惊讶，尤其是那些利益受到直接威胁的欧洲国家更是如此。由于威廉二世在各种重要场合进行充满暴力的演讲和发布煽动性电报的习惯日益增强，这种恐慌也日益加深。德国皇帝成了国际社会的风暴中心。很快，那些被威廉二世的狂妄自大所威胁的国家开始聚集在一起，共同防御他。首先互相接近的是法国和俄国——俾斯麦之前不断努力并成功使这两个国家保持着距离。贷款、互访、签订商业协议，这一切都为在1897年公开宣布的正式联盟铺平道路。它似乎早在1891年就已生效。下一个步骤是在法国和英国之间达成谅解，这件事难度更大。各种各样的纠纷，其中一些甚至可以回溯到两个多世纪以前，英法两国为此一直被猜忌和故意隔离开来。在埃及、尼日利亚、暹罗、马达加斯加以及纽芬兰，两国之间的竞争关系尤为突出。在英王爱德华七世统治初期（1901年—1910年），英国外交大臣兰斯多恩勋爵和法国外交部长德尔卡塞曾以友好的方式讨论过这些问题。在德意志皇帝造成的新氛围中，人们发现这些都是很容易解决的简单问题。1904年，英法两国达成了协议，并签订了《英法协约》。第三步，也是最后一步——最困难的一件事——把俄国和英国团结在一起。然而，这件事情通过英俄两国共同的朋友法国从中斡旋也实现了。1907年，伊兹沃尔斯基男爵和爱德华·格雷爵士在漫长的谈判中变得越来越友好，正如我们所看到的，英俄两国结束了以前的纠纷，建立了亲切友好的关系。因此在1907年，雷诺夫教授完成这部作品的时候，法国、俄国以及英国组成的三国协约，正面对着德国、奥地利以及意大利组成的三国同盟，同时整个世界也将开始沿着这个大分裂而更加疏远。

骚乱和喧闹——尽管法国、俄国以及英国在1907年只是解决了一些古老并且遥远的纠纷，和欧洲事务并没有直接的关系，然而德意志皇帝和他的军事顾问们对此还是非常憎恨，感觉到这三个长期不和的大国之间缔结的新协约会给德意志帝国计划的实现带来严重的新障碍。因此他们抓住一切有利的机会来破坏英法俄三国之间新建立的友好关系。当没有出现有利的机会时，他们便创造机会。两个最著名的例子分别发生在 1909 年和 1911 年。第一个因 1908 年的土耳其革命而出现，这次革命导致了威廉二世所保护的苏丹阿卜杜勒·哈米德二世被废黜，保加利亚完全独立，以及奥地利吞并了波斯尼亚和黑塞哥维那。奥地利吞并波斯尼亚和黑塞哥维那——这一公然违反《柏林条约》的行为——使塞尔维亚和俄国极为怨恨，他们和奥地利之间的战争似乎一触即发。俄国和塞尔维亚发现，法国和英国都没有准备好为捍卫《柏林条约》而战。因此，他们不得不遣散军队并屈服。俄国尤其感到了深深的耻辱，新交好的协约国之间的关系变得非常紧张。许多俄国政治家认为其盟友毫无益处，所谓的协约国在需要的时候总是会让人失望，而且俄国可靠的政策应该是与成功的德意志帝国达成协议。然而，尽管面对重重压力，法俄联盟还是维持了下来。

1911 年，协约国遇到了第二次严峻的考验。德意志帝国皇帝派遣一艘德国炮舰前往阿加迪尔，并展示了在南大西洋建立一个德国海军基地的明显意图。这个行动首先挑战了英国的海上霸权；其次，挑战了法国对摩洛哥的控制权；第三，考验俄国是否忠于正受到威胁的英法这两个西方大国。在这种情况下，协约国之间保持着坚定一致的立场。德意志帝国则高估了自身的实力。甚至连迫在眉睫的战争威胁也没有使协约国在主要问题上做出让步。德国的炮舰不得不被召回，法国在摩洛哥的统治权也被承认。德意志军国主义者怒不可遏，很可能从 1912 年初，他们就开始有意识地谨慎备战，因为他们了解，一旦准备好了就可以立刻发动战争。

1912 年的危机——从那时起，形势急速发展——既然德国人一心一意要发动战争——走向 1914 年所发生的巨大悲剧则是不可避免的了。但是除了德国人昭然若揭的战争意图，1912 年发生的其他三个事件也进一步搅动得整个世界不得安宁。第一件是中国爆发革命（2 月）；第二件是意大利占领了土耳其的一个省的黎波里（3 月至 7 月）；第三件是巴尔干战争（10 月）。

2 月 12 日，年仅 6 岁的中国皇帝宣布退位，同时颁布了一项诏令授予袁世凯全权以建立共和国。在他的任务完成后，他以全票当选为中华民国大总统，并一直任职到 1916 年。尽管这场革命是令人瞩目的非暴力革命，然而还是极大地扰乱了欧洲国家，他们更关心的是在中国的同胞们的命运，以及他们商业的延续。

离家更近的地方，是越来越令人讨厌的德意志帝国统治者，是意大利夺取的黎波里。这不仅标志着土耳其的衰落和耻辱——它是一个德国和奥地利都亟欲加强其实力和提高其地位的国家。意大利夺取的黎波里进一步标志着三国同盟即将解体。因为意大利之前的行动从未如此独立，也从未如此强烈地对抗两个盟国已经非常明确的意愿和利益。德国和奥地利都很愤怒。

然后，第一次巴尔干战争开始了——由希腊、保加利亚、塞尔维亚以及黑山一起对衰弱且应接不暇的土耳其发动了联合进攻。这次进攻非常成功，除了伊斯坦布尔和它后面狭窄的土地，土耳其人被逐出了他们在欧洲所有的领土。获胜的巴尔干同盟开始按照事先安排好的计划瓜分战利品。这是对同盟国威望和计划的又一次致命打击，它预示着连接柏林和巴格达并在近东地区建立日耳曼人统治的计划即将彻底失败。因此，奥地利终于介入了。首先奥地利宣布不能同意塞尔维亚在亚得里亚海岸得到任何领土；然后又煽动保加利亚索取不成比例的战利品，当要求没有被满足时，保加利亚便对巴尔干同盟的其他成员宣战。由此引发了第二次巴尔干战争（1913 年）。这次战争几周后就结束了，保加利亚遭到惨败，被迫接受了《布加勒斯特条约》中灾难性的条款（1913 年 8 月 10 日）。同盟国的地位比以往任何时候都要糟糕。他们认为自己必须采取行动，以防止一个更强大的塞尔维亚来阻挡它们通往东方的道路。《布加勒斯特条约》签署还不到一周的时间，奥地利就向意大利提议直接进攻塞尔维亚。意大利拒绝了，因为三国同盟完全是防御性的。于是同盟国只得暂停行动，另寻借口再和塞尔维亚开战。他们并没有等多久。

萨拉热窝事件及其后果——1914 年 6 月 28 日，奥地利大公弗朗茨·斐迪南——哈布斯堡家族的王位继承人，在波斯尼亚省的首府萨拉热窝的街道上被刺杀——波斯尼亚在 1908 年被奥地利吞并。犯下此罪行的人是奥地利的臣民，但是他们是塞尔维亚族人，据称他们在贝尔格莱德策划了这个阴谋并使用了塞尔维亚人的武器。但是这些说法没有提供任何证据，也从来没有被证明过。这些说法无论是真是假都是一样的，可以作为发动蓄谋已久的战争的借口。7 月 23 日，在小心谨慎地与德国协商之后，奥地利政府向塞尔维亚发出了最后通牒，这个通牒旨在使战争不可避免。如果塞尔维亚接受了它，其他一些甚至更极端的要求便会接踵而至，这些要求本身就意味着塞尔维亚这个国家的毁灭。

奥地利的最后通牒不仅在塞尔维亚，而且在所有的协约国，都引起了最大的恐惧。没有哪个国家希望卷入战争，而且他们也都没有准备好打仗。塞尔维亚自知独自面对同盟国的联合攻击不可能抵抗太久。俄国当时正处于一场工业化冲突之中，表面上是工业化冲突，实际上是一场名副其实的革命。由于将兵役从 2 年延长至 3 年，法国也在经历一场国内危机。英国也处于工业动荡之中，而且面临与爱尔兰的内战。在这种情况下，4 个国家的外交官员都做出了最绝望的努力，以寻求一个和平的方法来解决这个问题。如果奥地利或者德国哪怕有一点点和平的愿望，就可以很容易地实现和平。塞尔维亚准备提出一个可怜的意见，只要求保留其国家的独立。俄国请求给一点儿时间进行讨论，法国提出了折中方案，英国力主召开欧洲国家代表大会。然而，这一切都是徒劳的。日耳曼人的最后期限已经到了。这正是德意志皇帝和他的总参谋部为了走向巅峰而焦躁不安地寻找了多年的伟大日子。7月28日，奥地利向塞尔维亚宣战。不到一个星期的时间，俄国（8月1日）、法国（8月3日）以及英国（8月4日）都被卷入了战争的旋涡。

第一次世界大战——这场战争始于1914年8月，然后不间断地持续了4年3个月，直到1918年11月11日被战争耗尽的德意志帝国战败并签署了《停战协定》。按照本书的篇幅，讲述这场规模浩大的冲突中的任何细节都是不必要的，同时也是不可能的。只有3件事能够或有必要记录在此，这3件事是：第一，斗争中各种生死攸关的议题；第二，在这场战争史上最全面的战争之中，几乎整个人类的逐步融合；第三，这场战争的广阔进程。

关于生死攸关的议题。所有相关国家立刻意识到当前的问题绝不仅是应该保留塞尔维亚的独立或者使其臣服于奥地利这么单纯，其意义至关重要，而且十分深远。它被认为：（1）民主，或者自由民族的自主权利，被军事独裁统治死死掌握着；（2）国家，或者有组织的及自发的社会自主发展的原则，与主张扩展其领土并在全球范围内强制推行其文化的某一个大国相冲突；（3）欧洲国家代表大会及其国际法规则，是与某个占主导地位的超级大国不道德的统治相对立的；（4）由英国及盟军舰队所建立并维护的海上自由，遭到了来自那些袭击者和潜艇无法无天并且残忍的海盗行为的挑战；（5）黑格尔的国家学说，由诸如特赖奇克和伯恩哈迪这样的作家进一步发展，并和之前康德更高尚的人道主义理想水火不容。战争，本质上来看，实际上是信念和理想的战争，是反对暴力的斗争，是善神对恶神的斗争。

对战争与己方利害关系的程度普遍且本能的认知是卷入斗争的主要因素，随后，一个接一个地，几乎全世界的人们都卷入其中。两个专制的同盟国组成的一方进入了土耳其和保加利亚，完成他们的部署。然而反对他们的一方最终是——除了塞尔维亚、俄国、法国以及英国之外，这些国家也参加了战争——比利时、黑山、日本、意大利、葡萄牙、罗马尼亚、美国、希腊、暹罗、巴西以及中国。除了这些大国之外，世界上其他大部分国家要么公开宣布支持自己的盟友，要么宣称友好的中立。德国阵营的对手们紧密地团结在一起，抱定必胜的决心，无论付出任何代价也要取得胜利，因为日耳曼人发动的战争野蛮残暴而且冷酷无情。自从恶魔般野蛮的三十年战争以来，或者自1500年前阿提拉和匈奴人席卷整个欧洲带来毁灭性的打击以来，都没有见过这种恐怖的景象。

冲突的开始——协约国的数量和资源最终使同盟国及其两个卫星国的失败不可避免，然而这些条件直到战争爆发 3 年后才开始产生影响，而且协约国在战争的早期阶段曾不止一次地接近毁灭的边缘。实际上，德国和奥地利在这场战争开始时的实力远超其他国家，而且他们所做的准备远不是那些抵御他们进攻的那些国家所能比拟的。他们的作战计划已经具体到了最后的细节；他们的人员和物资都准备充分；他们期待着一个时长大约 4 个月的短暂并且能轻松取胜的战役；他们希望在 1914 年圣诞节的时候就能凯旋，庆祝胜利。同盟国这些预期的基础是德国铁路系统对俄国的优越性。他们认为，在俄国军队缓慢的调动能够完成之前，1 个月的时间已经过去了。他们相信在这 1 个月的时间里就可以战胜法国，攻占巴黎，成为西欧的主人。然而要实现这样的计划，就有必要侵犯已经宣布中立的比利时，从而攻击法国那一段几乎不受保护的边境线。他们没有预料到英国会及时参战来干扰他们突袭巴黎。占领巴黎，迫使法国臣服之后，他们便打算将得胜之师转向东线，再去消灭俄国军队。

他们聪明而且可怕的计划差一点就成功了。1914 年秋天，自由和人道主义几乎面临历史上最严重的挑战。然而德国人最终没有取得他们所期待的胜利。他们失败的主要原因首先是，意大利拒绝加入这场邪恶的侵略性战争；其次，比利时在中立被侵犯时，展开了始料不及并且极其重要的抵抗——比利时的抵抗使德国的计划推迟了 10 天，同时使法国人得以弥补了一些最糟糕的缺陷；第三，英国迅速参战，在英吉利海峡立刻建立了指挥部，并迅速派遣了远征军，有效地保护了法国和比利时的海岸线；第四，俄国以前所未有的速度积极投入了斗争。不晚于 8 月 7 日——总动员令下达一周之内——一支强大的俄国军队进入了东普鲁士并大肆破坏德意志皇帝以及德国容克地主们的庄园，那里囤积的重要物资储备是为了发动对法国最后一击的，于是德国人不得不转向东线以挽救普鲁士军阀的财产免遭毁灭。在这种拖延且杂乱无章的情况下，德军不得不在 1914 年 9 月的第一个星期在巴黎东北面展开了决定性的马恩河战役。这是世界历史上最激烈的战斗之一。经过 4 天史无前例的可怕战斗，德国人的进攻失败了，大批德军被击退，法国和全人类得救了。

战争的后期——德国人在第一次试探性的进攻失败之后，又以非凡的智谋和决心制定了新的计划，并将其付诸实施。他们在作战模式上也展现了冷酷无情的残暴——比如使用毒气和一看见商船就将其击沉的做法——完全违背了国际法和文明人的良知。这些行为给他们带来了短暂的优势，然而面对协约国不断增强的作战技能和立刻击败如此危险且邪恶的敌人的决心，这些优势很快就化为乌有。

1915 年，同盟国将他们的主要力量转向东线。他们最终成功地打破了俄国的防线，侵入了波兰。1916 年，巴尔干半岛成为他们的主要作战地点。塞尔维亚和罗马尼亚都被彻底击败，德国人所期盼的从柏林到巴格达的道路被打通了。1917 年，一支德奥联军袭击了意大利，几乎到达了威尼斯。最后在 1918 年，当美国军队加入协约国一方的时候，德国人在 3 月向西线发动了最后的孤注一掷的进攻。就当时而言，这次进攻取得了惊人的成功。英法两国军队之间的联系被切断，法军被迫再次退到马恩河一线，英军被迫退到海岸线。情况很紧急，其严峻仅次于 1914 年 9 月的危机。极端危险的情况迫使协约国史无前例地建立了统一指挥，最坚定、最冷静，也是法国最优秀的战略家福煦将军获得了最高指挥权。他挽回了局面，不仅阻止了德国的进攻，还在 7 月准备发动反击，而且他一旦开始，便不可阻挡。他没有给战败且士气低落的德国人以任何喘息的时间。首先是法军，然后是英军和美军，都承担起了进攻并击退德军的任务。德军被迫放弃了一个又一个阵地，留下了无数的战俘和武器。德军从未如此崩溃。为了防止彻底溃败，并将德国从被入侵的威胁中拯救出来，德国最高指挥部请求停战。1918 年 11 月 11 日，获胜的协约国宽宏大量地同意了停战。德意志皇帝威廉二世没有等着目睹他给国家带来的毁灭。两天前，他已经退位，和他的大儿子一起逃到荷兰避难。在德国，一个共和国宣布成立。

和平条约——曾经无比强大的德意志帝国彻底崩溃，在某种程度上是由于发生在决定性的 1918 年 11 月 11 日之前的事情，同盟国其他成员全都被迫寻求和平。9 月 30 日，保加利亚宣布无条件投降；10 月 20 日，土耳其开始和谈；11 月 3 日，奥地利已经放弃了作战。德国孤立无援，面对着曾被其谋划毁灭，而今却作为胜利者的敌人们的包围，这些国家都憎恨德国所犯下的残忍暴行。德国统治世界的努力失败了。在这一过程中，德国牺牲了约 160 万人的生命，另外约有 400 万人受伤。此外，德国还失去了所有的海外领土，那都是通过各种远征从英国和日本手中夺取的。

11 月 11 日签订的《停战协定》的条款包括：德国人必须放弃他们侵占的所有领土；归还他们勒索的所有赔款；放弃大部分陆军和海军军备，并允许协约国军队占领莱茵省。《停战协定》为 1919 年 1 月在凡尔赛举行的和平会议铺平了道路。共有 30 多个国家的代表出席了会议。经过 6 个月的焦虑和艰难的讨论之后，和平条款摆在了德国面前，等着德国接受。1919 年 6 月 29 日，德国被迫接受了条款。

凡尔赛和平会议第一次史无前例地成立了国际联盟，旨在防止再次爆发战争，确保减少军备，确保国际法实施。至于德国，还必须被迫接受：（1）将阿尔萨斯 - 洛林地区割让给法国，将波兹南和西普鲁士的一部分割让给波兰，将殖民地全部割让给协约国；（2）按照协约国的决定限制陆军和海军的规模；（3）对在陆地和海上造成的所有破坏赔款。德国签订了该条约之后，奥地利、保加利亚、匈牙利以及土耳其都分别签订了条约。然而，由战争所导致的如此巨大的动荡，仅凭这些条约，绝不足以使整个世界恢复平静。

新的国家——战争结束之后，整个世界的政治格局发生了重大的变化，重建的规模也非常之大。即使到现在（1922 年），也不可能预见到这一转变的结果。首先，最重要的是，三个参加战争的专制帝国全部消失了。（1）1917 年 2 月，俄国革命迫使沙皇尼古拉二世下台，并成立了一个民主共和国。1917 年 11 月发生了第二次革命，摧毁了民主共和国并由布尔什维克取而代之。俄罗斯帝国四分五裂，并在其周围建立了一些小国家，其中比较重要的有芬兰、爱沙尼亚、拉脱维亚、立陶宛、乌克兰、格鲁吉亚和亚美尼亚。（2）1918 年 11 月奥地利退出战争后，奥地利皇帝卡尔一世退位，哈布斯堡家族的领土也分崩离析。变小的奥地利和变弱的匈牙利各自成为独立的共和国；波西米亚和之前匈牙利的斯洛伐克地区共同组成了捷克斯洛伐克共和国；特伦蒂诺被划归意大利，加利西亚被划归波兰，布科维纳被划归罗马尼亚。塞尔维亚和黑山（共同组成了南斯拉夫）得到了之前匈牙利的斯洛文尼亚和克罗地亚地区。（3）在德国，1918 年 11 月 9 日，德意志帝国皇帝宣布退位，随后废黜或驱逐了所有那些使德皇虚荣心膨胀的小国王、大公爵和其他小权贵。正如我们已经提到的，一个联邦共和国取代了德意志帝国。（4）出于对奥斯曼帝国主权的尊重，保留了伊斯坦布尔及其周边地区作为土耳其在欧洲的领土，其余的领土分别划归了希腊、塞尔维亚和阿尔巴尼亚；安纳托利亚作为土耳其在亚洲的领土；叙利亚被法国控制；巴勒斯坦和美索不达米亚被英国控制；而阿拉伯的汉志地区，包含伊斯兰教的圣地，作为一个独立的阿拉伯国家得到承认。（5）恢复波兰在欧洲国家中的地位，将之前被俄罗斯、奥地利和普鲁士统治的波兰地区重新划归波兰。

和平条约的后果——无论是我们想要知道和平条约的所有安排可能维持多久，还是想知道这些条约注定要给陷入困境的世界带来多大程度上的安宁，现在都为时尚早。这些条约中的一部分已经被修改，特别是有关奥斯曼帝国的《色佛尔条约》。

整个世界的经济状况所引起的焦虑，甚至超过了世界政治状况带来的影响。战争期间，财富遭到的巨大毁灭，人类生产力的能量普遍从卓有成效的各行各业转到毫无意义的消耗，这使整个世界都陷入了极度的贫穷，并且使所有的市场都陷入了混乱。于是出现了普遍的失业，商业贸易停滞不前，以及货币贬值。在一般的环境下，人们面对事情发展到如此混乱的地步几乎看不到任何前景。但幸运的是，环境是不正常的。这些情况都是世界历史绝无仅有的一次灾难所造成的后果，仅仅只是这场如此巨大的动荡带来的自然结果。我们应该毫无保留地坚信，那些人格和能力足以赢得战争的人们，也能成功地使战后的混乱时期重新恢复秩序。现在德国军国主义的恐怖威胁已经被消除，修复整个世界的所有必要条件是和平、友好、对全人类福祉的无私奉献、努力工作，以及毫无怨言地忍受高税收。特别是那些熟悉了世界历史轮廓的人，他们的职责就是要利用自己的影响力来推动人类的联合，并使整个人类种族持续而且有序地进步。

第三版附录

注释及在本书中引用的相关段落

注释 1（第 9 页）。**巴拿马运河**，1904 年开始施工，1914 年竣工。

注释 2（第 9 页）。**埃及**，在 1914 年至 1918 年的第一次世界大战期间被英国宣布为被保护国，1922 年 2 月 28 日埃及接受了一些条件之后得以恢复独立。

注释 3（第 12 页）。L.W. 金先生已经确定了**萨尔贡一世**的年代大约在公元前 2600 年；**汉谟拉比**的年代几乎可以肯定是在公元前 2123 年至公元前 2081 年。

注释 4（第 13 页）。亚述的巴比伦人的起源是值得怀疑的。最新的一个学说认为亚述人是亚美尼亚人的后裔。参见 H.R. 霍尔所著的《近东古代史》一书第 194 页。

注释 5（第 20 页）。1915 年，在巴勒斯坦成立了一个由英国保护的犹太国家，这一方面是在英国发生的"犹太复国运动"的结果，另一方面是因为英国在第一次世界大战之后得到了叙利亚。这个犹太国家目前还算繁荣，但也只是在一定程度上而已，也没有长期延续的保证。

注释 6（第 36 页）。关于希腊土壤的肥力，伯里教授（在《希腊史》一书第 4 页）这样说道："希腊绝不是一个富饶而多产的国家，它几乎没有大面积、雨水充裕的草原。被开垦的山谷并不能产出预期的收成。那里的土壤对大麦有好处，但肥力不足以使小麦自由生长。因此，当地的农民已经很努力地工作了，但是……最终还是必须从国外进口小麦来补充本国种植的粮食。"

注释 7（第 39 页）。"**希腊人的殖民往西最远到达了马西利亚（即今马赛）。**"这是有记载的，同时马西利亚的希腊人"在殖民地开垦农业并在西班牙海岸赢得了影响力"。参见伯里所著的《希腊史》一书第 298 页。

注释 8（第 39 页）。**君士坦丁堡**。这座城市是根据其第二位建立者罗马帝国皇帝君士坦丁大帝而命名，然而君士坦丁大帝自己为这座城市起的名字是"新罗马"，但是这个名字并没有延续下来。

注释 9（第 62 页）。**阿提卡奴隶的数量**。通常的估计是 40 万人，但是最近这个估计的数字已经大大降低了。贝洛克（在《人口》一书第99页）给出了令人信服的理由，他的观点是大约10万人。

注释10（第67页）**亚历山大帝国的解体**。在亚历山大帝国的废墟上建立起的王国中，最重要的一个是由塞琉古在叙利亚和小亚细亚建立的。这个塞琉古王朝在近东地区的希腊化过程中扮演了非常重要的角色。然而它的权力被罗马人在公元前189年的马格尼西亚战役中打破，然后在公元前83年，塞琉古王朝终结。

注释11（第90页）。**"君士坦丁大帝使基督教成为国教。"** 更确切地说，君士坦丁大帝使基督教成为国家的合法宗教之一。基督教的地位和与其竞争的其他异教平等。这发生在公元313年。80年之后，即公元392年，罗马帝国皇帝狄奥多西一世将基督教尊为国教，并宣布异教徒都是非法的。

注释12（第104页）。**墨洛温王朝统治时期**。公元511年，克洛维去世。名义上的墨洛温王朝继承人格罗维斯最后一直统治到公元751年。这是一段长达240年的历史时期。然而在这个王朝的最后1个世纪，实权已经落入了加洛林家族的宫相们手中。

注释13（第104页）。**克洛维皈依天主教**。克洛维迎娶天主教妻子和他后来皈依天主教这两件事可能都不是偶然发生的，而是他远见卓识政策的结果。天主教党派在高卢是主导力量，而克洛维和他们联盟便能得到几乎征服了整个高卢大省的效果。

注释14（第107页）。**"中世纪欧洲最早的学校。"** 这可能是指最早的普通教育学校。毫无疑问，神职人员特殊教育的学校始终就存在。从古罗马时代起，它们就有着连续的历史。特别值得注意的是，（1）高卢的学校直到被法兰克人征服的时候才开始出现；（2）爱尔兰的学校可能是由从高卢逃过来的学者们建立的；（3）英国诺森布里亚的学校是由爱尔兰来的僧侣们建立的。诺森布里亚人阿尔昆将罗马教育的传统带到了查理大帝的宫廷里。

注释15（第108页）。**阿拉伯人**。第一次世界大战期间，1916年，阿拉伯人在穆罕默德的后代、圣城麦加的统治者侯赛因的领导下反抗土耳其的苏丹。侯赛因立刻被协约国承认为阿拉伯半岛西部汉志的国王。

注释16（第109页）。**撒拉森人**。撒拉森的称谓是——从耶稣纪元开始的时候，可能甚至更早——仅指西奈半岛部分地区（埃及和叙利亚之间）的居民，该地区与罗马帝国接壤。这个时期的撒拉森人因为侵袭掠夺罗马帝国的领土而变得不受罗马帝国欢迎。这个称谓后来变成了对阿拉伯人的普遍称呼，只有阿拉伯人才能准确地使用这个称谓。然而在中世纪松散并且不准确的术语中，这个称谓不仅被经常用于称呼追随穆罕默德的阿拉伯人，还被用于称呼所有信仰和传播伊斯兰教的人，包括柏柏尔人、摩尔人，甚至土耳其人。

注释 17（第 112 页）。**封建社会**。雷诺夫教授在书中所表达的是一种反对封建社会的观点，这是基于其对封建制度在其后期腐败和衰落的审视。而在其强盛时期（800 年—1000 年），这个社会组织就已经受到来自撒拉森人、马扎尔人、斯拉夫人以及维京人自然而然而且不可避免的攻击，面临被毁灭的威胁。封建制度其本质上是一个军事组织。封建领主作为军事领导，和他们的骑士以及大地主们一起保护农民和工匠们免遭掠夺，同时也保护着基督教免遭灭绝。他们如此高效地完成了这些工作，但是大约在公元 1000 年之后，他们变得有些多余。然而他们还是坚定地建立了政权和特权。终结封建制度并将封建贵族降到与他们的公民同胞们平等的地位需要一个漫长而痛苦的过程，

注释 18（第 116 页）。**教皇的分裂**。对教会大分裂进行稍微详细一点儿的描述似乎是值得的。1376 年，教皇格里高利十一世被说服从阿维尼翁迁回罗马。1378 年，他在罗马去世。于是在罗马召开了宗教集会来选举他的继任者，在一场极其兴奋和激烈的争论中，意大利人乌尔班六世当选教皇，并承诺留在罗马，不会返回阿维尼翁。然而乌尔班六世被证明是一个非常严酷而且令人难以忍受的统治者，很多当初推选他的红衣主教都当面拒绝继续效忠于他，于是他们在罗马不能自由行动，而且遭到暴徒们的恐吓。后来他们又选举了一位新的教皇，克莱门特七世。在试图废黜乌尔班六世失败之后，克莱门特七世去往阿维尼翁建立了他的反对乌尔班六世的教廷。

注释 19（第 124 页）。**"奥尔良城被攻占"**。这句话准确来说应该是"奥尔良城被收复"。英国人被围困在这座城里，之前他们成功地攻占了这座城市，而后圣女贞德和她的军队兵临城下，发起了围攻。

注释 20（第 126 页）。**《大宪章》**。"不能强制征税。"这个声明有点太宽泛了。实际上只涉及一些特定的苛捐杂税。《大宪章》的原文是（由拉丁文翻译过来）："没有王国公意许可，将不可强制征收任何兵役免役税与贡金。下列三项税金除外，即支付我们的赎金（指被俘时），册封我们的长子为骑士，我们的长女出嫁时的费用。"

注释 21（第 126 页）。**"威尔士亲王"头衔**。这个头衔并不是世袭的；每一位威尔士亲王都是由英王制诰册封的。第一位得到这个头衔的英国贵族是英王爱德华一世的长子，1301 年，他成为威尔士亲王。1911 年 7 月 13 日在卡那封城堡册封

了现在的威尔士亲王。

注释 22（第 128 页）。"**皇位变成世袭**。"这个说法几乎是正确的，但也不完全如此。一方面，神圣罗马帝国的皇位始终是选举产生的，而且选举的形式从未被省略。另一方面，哈布斯堡家族有一次没有得到皇位，那就是 1740 年查理七世加冕成为神圣罗马帝国皇帝，他是巴伐利亚选帝侯，来自维特尔斯巴赫家族。此外有确凿的事实表明，从那之后的皇位充满了竞争。从 1740 年到 1806 年神圣罗马帝国被彻底废除的时候，哈布斯堡家族的成员从未得到过皇位：皇帝弗朗茨一世、约瑟夫二世、利奥波德二世以及弗朗茨二世，都是洛林家族的成员，与哈布斯堡家族的关系仅限于女性一方。

注释 23（第 128 页）。"**完全忽视母语**。"在某种情况下，母语的使用完全消失了。这就是法兰克人和哥特人的日耳曼语言的命运。在其他情况下，一些母语在民众中得以幸存下来，并在中世纪后期逐渐恢复了其在文学甚至在学术上的地位。在英国，尤其是在 14 世纪，本地方言出现了显著的复兴。

注释 24（第 128 页）。"**那些连作者本人都无法理解的推测**。"对那些经院派哲学家的这种评判过于严厉。我们现代人的确生活在一个完全不同的知识世界里，我们很难在他们那些冗长的拉丁文专著中找到作者所要说明的东西。但是最近有一些经院哲学的学生经过极其艰难的学习研究之后，掌握了那些晦涩的系统术语，很明显中世纪的那些思想家密密麻麻的、晦涩难懂的话语是真实并充满智慧的，他们正是试图通过这些来解决关于本质和知识的基本问题。参见里卡比所著的《经院哲学》一书。

注释 25（第 129 页）。"**阿伯拉尔，第一个，等等**。"尽管阿伯拉尔（1079 年—1142 年）被视为成功攻击教会教义的先驱，并将宗教改革推向了最高潮，但是把他当成第一个教会反对者是错误的。实际上，从教会的最早时期开始，异教徒拒绝接受天主教义的历史就是完整和连续的。在阿伯拉尔之前的时代，图尔的贝朗瑞（1000 年—1088 年）就曾对正统的宗教权威进行过特别引人瞩目的反抗。

注释 26（第 129 页）。**哥白尼**（1473 年—1543 年）是一个波兰人，不是日耳曼人。他出生在波兰西普鲁士的托伦，他的父亲是来自克拉科夫的斯拉夫人。

注释 27（第 140 页）。英国国王亨利八世并没有改变他对宗教教义的信仰，他始终保持着正统的天主教信仰。他改变的只是对教皇的效忠。他不再承认和服从教皇的权威，他成了一个分裂者，而不是异教徒。

注释 28（第 140 页）。"**离婚**。"从技术上来说，亨利八世从教皇那里得到的并不是所谓的离婚，而是宣布该婚姻从一开始就无效的公告。

注释29（第147页）。**教会保留**。《奥格斯堡宗教和约》中的条款原文如下：——"所有大主教、主教、高级教士以及我们教会的其他教士，都要同样地放弃其大主教之职、主教之职、高级教士之职以及教士之职，并放弃所有的收入以及拥有的财产，不得有任何抗拒和拖延。"

注释30（第151页）。**"合法继承人。"** 无论怎样声称玛丽·斯图亚特应该继承英国王位是"合法的"，在1544年制定王位继承人必须是亨利八世子嗣的法令面前这都是应该被禁止的，而且这条法令还授权亨利八世可以做出他认为有必要进行的安排。根据这项法令，亨利八世可以将斯图亚特王室驱逐，而且他的意愿也是这样的，假如他没有子嗣作为继承人，那么王位应该属于他的妹妹萨福克公爵夫人玛丽·都铎的后代。

注释31（第152页）。**哲学归纳体系**。培根关于建立哲学归纳体系的主张已经不再是由他的传记作者所提出。他在《新工具论》和《学术的发展》这两本著作中，确实提倡通过观察和实验的方法来促进科学进步。但是他并不是这种方法的创始人。各个时期的科学人士都使用过这种方法。特别是与他同时代的天文学家伽利略（1564年—1642年），就曾经发展并应用过这种方法。此外培根并没有将其构建成为一个可行的哲学体系。他对自然和逻辑并不完美的理解使他无法胜任这个工作。这些问题在R.W.丘奇关于培根的专著中都有极好的论述。

注释32（第153页）。**《大宪章》**。专项调查已经宣判都铎王朝任何具体违反《大宪章》的行为都是无罪的。这实际上已经证明，《大宪章》几乎没有建立任何民众权利。它主要是为了维护广泛的贵族特权。将《大宪章》视为反对都铎王朝和斯图亚特王朝专制统治涉及对该文件原始目的的误解。参见W.S.麦基奇尼所著的《大宪章》一书。

注释33（第154页）。**火药阴谋**。实施火药阴谋的确切日期是1605年11月5日。

注释34（第154页）。**"在没有陪审团的情况下进行审判。"**《权利请愿书》的第四条这样写道："上述根据军事戒严令建立的诉讼委员会应该被撤销和废除，并且今后不允许任何性质的委员会向任何人提出任何问题。"因此，更准确地说，其目的是宣称"在和平时期执行戒严令是非法行为"。当然，在军事戒严令之下建立的法庭不会召集陪审团共同参加，但是陪审团的缺席并不是反对的主要方面。另一方面，还有一些法庭，例如像星法院这样专断暴虐的法庭，并没有受到《权利请愿书》的影响。

注释 35（第 155 页）。**内战**。国王在诺丁汉制定他的标准，于是内战爆发的确切日期是 1642 年 8 月 22 日。

注释 36（第 162 页）。**西西里岛和撒丁岛**。根据《乌得勒支和约》（1713 年），西西里岛被划归给萨伏依公爵，撒丁岛则被划归给奥地利的统治者。6 年之后（1719 年），在同盟国的一致同意下，这两个岛互换了归属权。从那时起，"两西西里王国"都纳入了奥地利的统治范围，同时萨伏依和撒丁岛也连接成了同一块领土。

注释 37（第 172 页）。**波兰人**。作为德国在第一次世界大战（1914 年—1918 年）中战败的结果之一，波兰人恢复了他们的独立，同时成立了波兰共和国，首都在华沙。

注释 38（第 174 页）。1688 年英国在北美建立的 12 个殖民地名单如下：

I. 北部区域：马萨诸塞（包括波士顿和后来的普利茅斯）、康涅狄格、罗德岛、新罕布什尔。

II. 中部区域：纽约、新泽西、宾夕法尼亚。

III. 南部区域：弗吉尼亚、马里兰、北卡罗来纳、南卡罗来纳。1733 年，第 13 个殖民地佐治亚加入了这个区域。

注释 39（第 187 页）。**科西嘉岛**根据 1768 年的《贡比涅条约》由热那亚割让给了法国。所以拿破仑·波拿巴在娘胎里是热那亚人，出生时（1769 年 2 月 5 日）是法国人。

注释 40（第 204 页）。路易十八完全忠于宪法。在统治期间，他竭尽所能地保持着理智和节制。而他的弟弟和继任者查理十世却是一个极端反动的人。

注释 41（第 208 页）。**阿尔萨斯 - 洛林**。根据雷诺夫教授对 1907 年的描写，直到 1914 年第一次世界大战爆发之间的这段时期，法国民族复仇和征服的欲望已经偃旗息鼓。然而当德国将战争强加在他们身上时，法国人便将重夺阿尔萨斯 - 洛林作为他们努力追求的目标之一。德国的失败使他们得以实现了目标，1919 年的和平条约将阿尔萨斯 - 洛林归还给了法国。

注释 42（第 210 页）。**军事负担**。雷诺夫教授在第二次海牙会议（1907 年）召开的时候写下了这个词语。在接下来的 7 年时间里，全世界的陆军和海军的军费负担发生了大幅度的增加——这是一场名副其实的军备竞赛。于是爆发了第一次世界大战，然后成立了国际联盟（1919 年），国际联盟的主要目的之一是防止世界各国之间再次为了发动战争而展开毁灭性的军备竞赛。

注释 43（第 212 页）。**神圣同盟**。1815 年秋天，欧洲起草并签署了两份外交文书。

其中之一是神圣同盟，只是少数几位君主虔诚观点的情感表达。另一个就是奥地利、俄国、普鲁士以及英国之间签署的四国同盟。四国同盟（而非神圣同盟）被梅特涅利用于维护欧洲专制制度的利益。参见艾莉森·菲利普斯所著的《欧洲联盟》一书。

注释 44（第 214 页）。**德国**。本书中关于德国的陈述明显要比关于第一次世界大战更优先。从那个具有划时代意义的悲剧开始，一切都改变了。德国海军已经消失无踪；德国军队也不再被人崇拜或者畏惧；德意志帝国本身已经不复存在，取而代之的是一个联邦共和国（1918 年 11 月）。根据《凡尔赛条约》（1919年 6 月 8 日），德国割让了（1）阿尔萨斯 - 洛林给法国；（2）莫雷斯纳给比利时；（3）西里西亚的一部分、波兹南、西普鲁士以及东普鲁士给波兰。此外还有一些争议地区要么由公民投票决定其归属，要么被置于国际联盟的托管之下。

注释 45（第 215 页）。**奥匈帝国**。1914 年 7 月奥匈帝国对塞尔维亚的最后通牒加速了第一次世界大战的爆发，完全打破了本书中所述的奥匈二元帝国，并使哈布斯堡帝国走向终结。根据《圣日耳曼条约》（1919 年 9 月 10 日），奥地利的结局是（1）承认奥地利和匈牙利的分离；（2）新成立的独立国家捷克斯洛伐克的领土包括波西米亚、摩拉维亚以及奥地利属西里西亚；（3）加利西亚西部割让给了波兰，加利西亚东部割让给了乌克兰的鲁塞尼亚人；（4）布科维纳割让给了罗马尼亚；（5）波斯尼亚、黑塞哥维那、伊斯特利亚东部以及达尔马提亚割让给了由克罗地亚人和塞尔维亚人组成的新国家南斯拉夫；（6）特伦蒂洛和南蒂罗尔割让给了意大利。因此，将看到奥地利已经变成了一个又穷又小的内陆封闭的国家，几乎还没有 1914 年奥地利一开始就要摧毁的塞尔维亚的面积大。没有经过国际联盟的允许，奥地利禁止并入德国。

注释 46（第 217 页）。**三国同盟**。这个同盟的基础是由德国和奥地利于 1879年签订的防御条约所奠定的。意大利寻求加入，并在 1882 年获得了允许。

注释 47（第 217 页）。**两国协约**由法国和俄国在 1897 年宣布（并可能已经生效）。

注释 48（第 219 页）。德国对土耳其的控制是导致第一次世界大战的主要原因之一。1914 年 11 月，土耳其正式加入德国一方，并阻止协约国通过黑海与俄国联系。在战争期间，德国通过征服塞尔维亚实现了通过铁路连接柏林和巴格达的宏伟目标。然而德国和土耳其最终的失败打破了这两个大国之间的联合，并且都不得不接受协约国的摆布。

注释 49（第 221 页）。**土耳其人在欧洲**。尽管环境已经改变，这种表述还是可以成立的。

注释 50（第 232 页）。**爱尔兰**。1920 年，爱尔兰政府的一个法案在英国议会得以通过，授予了爱尔兰两个地区有限的自治权，分别是北部和南部。爱尔兰北部决定继续保留作为大英帝国成员的身份，而爱尔兰南部则成为大英帝国里面的"爱尔兰自由邦"。

注释 51（第 237 页）。**英日同盟**。1911 年 7 月，英日同盟续签了 10 年。1920 年 7 月，英日两国展开了关于进一步延续这个联盟的谈判。两国都强烈感觉到（1）原有的环境已经不复存在；（2）国际联盟的成立已经使英日同盟的延续变得不受欢迎；（3）美国可能会将英日同盟的延续视为不友好的行为。然而正式谴责英日同盟续约的条约并不存在。所以英日同盟目前还自动存在着，但是已经没有了从前的那种活力。

注释 52（第 246 页）。**迪亚斯总统**。1876 年至 1880 年在位，然后又从 1884 年开始出任总统，直到 1911 年他不得不结束了长期以来才能卓著而且行之有效，但是违反宪法的统治。从那以后，墨西哥又回到了混乱的无政府状态，而且已经破产。

索　引

A

阿拔斯 110 页

阿贝拉战役 65 页

阿波罗 61 页

阿伯拉尔 129 页

阿卜杜·拉赫曼 110 页

阿布吉尔湾 188 页

阿尔赫西拉斯会议 241 页

阿尔及利亚 73、240 页

阿尔梅达 135 页

阿尔萨斯－洛林 208、267 页

阿尔瓦 145 页

阿富汗 23、26、65、111、222、233、235、237、259 页

阿根廷共和国 189、247 页

阿基米德 63 页

阿卡德 12 页

阿卡德国王萨尔贡 12 页

阿卡迪乌斯 91 页

阿克巴大帝 119、120 页

阿克韦－塞克斯提亚 79 页

阿拉伯人 3、13、104—105、108—111、123 页

阿拉贡的凯瑟琳 140 页

阿拉贡国王斐迪南二世 140 页

阿拉里克 101、102 页

阿拉斯加 243 页

阿里乌教派 101、104 页

阿摩西斯 8 页

阿匹斯 9 页

阿瑞斯 60 页

阿舒尔 13、16 页

阿斯帕西娅 62 页

阿斯旺 238 页

阿索斯山 45 页

阿塔纳修 101、104 页

阿提卡 36、42、43、45、48、53、54、56、62 页

阿提拉 103、104、264 页

阿维尼翁 116 页

阿辛阿鲁斯河 56 页

阿雅克肖 187 页

阿伊努人 35 页

埃及底比斯 9、10 页

埃劳 190 页

埃塞俄比亚 241 页

埃斯科里亚尔 143 页

埃维尼厄岛 36 页

爱德华·詹纳 202 页

爱尔兰 199、232、236、263 页

爱琴海群岛 36 页

安布拉基亚湾 36 页

安德鲁·杰克逊 243、244 页

安敦尼·庇护 89 页

安哥拉战役 119 页

安南 118、240 页

安南东京 240 页

安妮·博林 140、144、150 页

安条克大帝 76 页

盎格鲁人 102 页

奥地利王位继承战争 165、166 页

奥多亚塞 91、101 页

奥尔良 124、162、243 页

奥格斯堡宗教和约 139、140、142、147、149 页

奥古斯都 87—91、94、95、99、100 页

奥兰治的威廉 145、146 页

奥兰治自由邦 238 页

奥勒良 90 页

奥利弗·克伦威尔 155 页

奥林匹斯山 36、61 页

奥林匹亚 61 页

奥斯曼 120、121、139、221、267 页

奥斯曼土耳其人 120 页

奥斯特里茨战役 190 页

奥托大帝 115、127 页

奥西里斯 9、10 页

澳大利亚移民 236 页

澳门 135 页

B

巴比伦 11、12、14—21、23 页

巴布尔 111、119 页

巴尔托洛梅乌·迪亚士 133 页

巴伐利亚大公马克西米利安 147 页

巴拉丁战争 161 页

巴勒斯坦 19—21、260、267 页

巴拿马地峡 203 页

巴拿马运河 9、203 页

巴士底狱 182 页

巴斯德 196 页

巴斯克人 2 页

巴统 221 页

巴西 209、246、247、261、264 页

巴耶塞特 119、120 页

巴赞 207 页

百科全书 196 页

百年战争 124、125 页

柏拉图 63 页

拜占庭 33、39、90—92、103、106、120、129 页

保皇党 156、176、184、188、204、208 页

保加利亚 121、220、221、262—264、266、267 页

保民官 69、70、79、85 页

北欧人 107、112、126 页

贝尔 16、199 页

贝壳放逐法 44、47、49 页

贝利撒留 102 页

贝内文托 72 页

本地治里 167 页

本杰明·富兰克林 178 页

比雷埃夫斯 48、53、57 页

比利牛斯山 75、105、110、123、191、193、204 页

比利时 146、184、210、241、259、264、265 页

比利时国王利奥波德 241 页

彼得大帝 169—172、219 页

俾路支省 66 页

俾斯麦 206、213、214、216、260、261 页

庇西特拉图 38、43、44 页

宾夕法尼亚 174 页

波多黎各及其成为美国领地 209、246 页

波尔塔瓦战役 171 页

波兰及其被瓜分 172 页

波士顿 173、174 页

波斯尼亚 221、262、263 页

伯里克利 50—54、57、60、62 页

伯罗奔尼撒 36、39、48—50、53、54、56、58、61、62 页

博罗季诺 192 页

博斯普鲁斯海峡 219、220 页

不列颠 3、21、83、84、91、102、125 页

布尔人 238、239 页

布哈拉 221 页

布莱特 231 页

布里耶纳 187 页

布鲁塞尔 193 页

布伦海姆战役 161 页

布吕歇尔将军 193、194 页

布宜诺斯艾利斯 209 页

C

查尔斯·达尔文 196 页

查理·马特 104、110 页

查理大帝 100、105—107、110、112、114、115、123、128、139、189 页

查士丁尼 92、101、102 页

查塔姆伯爵威廉·皮特 167、168、176、230、232 页

忏悔者爱德华 125 页

成吉思汗 117、119 页

出岛 251 页

春秋 30、31 页

茨温利 140、141 页

D

达·伽马 122、133、135 页

达达尼尔海峡 24、47、64、121、219 页

达尔豪西 234 页

达契亚人 89 页

大连 223、225 页

大流士三世 64 页

大流士一世 23、24、45—47 页

大马士革 110 页

大名 250—252 页

大山岩元帅 224 页

大卫王 19 页

大宪章 126、127、153、154、175 页

戴克里先 90、94 页

丹东 184、186 页

得克萨斯 244 页

德川家族 250 页

德川幕府 250、251、253 页

德干高原 26、233 页

德拉古 42 页

德拉威人 26 页

德兰士瓦 238 页

德雷克 151 页

德里 111、120、234 页

德摩斯梯尼 58—60 页

德尔斐 36、58、61 页

德意志帝国皇帝威廉一世 206、214 页

狄奥多里克大帝 101 页

狄奥多西 91 页

狄德罗 196 页

狄西德里乌斯 105 页

狄西里亚战争 56 页

底格里斯河 12、13、110 页

地米斯托克利 46—50、57 页

丁汝昌 254 页

东哥特人 101、102 页

动物崇拜 9 页

杜布雷 167 页

杜尔哥 182 页

杜马 227、259 页

断头台 184—186 页

多利安人 38、39 页

多瑙河 24、88、90、99—101、103、115、119、190、220、221 页

E

俄国民粹主义分子 226 页

俄国沙皇尼古拉一世 218—220 页

俄国沙皇尼古拉二世 226、227、267 页

俄国亚历山大一世 190、218 页

俄国亚历山大二世 226 页

俄国亚历山大三世 222 页

俄罗斯海军上将罗日杰斯特文斯基 225、226 页

厄尔巴岛 193 页

恶神 22、264 页

F

法国大革命 114、149、163、177、180、184、192、195、200、204、212、218、230 页

法国国民议会 182—184、208、227 页

法国国王查理八世 125 页

法国国王查理九世 143 页

法国国王查理十世 204 页

法国国王弗朗索瓦一世 121、138—140、142 页

法国国王亨利二世 142 页

法兰克福条约 208 页

法老 7—9、13、14、16、17、19、37 页

凡尔登条约 107、123 页

凡尔赛宫 159、162、182、214 页

梵文 26 页

菲狄亚斯 51、52 页

菲律宾群岛 209、246 页

腓尼基 3、11、14、16、18、20、21、25、47、73、201 页

腓特烈·威廉、普鲁士公爵、勃兰登堡选帝侯 164 页

腓特烈·威廉一世、普鲁士第二任国王 165 页

腓特烈二世、腓特烈大帝、普鲁士国王 163、165、166、172、200 页

腓特烈三世、勃兰登堡选帝侯、加冕成为普鲁士国王之后称腓特烈一世 164 页

腓特烈一世、巴巴罗萨 127 页

吠舍 27 页

吠陀 27 页

废奴主义者 244、245 页

芬兰 191、211、267 页

芬兰人 2 页

芬尼亚会 232 页

封建制度 29、31、33、112、114、115、123、125、249 页

奉天战役 224、225 页

佛罗伦萨 122、127、134 页

佛陀 27、28 页

G

甘必大 207、208 页

刚果自由邦 241、259 页

高卢人 68、70—72、74、75、84、88、94 页

哥白尼 129 页

哥伦布 99、133、134 页

格拉古兄弟 79 页

格拉纳达 123、134 页

格拉尼卡斯河战役 64 页

古巴 134、209 页

古代斯堪的纳维亚人 3、112 页

古莱西人 108 页

古兰经 120 页

古利普斯 55、56 页

古罗马十大执政官 76、77、81、100 页

古斯塔夫·阿道夫 148 页

古腾堡 130 页

谷物法 231 页

固尔扎 221 页

寡头政治 38、57、185、229 页

H

哈布斯堡家族 128、139、147、149、158、161、162、165、263、267 页

哈德良 89 页

哈德逊 173 页

哈格里夫斯 197 页

哈里发 109、110 页

哈伦－拉希德 110 页

哈罗德 125、126 页

哈吕斯河 23 页

哈米卡尔·巴卡 74 页

哈斯德鲁巴 76 页

海军准将佩里 251 页

海克尔 1 页

海勒姆 21 页

含米特人 3 页

汉朝 101 页

汉谟拉比 12、13、16 页

汉尼拔 74—78、81、86、187 页

汉萨同盟 122 页

航海家亨利王子 133 页

荷鲁斯 9 页

荷马 37、41、62、69 页

荷属东印度公司 170、241 页

赫库兰尼姆 88 页

赫拉克勒亚战役 72 页

赫拉特 237 页

赫雷斯－德拉弗龙特拉 110 页

黑塞哥维那 221、262 页

黑斯廷斯战役 126 页

恒河 26、111、233 页

忽必烈 117、118 页

胡贝尔图斯堡和约 166 页

胡夫 7 页

胡格诺派教徒 142、158、164 页

华伦斯坦 147、148 页

滑铁卢战役 193、194、204、233 页

辉格党 174、175 页

火神伏尔甘 60 页

火神赫菲斯托斯 60 页

火药阴谋 154 页

霍亨斯陶芬王朝 116、127 页

霍亨索伦 164、206、214 页

霍诺留斯 91 页

J

伽利略 129 页

基伦 41、42 页

吉伦特派 184、185 页

吉斯家族 142、143 页

纪年法 4、11、35 页

加尔文 140—142、147、149、154 页

加富尔 216、220 页

加里波第 216 页

加利福尼亚 244 页

加洛林王朝 123、124 页

加那利群岛 209 页

迦勒底 12、13、17 页

迦南 19 页

迦南人 19、21 页

迦毗罗卫 27 页

监察官 50、57、70 页

柬埔寨 240 页

江户（即东京）250 页

交趾支那 255 页

角斗士 80—82、93、95 页

教皇庇护九世 216 页

教皇格里高利七世 115、116 页

教皇克莱门特七世 140 页

杰马克 128 页

捷克 215、267 页

金雀花王朝 126、127 页

金字塔 7、10、11、17 页

京都 250 页

九月大屠杀 184 页

居鲁士 15、20、22、23、61 页

君士坦丁堡 39、90、91、95、106、109、120、121、129、218、219 页

君士坦丁大帝 90、95 页

K

喀罗尼亚战役 64 页

喀提林 82、83 页

卡尔霍恩 244 页

卡纳克神庙 9 页

卡纽特 112 页

卡诺 185 页

卡普亚 76 页

卡特莱特 197 页

开伯尔山口 26 页

凯尔特人 3、102、126、245 页

恺撒 4、82—89、93、94、100、191、205、246 页

凯瑟琳·德·美第奇 142、143 页

坎波·弗米奥条约 188 页

坎布尼安山脉 36 页

坎尼战役 76 页

坎宁 209、244 页

康德 196、264 页

康熙 255 页

考古学 1、2、12 页

科布登 231、232 页

科德鲁斯 41 页

科尔伯特 159 页

科尔多瓦 110 页

科尔特斯 136 页

科拉尔人 26 页

科利尼 142、143 页

克尔白 108 页

克拉苏 82、83、89 页

克莱武 167、168、233 页

克雷西战役 124 页

克里昂 54 页

克里米亚战争 216、219 页

克利奥帕特拉 86 页

克罗默勋爵 238 页

克罗伊斯 23、61 页

克洛维 101、104 页

孔子 22、29—32、60 页

库罗帕特金 224、225 页

魁北克 173 页

廓尔喀人 255 页

L

拉（古埃及神祇）9 页

拉丁姆 68—70 页

拉斐特 182 页

拉科尼亚 36、40 页

拉美西斯二世 9、10 页

拉普拉斯 196 页

拉普人 2 页

拉约什·科苏特 215 页

来库古 40、50 页

莱昂纳多·达·芬奇 127 页

莱比锡 193 页

莱顿围困 145 页

莱斯博斯岛 54 页

莱亚德 15、16 页

兰开斯特 127 页

兰开夏郡 197 页

劳德大主教 154 页

老子 31 页

勒克瑙 234 页

雷必达 86 页

雷古鲁斯 74 页

黎巴嫩 19、20 页

黎塞留 148、158、159 页

礼记 31 页

李比希 196 页

李鸿章 254、258 页

里斯维克和约 161 页

利古里亚共和国 188 页

利物浦 198 页

辽东半岛 222、224、254、257 页

列奥尼达 48 页

列希菲德战役 115 页

林则徐 256 页

刘邦 32 页

留里克 112 页

龙骑兵 160 页

卢库鲁斯 81、82 页

卢梭 181、183 页

鲁国 29、30 页

路易·波拿巴 191 页

路易·腓力一世 205 页

路易十一 125 页

路易十三 148、158 页

路易十四 156、158—162、165、166、175 页

路易十五 162、163、180 页

路易十六 180、181、183、184、193 页

路易十八 193、204、209 页

路易斯安那 159、242 页

伦巴底 103、105、106、215、216 页

论语 29—31 页

罗伯斯庇尔 184—186 页

罗伯特·皮尔爵士 231 页

罗伯特·沃波尔爵士 176 页

罗洛 112、126 页

罗马军团 58、72、73、88、90、100、102、111、113 页

罗马尼亚 89、121、220、221、264、266、267 页

罗曼诺夫王朝 169 页

罗曼语族 3、94 页

罗慕路斯 69 页

罗慕路斯·奥古斯都 91、95、99 页

洛伊滕会战 166 页

吕岑战役 148 页

吕底亚 23、45、56、61 页

M

马达加斯加 240、261 页

马丁·路德 138、140、141 页

马杜克 15、16 页

马铎尼斯 45、47、49 页

马尔伯勒公爵 161、175 页

马耳他 21、228 页

马格尼西亚战役 76 页

马戛尔尼 256 页

马可·奥勒留 89、90、94、100 页

马可·波罗 118 页

马可尼 199 页

马克·安东尼 86 页

马克斯·布鲁图斯 85 页

马拉 184、185 页

马拉地人 120、233 页

马拉松战役 45—47 页

马里兰 174 页

马里湾 36 页

马伦戈战役 188 页

马略 79、80、100 页

马蒙 110 页

马尼拉战役 209 页

马其顿 45、58、64—67、76、77、221 页

马其顿国王腓力二世 45、76、221 页

马斯顿荒原战役 155 页

马西利亚 39 页

马扎尔人 2、115、215 页

马扎然 158 页

马志尼 216 页

玛丽·安托瓦内特 182、185 页

玛丽·都铎 144 页

玛丽·斯图亚特 144、151、153 页

玛丽亚·特蕾莎 165、166、172 页

麦地那 108、109 页

曼彻斯特 198、229 页

毛奇 207、213 页

梅斯 207 页

梅陶罗河战役 76 页

梅特涅 212、213、218 页

美国州对联邦法令的拒绝执行或承认 244 页

美利坚联盟国 245 页

美尼斯 7 页

美洲及其如何命名 134 页

门户开放 236、237、241、246、258 页

蒙古人 2、26、35、101、103、111、117—120、128 页

蒙古人种 2、26、35、101、103 页

孟斐斯 7 页

孟高维诺 118、119 页

孟子 30、31 页

米底 13、23 页

米蒂利尼 54 页

米卡尔 49、50 页

米开朗琪罗 127 页

米拉海战 74 页

米利都 36 页

米太亚德 46 页

米特拉达梯 80—82 页

秘鲁及被征服 136 页

密苏里妥协案 243 页

密西西比泡沫 162、163 页

缅甸 2、233、255 页

明治天皇 252 页

摩尔斯 199 页

摩洛哥 73、241、257、260、262 页

摩西 19 页

莫卧儿王朝 119、120、167 页

墨洛温王朝 104、105 页

墨西哥 136、189、209、244—246、259 页

墨西哥皇帝马克西米利安 246 页

墨西哥总统迪亚斯 246、259 页

木乃伊 10 页

幕府 250—253 页

穆罕默德 3、108—111 页

穆罕默德二世 120 页

穆拉特 191 页

穆拉维约夫 222 页

穆米乌斯 77 页

N

拿破仑法典 189 页

拿破仑三世 205—207、216、219、220、226、246 页

那不勒斯王国 125 页

纳尔瓦战役 170 页

纳尔西斯 101、102 页

纳尔逊 188、190、211 页

纳斯比战役 155 页

纳瓦里诺战役 218 页

乃木希典 224 页

奈梅亨和约 160、161 页

南京条约 256 页

南特敕令 143、160 页

内伊元帅 204 页

尼布楚条约 169、222、255 页

尼布甲尼撒 14、15、20、23 页

尼科堡 120 页

尼科二世 9 页

尼禄 88、93、94 页

尼罗河海战 188 页

尼尼微 13、14、16、23、65 页

尼斯塔德条约 172 页

尼西亚斯 54—56 页

涅尔瓦 89 页

涅曼河 191、192 页

奴隶贸易 21、201 页

诺曼人 112、126 页

O

欧几里得 63 页

欧里庇得斯 51 页

欧迈尼斯 77 页

欧仁·德·博阿尔内 191 页

P

帕曼纽 65 页

帕米尔高原 222 页

帕萨尼亚斯 49、50 页

帕特农神庙 52 页

帕提亚人 83、89、90、94 页

庞培 81—85 页

庞培（古城）88 页

旁遮普 24、26、65、111 页

培根爵士 152、153、195、196 页

佩洛皮达斯 57 页

蓬帕杜夫人 163 页

丕平 104、105、115 页

皮埃蒙特 216 页

皮奥夏 36、45、50、53、57、59 页

皮尔尼茨宣言 183、184 页

皮洛士 72 页

皮萨罗 136 页

平氏 250 页

婆罗门 27、28 页

珀里俄基人 40 页

朴次茅斯和约 225、258 页

普拉蒂亚 45、49、53、54 页

普勒韦 226 页

普利茅斯 173 页

普列文 220 页

普萨美提克一世 9、13 页

普瓦捷战役 124 页

Q

七年战争 163、166、167、228、230 页

骑士比武 114 页

乾隆 255、256 页

乔达摩 27 页

乔治·华盛顿 146、177—179、242 页

秦纳 80、82 页

秦始皇 31、32、101 页

秦王朝 31 页

青岛 241 页

清朝 169、255—257 页

清教徒 141、153—156、173 页

权利法案 175、199 页

R

热罗姆·波拿巴 191 页

热那亚 122、133、134、198 页

人种学 2、26 页

日本海战役 225 页

日耳曼种族 260 页

日内瓦 140、202 页

瑞典国王查理十二世 170、171 页

S

刹帝利 27 页

撒丁岛 73、74、77、110、162 页

撒克逊人 102、106、125、126 页

撒马尔罕 117、221 页

撒玛利亚 19、20 页

萨迪斯 23、45、47、48 页

萨多瓦战役 213 页

萨凡纳 198 页

萨伏依欧根亲王 161、165 页

萨拉库斯 13、14 页

萨拉米斯 48 页

萨谟奈人 68 页

萨摩家族 252 页

塞多留 82 页

塞尔柱王朝时期的突厥人 117 页

塞莫皮莱 36、48 页

塞浦路斯 13、21、120、221 页

塞提一世 9、10 页

塞瓦斯托波尔 220 页

塞扬努斯 88 页

三头执政 82、86 页

扫罗 19 页

色当战役 207 页

色雷斯 24 页

沙贾汗 120 页

沙隆 103 页

莎士比亚 152 页

山东 29、241、257 页

山南高卢 74、77、83 页

闪米特人 3、16、21、108 页

善神 22、264 页

尚书 29、31 页

烧炭党人 215 页

射击军 170、172 页

什叶派 110 页

神道教 251、252 页

神功皇后 35 页

神圣罗马帝国皇帝、奥地利弗朗茨一世 166 页

神圣罗马帝国皇帝查理五世 121、138—140 页

神圣罗马帝国皇帝、西班牙王位候选人查理六世 165 页

神圣罗马帝国皇帝斐迪南二世 139、147、148 页

神圣罗马帝国皇帝亨利四世 116、143、158 页

神圣罗马帝国皇帝利奥波德 161、162、206 页

神武天皇 35 页

圣地亚哥战役 209 页

圣赫勒拿岛 189、194 页

诗经 31 页

狮心王理查一世 126 页

史前时代 1、22、26 页

市民议会 43 页

首陀罗 27 页

水户藩主 251 页

斯蒂芬森 198 页

斯堪的纳维亚 3、112、126、137、204、210、211 页

斯拉夫种族 3、107、164 页

斯托塞尔 224 页

四书 30、31 页

苏格拉底 61—63 页

苏拉 79—83 页

苏莱曼 120、121、139 页

苏萨 65 页

梭伦 42—44、69、70 页

所罗门 19—21 页

索尔费里诺 216 页

琐罗亚斯德 22、23 页

T

他林敦 72 页

塔克文 69 页

塔什干 221、222 页

塔斯马尼亚岛 236 页

太平天国运动 257 页

唐朝 33 页

唐太宗 33 页

特拉法加海角战役 190、225 页

特里伯尼安 92 页

提比略 79、88、94 页

提尔 14、21 页

提尔西特和约 190、191、210 页

提洛同盟 50、53、54、61 页

提沙费尔尼斯 56 页

提图斯 88、89、93 页

天津条约 257 页

条顿堡森林 88 页

条顿人 79、100 页

帖木儿 119、120 页

铁木真 117 页

突厥人 26、110、111 页

突尼斯 73、217、240 页

图尔和普瓦捷战役 104、111 页

图格鲁克王朝 111 页

图拉真 89、94 页

图兰人种 2、115 页

图密善 89、93、94 页

土伦围攻 187 页

托尔斯泰 226 页

托勒密王朝 67 页

托利党 174、175 页

托马斯·杰斐逊 242 页

W

瓦尔密战役 183、184 页

汪达尔人 102 页

威尔士 3、102、126、198 页

威海卫 254、257 页

威廉·本廷克 233、234 页

威廉和玛丽 175、199 页

威灵顿公爵 191、193、194、233 页

威尼斯 104、122、135、266 页

威尼西亚 68、104、215、216 页

威斯特伐利亚和约 149、158、164 页

韦尔斯·威廉姆斯 33 页

韦尔斯利 232、233 页

维多利亚女王 235 页

维尔塞莱 79 页

维克托·伊曼纽尔 216 页

维特 226 页

维也纳 121、188、190、212、213、228 页

倭马亚王朝 110 页

窝阔台 117 页

沃尔特·雷利爵士 152 页

沃木斯议会 138 页

渥太华 239 页

乌得勒支和约 162、201、228 页

乌得勒支联盟 145 页

乌尔姆战役 190 页

乌苏里江 222 页

无敌舰队 144、151、225 页

五经 30、31 页

伍斯特战役 156 页

武士（日本）251 页

X

西班牙国王查理五世 121、138—140 页

西班牙国王腓力二世 140、143—146、150、151、
209 页

西班牙国王斐迪南七世 204、209 页

西班牙王位继承战争 161、164、175、228 页

西庇阿 76、77 页

西伯利亚 115、118、128、169、172、221—223、
226、243 页

西藏 255 页

西顿 21 页

西哥特人 99、101—104、110 页

西拉克拉里斯 23 页

西塞罗 83、86 页

西徐亚人 24、65 页

希庇亚斯 43—45 页

希法西斯河 66 页

希克索斯王朝 8 页

希腊底比斯 36、47、50、53、57—59、64 页

希腊僭主 38、42 页

希罗多德 51 页

希洛人 40 页

希普卡山口 220 页

希瓦 221 页

锡拉库扎 39、55、56、63、73 页

喜马拉雅山脉 26、65、111 页

虾夷 35 页

马关条约 222、223、254 页

夏绿蒂·科黛 185 页

夏威夷群岛 246 页

暹罗 240、261、264 页

宪章运动 231 页

香港 135、236、256、257 页

象形文字 10、15 页

小威廉·皮特 185、230 页

楔形文字 15、16 页

辛布里人 79、100 页

新阿姆斯特丹 173、174 页

新加坡 236 页

新西兰 228、236 页

匈奴人 32、101、103、104、264 页

匈牙利国王西格斯蒙德 120 页

匈牙利人 2、115、215 页

叙利亚 8、12、14、19、20、64、76、109、110、260、267 页

薛西斯 47—49 页

逊尼派 110 页

Y

鸦片战争 236、256 页

鸭绿江 224、254 页

雅典的执政官 41—43、51 页

雅典娜 52、61 页

雅典卫城 41、42、52 页

雅利安人 3、22、26、27、37、104 页

雅努斯 68 页

亚伯拉罕 19 页

亚伯拉罕·林肯 245 页

亚琛和约 166 页

亚得里亚堡条约 218 页

亚里士多德 63、66、110、128 页

亚里斯泰迪斯 47、50、60 页

亚历山大·汉密尔顿 242 页

亚历山大大帝 9、21、24、28、63、64、71、72、117、221 页

亚历山大港 63、65、67、85、86、135 页

亚美利哥·韦斯普奇 134 页

亚眠条约 188 页

亚瑟港 223 页

亚述巴尼拔 13 页

亚述国王萨尔贡 13 页

亚述学 15 页

亚西比德 54—56 页

亚拉巴马州 243 页

耶路撒冷 14、19—21、23、88、219 页

耶稣会 141、147 页

耶稣基督 18、19、31、88、104、141、143 页

叶卡捷琳娜二世 172 页

伊奥尼亚海 36 页

伊奥尼亚人 38 页

伊巴密浓达 57、58 页

伊凡三世、伊凡大帝 128 页

伊凡四世、恐怖的伊凡 128 页

伊丽莎白女王 144、146、150—153、172 页

伊莎贝拉 123、134、139、140 页

伊苏斯战役 64 页

伊特鲁里亚 68—72、83、93 页

伊藤博文 254 页

伊希斯 9 页

以弗所 36 页

以色列 19、20 页

义和团 223、246、257、258 页

易经 31 页

印度国民议会 235 页

印度河 26、66、110、111 页

印度支那 118、240 页

英国安妮女王 175 页

英国国王亨利八世 140、141、144、150 页

英国国王乔治一世 175 页

英国国王乔治二世 167、176 页

英国国王乔治三世 176、177、229 页

英国国王约翰 126 页

英国王位觊觎者 175 页

英国王政复辟 157 页

英属东印度公司 152、167、168、232—235、255 页

普莱德清洗 155 页

犹大王国 19、20 页

犹太人 3、13、14、16、18—21、23、88、89 页

幼发拉底河 8、12、14、64、67、87、89 页

元朝 111、117、119 页

袁世凯 258、259、262 页

圆颅党 155 页

源赖朝 250 页

源氏 250 页

约旦 19 页

约克家族 127 页

约克镇战役 177 页

约瑟夫·波拿巴 191、209 页

约瑟夫·张伯伦 240 页

Z

藏缅部落 26 页

扎格罗斯山脉 12、65、89 页

扎马战役 76 页

詹姆斯·库克 228 页

詹姆斯·门罗 243 页

詹姆斯·瓦特 197 页

詹姆斯敦 152、173 页

占兆官 68 页

战神马尔斯 61、68、69 页

征服者威廉 125、126 页

直布罗陀 73、162、190、228、241 页

至尊法案 140 页

周王朝 29、31 页

周武王 29 页

宙斯 60、61、65 页

朱庇特 68、94 页

宗教裁判所 141、144、145 页

总督辖地 24 页

最高法院 41、179 页